深圳学人文库

RMB Internationalization Measurement, Promotion Path and Shenzhen Exploration

人民币国际化测度、推进路径与深圳探索

杨　文◎著

社会科学文献出版社
SOCIAL SCIENCES ACADEMIC PRESS (CHINA)

目　录

第一章 绪论

第一节 研究背景及研究意义

一 研究背景

国际货币体系随着全球经济金融的发展而不断演进。2008 年全球经济危机的爆发和蔓延暴露了以美元为核心的国际货币体系的严重缺陷，主要可以概括为以下几点：一是"美元定价"加剧了美元汇率波动对世界各国国际贸易业务的负面影响，进而导致全球贸易业务在危机时期很难实现复苏；二是"美元周期"导致短期跨境资本流动性波动增加，降低了金融全球化的收益；三是"美元主导"抑制了灵活的汇率制度"自动稳定器"功能的发挥，造成全球金融周期与美国趋同，导致其他国家货币政策的自主性和有效性下降。单一货币主导的国际货币体系很难适应新的世界格局。近些年，各国政府积极探索国际货币多元化改革，寻求更加可靠的国际货币，以促进跨境贸易结算、离岸金融市场建立以及国际储备货币的充实和多元化。

从英镑、美元、欧元及日元等主要国际货币的国际化经验来看，货币国际化程度是一国综合实力的集中表现。货币国际化伴随经济国际化而出现，在货币形态上体现出一国经济的总实力。改革开放以来，中国经济经历了持续的快速发展，对外开放程度不断提高，综合国力显著增强，目前已成为世界第二大经济体和第一大出口国，外汇储备跃居世界第 1 位，为人民币国际化提供了有力支撑。

在 2008 年全球爆发金融危机的情形下，中国经济仍然保持健康稳定的发展态势，展示出强大的经济活力和增长韧性。在经济总量方面，1980 年我国国内生产总值（GDP）为 4587.58 亿元，占全球的比重约为 2.77%，而 2022 年，我国国内生产总值达 121.02 万亿元，占全球的比重约为 18%，稳居世界第二大经济体的地位。① 在贸易规模方面，2022 年我国货物贸易首次突破 40 万亿元关口，达到 42.07 万亿元，连续 6 年保持世界第一货物贸易大国的地位。在投资规模方面，2020 年中国对外直接投资 1537.1 亿美元，同比增长 12.3%，流量规模首次位居全球第 1。近年来，国际经济形势复杂严峻，我国对外直接投资仍然在 2022 年保持了 1465 亿美元的较大规模。在外汇储备方面，2022 年末我国外汇储备 31277 亿美元，尽管比上年末减少了 1225 亿美元，仍稳居世界第 1 位。②

在此背景下，中国一直在探索人民币国际化的有效实现路径。2008 年 12 月 12 日，中国人民银行和韩国银行宣布签署规模为 1800 亿元的双边货币互换协议，推动两国双边贸易的发展。中国人民银行在 2009 年 7 月 6 日开启了首笔跨境贸易人民币结算业务，由此开启了人民币国际化之路。③

人民币国际化程度在 2010~2015 年获得快速提升。中国人民银行从 2012 年开始构建人民币国际化基础设施——人民币跨境支付系统（CIPS）。CIPS 于 2015 年 10 月正式上线，随着其功能的不断完善，跨境人民币业务量不断增长。此外，2015 年人民币被国际货币基金组织（IMF）纳入特别提款权（SDR）货币篮子，标志着人民币成为重要的国际储备货币。2015 年 8 月，人民币在国际支付中的市场份额为

---

① 数据来源：国家统计局。
② 数据来源：海关总署。
③ 数据来源：中国人民银行。

2.79%，跃居世界第 4 位。① 然而，人民币国际化之路并非一番坦途。2016~2017 年，受国内经济增速放缓、人民币贬值压力加大、中美利差收窄、资本管制等因素的影响，人民币国际化进程显著放缓。2018~2019 年，中美贸易摩擦升级、世界经济不确定性加剧、地缘政治关系日趋复杂化，人民币的国际地位出现了逆转，2019 年 7 月，人民币国际支付市场份额为 1.81%，排名降至第 6 位。②

2020 年国际金融市场受到了巨大冲击。美联储实行的无限宽松、超低息政策对全球金融稳定构成严峻挑战；发达国家的零利率甚至负利率政策，大规模刺激和推高了政府债务规模；充裕的资金供给推动资产价格高涨，导致金融市场虚假繁荣。2020 年 5 月，近一半的 IMF 成员国表达了获得流动性支持的期望，大量低收入国家陷入外债偿还困境，美元本位制下的金融体系出现功能性危机。美元信用下降，人民币国际化迎来新机遇。2021 年 12 月，人民币国际支付市场份额为 2.7%，排名超越日元升至第 4 位。③

2022 年"俄乌冲突"爆发，国际政治经济形势风云突变，人民币国际化迎来了最为动荡的一年。2022 年 1 月，人民币国际化延续了良好的发展势头，国际支付市场份额进一步提升至 3.2%，创历史新高。然而，受全球经济疲软、美国脱钩等因素的影响，2022 年 12 月，人民币国际支付市场份额萎缩至 2.15%，2023 年 1 月再次下滑，仅为 1.91%，同比跌幅高达 1.29 个百分点。④

2022 年 10~12 月，我国出口需求同比分别下降 0.3%、8.7%、9.9%，⑤ 外贸形势严峻，对美国、欧盟出口大幅下降是整体出口需求疲软的重要原因。可以预见，在全球贸易衰退及美国主导的对华经济脱钩

① 数据来源：环球银行金融电信协会。
② 数据来源：环球银行金融电信协会。
③ 数据来源：环球银行金融电信协会。
④ 数据来源：环球银行金融电信协会。
⑤ 数据来源：海关总署。

的影响下，我国对外经济在未来相当长的一段时间内仍将面临巨大困难。同时，国内经济发展进入"新常态"，以往的高速经济增长时代难以为继，追求高质量的发展是一条漫长而艰辛的道路。

处在新发展阶段，面对更高的发展目标和更为复杂的国内外形势，党中央积极应对，明确加快构建以国内、大循环为主体、国内国际双循环相互促进的新发展格局，并积极推行各种对内、对外政策，保障经济社会的平稳快速发展。人民币国际化是我国对外政策的重要选择，具有极其重要的战略意义。然而，国际货币发展更替的历史表明，任何一种主权货币发展成为国际货币都不会一帆风顺。在错综复杂的国内外形势下，探索人民币国际化未来前进的道路是我们的重要目标。如何科学测度人民币国际化程度？人民币国际化具有哪些条件和障碍？新发展阶段下人民币国际化路径如何选择？哪些保障措施可以推进人民币的国际化进程？这些都是本书将探讨的重要问题。

二 研究意义

（一）理论意义

第一，拓展货币国际化的理论基础。现有文献大多从单一视角分析货币国际化的理论基础，而本书则从货币思想史、货币性质与货币职能三个维度全面分析货币国际化的理论基础，对货币国际化赋予更深刻的含义。

第二，为科学测度人民币国际化程度提供新方法和新指数模型。研究人民币国际化路径的首要问题是测度人民币国际化程度，本书将构建新型人民币国际化指数模型来测度人民币国际化程度，这有助于拓展货币国际化测度模型的理论研究。本书构建的新型人民币国际化指数模型满足了测度方法的科学性和测度原则的系统性、可测性、稳定性，有利于提升模型在空间地理上的动态解释力。

（二）现实意义

第一，为人民币及其他货币国际化程度的科学测度提供新型模型。国内外有关人民币国际化程度的测度模型设定不科学，导致其测度不准确，不能体现货币职能、数据类型和空间地理等的差异性。本书基于新型模型进行货币国际化程度测度及比较分析，有助于科学地评价人民币国际化程度，更好地推进人民币国际化进程。

第二，为新发展阶段下人民币国际化战略的实施提供路径借鉴。世界主要货币的国际化条件和路径分析可为人民币国际化的顺利推进提供参考。同时，本书采用了新型人民币国际化指数模型，可更直观地体现境外人民币结算的中心分布、货币互换的区域分布、离岸人民币的可视化空间地理动态分布等，从而增强人民币国际化实施路径的实时性和操作性。

第三，为新发展阶段下人民币国际化战略的推进提供更多元和坚实的保障措施。鉴于逆全球化和去金融化的国际新形势，本书强调国内实体经济持续稳定增长和科技进步的重要性，探讨提升综合国力及完善人民币国际化的相关政策，推动人民币跨境支付系统搭建等多元化的保障措施。

第二节　文献回顾与文献评述

一　文献回顾

人民币国际化作为我国的一项重要战略，受到了学术界的高度重视。国内外学者，尤其是国内学者，针对与人民币国际化相关的各类问题进行了广泛而深入的研究，取得了丰硕的成果。这类研究主要集中在人民币国际化的基本含义、影响因素、程度测度、利弊分析、挑战分析与实现路径六个方面。

（一）人民币国际化的基本含义

人民币国际化本质上是货币国际化的特定类型，针对货币国际化的基本含义，现有文献做了大量的讨论。段世德和胡文瑶（2020）从静态角度出发，基于货币充当世界货币职能对货币国际化的含义进行了界定，指出货币国际化是指主权货币超越国家行政疆域的限制，越出国境发挥计价货币、结算货币、支付货币和储备货币职能的过程。马光明等（2020）则从动态角度定义货币国际化，认为货币国际化是一国货币跳出国境，在其他国家或者经济体成为计价货币、结算货币和储备货币的过程。王雪和胡明志（2019）重点讨论了货币国际化程度的衡量标准，他们认为衡量一国货币国际化程度的主要标准是其汇率收益和波动对其他货币与整个外汇市场的溢出效应。

综合来看，人民币国际化主要是指人民币跨越国界，到世界其他国家或地区充当一般等价物的角色，发挥价值尺度、流通手段、支付手段和贮藏手段的职能，即充当国际计价货币、结算货币和储备货币的动态过程。

（二）人民币国际化的影响因素

刘艳靖（2012）的研究表明，人民币国际化会受到中国GDP、进出口总量以及金融市场发展程度的影响，这些因素是影响人民币外汇储备占比的关键基础性因素。此外，国内的通货膨胀水平、人民币的实际有效汇率水平等也是影响人民币国际化的重要因素。林乐芬和王少楠（2015）的研究表明，经济规模、对外直接投资、贸易规模、经济自由度等因素显著影响货币国际化水平。余道先和王云（2015）的研究表明，GDP规模扩大、经常项目顺差和人民币稳步升值对人民币国际化具有促进作用，而资本和金融项目顺差会阻碍人民币国际化程度的提升。因此，除了稳步发展国民经济和逐步完善汇率制度以维持人民币的币值稳定，有序调整我国国际收支双顺差结构也是推进人民币国际化进程的重要动力。彭红枫等（2017）的研究表明，中国的GDP是人民币国际化的根基，是人民币国际化的前提条件，同时惯性因素、汇率制度的选择、金融市场的发展程度和网络科技的变革对人民币国际化的促进作用也日益凸显。张国建等（2017）针对人民币汇率影响人民币国际化的问题进行了深入研究，研究表明人民币实际有效汇率的波动性对人民币国际化产生了较大的抑制作用。人民币实际有效汇率波动性越大，人民币币值稳定性越差，越不利于人民币国际化，造成人民币国际化程度的降低。刘昊虹和李石凯（2018）的研究表明，"一带一路"倡议的积极推行和人民币国际化有密切关系。随着中国在共建"一带一路"国家基建投资的增加以及合作产业园区的建设，跨境贸易日益频繁，人民币在共建"一带一路"国家的使用率正在逐步提高。朱孟楠和曹春玉（2019）使用面板 Logit 模型进行实证分析，发现在 2013 年之后，经济规模扩大、进出口依存度提升和中国基本面向好成为人民币国际化的驱动因素。邓贵川（2019）采用 DSGE 模型分析厂商定价货币变动对经济周期波动的影响，发现跨境贸易人民币结算比例与人民币汇率升值具有正相关关系。王雪和胡明志（2019）基于 DAG-SEM 与网络分析法，分阶段对"汇改"前后人民币与主要货币之间的汇率收益率和波动率的溢出效应进行了研究，并对人民币在国际外汇市场影响力的动态变化进行分析，其研究结果表明人民币两次汇率改革提高了人民币的国际影响力。李军林等（2020）认为，塑造人民币长期稳定的升值预期，提高人民币在其他国家的主观收益率，有助于增强人民币在其他国家作为储备货币的意愿和份额。沙文兵等（2020）的研究表明，人民币国际化程度的提升主要是由交易媒介职能推动的，强大的经济实力、成熟稳健且开放的金融市场、稳定的币值、较高的实际货币收益率、政治稳定和雄厚的军事实力都是推动货币国际化的重要因素，国际货币不同职能以及货币国际化不同阶段的影响因素均表现出明显的异质性。王晓芳和鲁科技（2021）的研究发现，积极的政策转变，如资本账户的开放及汇率制度的改革，将会显著推动人民币国际化的发展。在保证货币政策一定程度的自主性下，稳步推动资本账户的开放，同时协同深化汇率市场化改革措施，有助于人民币国际化程度的加深，使人民币国际职能有更大的发展空间。我国正在实施的法定数字货币，也会给人民币国际化提供契机。封思贤与张雨琪的（2022）的研究显示，数字货币从提高我国经济发展质量的角度出发，通过减少国内金融市场的风险、推动人民币币值稳定、提升国际主体对人民币的信任等方式，推进人民币国际化。跨境资本波动对人民币国际化同样有影响，郭凤娟和丁剑平（2023）的研究发现，人民币国际化会受短期跨境资本的影响。短期资本的大量流入会损害人民币币值的稳定性，而要实现货币国际化，一个先决条件就是要保持币值的稳定性。所以，短期资本波动对人民币国际化是不利的。从地域上货币联动视角来看，徐扬等（2023）提出，人民币与中南美洲国家的货币联动水平最高，与非洲国家货币联动水平的增长速度最快。在国际关系方面，Chen 和 Hao（2024）认为，中美贸易摩擦影响人民币币值稳定和人民币国际化，中美对话将显著导致人民币的升值，而贸易调查和关税的征收将显著导致人民币的贬值，影响币值稳定，进而作用于人民币国际化。

（三）人民币国际化的程度测度

第一种测度方法是以人民币发挥单个或多个货币职能的程度来测度总体的人民币国际化程度。如李建军等（2013）认为，可使用单个货币职能的发挥程度来测度总体的货币国际化程度。国际货币的三大职能具体的演进方式如下：货币国际化起源于国际贸易中的跨境结算，这些最基本的结算需求促进了货币的国际流通。随着跨境贸易的规模增加，境外流通的货币规模也相应提高。进一步地，该国际货币会得到更多的认可，更多地被用于交易和持有，最终成为跨境交易货币、贸易计价货币和外汇储备货币，实现国际货币三大职能的贯通。因此，该研究认为，可从三大职能任一视角考察总体的货币国际化程度，并分别从跨境贸易结算、金融市场交易和储备货币三个方面对人民币及主要国际货币的国际化程度进行了测度。吴舒钰和李稻葵（2018）认为，可直接基于货币储备功能的国际化程度评估货币总体的国际化程度。货币国际化进程与国际货币三大职能的发挥，是相互包容、相互促进和层层递进的关系。成为外汇储备货币，是货币国际化的重要目标，而国际贸易和金融的可交易性是一国货币被外国投资者作为储备货币持有的前提。该研究通过测算非本国投资者持有的主权货币资产总量，从国际金融投资的视角研究了包含人民币在内的主要国际货币及全球主要新兴市场国家货币的国际化程度。李靖等（2004）、董继华（2008）、余道先和王云（2015）、沙文兵等（2020）均认为，一国货币的国际化程度可由该货币在境外的存量水平间接反映，他们通过不同的方法估算各季度的人民币境外存量，以此衡量人民币国际化程度。Chen 和 Hao（2024）采用改进的权重推理技术和状态空间模型，基于人民币作为国际锚定货币的职能，提出了一种估计人民币国际化程度的替代方法。

第二种测度方法是以单个国际市场的使用情况反映总体的人民币国际化程度。如张光平（2011）、Zhang 和 Ma（2015）均认为，国际货币职能表现在多个领域，涉及很多数据和参数，准确而全面地度量货币国际化程度并不容易。然而，不管国际货币职能在多少个领域有所发挥，皆会导致相应国际货币外汇交易的活跃。因此，货币在国际外汇市场的交易占比是间接反映其总体国际化程度的最好度量。

第三种测度方法是通过大量的数据，以人民币作为国际货币的使用现状来反映总体的人民币国际化程度。这类研究大部分为政府或银行等官方机构的大型报告，如中国人民银行、中国银行、中国建设银行、中国人民大学等机构发布的人民币国际化报告。这些报告大多采用定量分析，由大型国际机构或官方机构主编，通过大量官方时间序列数据，真实地反映了作为国际货币的人民币发挥国际货币职能的多个指标，通过这些具体指标和数据，展现人民币国际化现状，并以此体现人民币国际化程度。

第四种测度方法是构建指数模型来测度总体的人民币国际化程度，

即通过选取可准确反映国际货币三大职能的多种结构性指标，使用科学的权重计算方法，构建起货币国际化指数模型来定量测度人民币国际化程度。这类指数模型也有很多，包括中国人民大学国际货币研究所构建的"人民币国际化指数"、中国银行构建的"跨境人民币指数"和"离岸人民币指数"、渣打银行构建的"人民币环球指数"，以及一些学者构建的人民币国际化指数模型（李瑶，2003；人民币国际化研究课题组，2006；Tung 等，2012；张英梅，2013；中国人民银行上海总部跨境人民币业务部课题组和施珂娅，2015；彭红枫和谭小玉，2017；汪天倩和朱小梅，2022）。

（四）人民币国际化的利弊分析

陈雨露等（2005）对人民币国际化带来的两大收益，即国际铸币税收益及运用境外储备投资的金融业收益进行了估算。估算结果表明：随着人民币国际化的不断发展，自 2010 年能够实现区域化，到 2020 年的 10 年时间里，人民币国际化带来的国际铸币税收益及运用境外储备投资的金融业收益可达到近 7500 亿元。阙澄宇和孙小玄（2022）对人民币国际化对金融业的影响进行了研究，其研究结果表明：人民币国际化会显著促进证券投资的流入和直接投资及其他投资的流出，尤其是在短期内影响程度较大；人民币国际化对直接投资和其他投资流入的影响总体上为负向效应；人民币国际化会对证券投资的流出和直接投资及其他投资的流入造成负面影响，特别是在短期内，其影响程度更甚，使境内证券投资者"本土偏好"增强。沙文兵和钱圆圆（2022）研究了人民币国际化对宏观金融风险的影响机制。研究结果表明：人民币国际化进程客观上会导致一定程度的国内金融风险，而人民币国际化对宏观金融风险的影响主要通过汇率机制和利率机制进行传导。2015 年汇率市场化改革以后，利率机制进一步地成为主要的人民币国际化金融风险传导机制，发挥较强的中介作用。他们还进一步研究了资本账户开放的传导机制，发现由于我国现阶段实行严格的资本项目管制，资本账户开放程度较低，人民币国际化通过资本账户开放传导金融风险的机制并未确立，对我国影响程度有限。王韬悦和李静萍（2022）的研究表明，人民币国际化进程的推进将对中国的宏观金融造成一定程度的冲击，这种冲击将随着人民币国际化程度的提高而放大，使中国面临系统性金融风险的可能性增大，需要警惕与防范这种风险的发生。

（五）人民币国际化的挑战分析

人民币国际化的推进会面临各种挑战，归纳现有文献，主要有如下四个方面：一是美国和欧洲等发达国家和地区可能借助贸易战等方式阻碍人民币国际化（孙业霞，2019）；二是人民币国际化同样面临"特里芬难题"的困扰（高惺惟，2019；王晓芳和鲁科技，2023），无法从根本上解决国际储备货币币值稳定的问题并应对全球日益扩大的贸易和金融交易对国际储备货币的需求；三是增加央行宏观调控的难度（高惺惟，2019）；四是美国推行的强势美元周期对人民币国际化构成了负面冲击，使得人民币贬值并增大了人民币汇率波动的风险（李欢丽和李石凯，2019；周阳，2021）。

（六）人民币国际化的实现路径

李稻葵和刘霖林（2008）认为，要实现人民币国际化可以采取"双轨制"：对内加大政策力度，稳步推进汇率和利率的市场化改革，促进资本账户的渐进式开放，同时深化金融系统改革、提升运作效率；对外充分发挥香港这一最大的人民币离岸市场的作用，扩大离岸人民币的流量和存量规模，做大做强跨境人民币结算和离岸市场建设，推动人民币国际化进程。殷剑峰（2011）认为，在国内金融改革实质推动并基本完成前，人民币国际化应该从激进、危险的"贸易结算+离岸市场/资本项目开放"模式转向渐进、稳定的"资本输出+跨国企业"模式。

林乐芬和王少楠（2015）提出"对外投资与贸易—经济互动效应—资本项目有序开放—人民币国际化"的实现路径。丁一兵（2016）认为，人民币国际化应当遵循贸易结算、离岸市场、资本输出、跨国企业四者并举的"中国模式"，其中离岸市场的发展需要相应的条件和配套准备才能真正为人民币国际化提供引擎。景政彬（2016）认为，要想加快推进人民币国际化进程，必须把国际贸易中的计价货币和结算货币区别开来。可采用"贸易顺差+资本逆差"的方式，以贸易顺差保持币值稳定，以资本逆差对外输出人民币，形成更大规模的人民币离岸市场，促进人民币国际化程度的提高。曹誉波和刘猛（2021）研究了"双循环"新发展格局下人民币国际化路径，提出"结算—投资—储备—计价"的路径可能更适用于人民币国际化程度的提升。在《区域全面经济伙伴关系协定》（RCEP）框架下，云倩（2023）建议充分利用 RCEP 规则，构建新的人民币跨境支付渠道，通过构建中国与东盟数字货币合作区、中国—东盟人民币结算示范区，增强人民币对东盟国家的货币锚，改善人民币国际化金融市场环境等新途径，促进人民币向东盟国际化。

二　文献评述

已有的文献对人民币国际化进行了广泛而深入的研究，研究内容涉及人民币国际化的方方面面，并取得了富有成效的研究成果。这些研究成果丰富了本书研究的视角，也是本书进一步研究的基础。本书发现已有的人民币国际化指数模型在指标选择、权重计算和解读角度方面存在一定的改进空间。首先，在指标选择上，多数研究选取的指标仅包含国际货币三大职能的部分方面，未能涵盖多个离岸市场，不能全面地反映货币国际化程度。基于大数据的应用和发展，目前在指标的选择上可以做到更加全面，数据的来源、长度和广度都可进一步提升。现有的人民币国际化指数模型大多集中于人民币在部分离岸市场发挥部分国际货币职能的程度，以部分代表整体的研究模型难免会发生以偏概全的问题。

其次，在权重计算方法上，已有的人民币国际化指数模型过于简单，未能区分和比较流量数据与存量数据的区别。大多数模型赋予三种货币职能同样的权重，不区分其内在的关联，只进行具体比值数据的简单加权处理。最后，尚未有研究从整个区域地理角度解析人民币国际化程度，对数据的解读存在角度过于单一的问题。从对数据的处理结果来看，已有的人民币国际化指数模型成功地获得了直观的数值结果，通过比较货币国际化程度数值大小，可直接从纵向反映人民币国际化程度过往的动态发展过程、从横向对比其与主要国际货币的程度差异，是一种直观、简洁、有效的测度方法。然而，简单的指数结果难以提供全面的人民币国际化程度信息，尤其是人民币国际化在不同空间地理的不同国际化程度信息，人民币国际化的空间地理分布又是进一步推进人民币国际化进程中极其重要且富有启发性的问题。

第三节　研究框架、研究思路与研究方法

一　研究框架

第一章是本书的绪论部分。第一节阐述了本书的研究背景及研究意义，并以 2008 年全球经济危机这一事件为切入点，指出美元主导型的国际货币体系存在严重弊端。第二节是文献综述部分，聚焦于人民币国际化的基本含义、影响因素、程度测度、利弊分析、挑战分析与实现路径六个方面的研究，发现已有的人民币国际化指数模型在指标选择、权重计算和解读角度方面存在一定的改进空间。

第二章是货币国际化概念与理论分析。第一节对货币国际化的概念进行了界定，对科恩、哈特曼和塔瓦拉斯等人关于国际货币的早期研究进行了归纳总结，随后从国内学者的动态和静态研究视角切入，探讨并总结了货币国际化的具体定义，明确其与货币可自由兑换的异同点。第二节是货币国际化理论思想史，按照时间脉络，将 17 世纪前、17 世纪

中叶至 19 世纪上叶、19 世纪中叶至 20 世纪 30 年代和 20 世纪 30 年代至今四个阶段的货币国际化理论思想予以阐述。第三节从国际货币的职能和性质视角探索其与货币国际化的关系：从价值尺度、支付手段和贮藏手段进行国际货币职能的归纳；以资本主义的发展为时间主线，分别分析了不同时期的国际货币性质与国际贸易发展的关系。第四节是人民币国际化的收益与风险分析。本节主要分为两部分：一是人民币国际化的收益分析，主要包括提升本币的定价权、获得国际铸币税和国际通货膨胀税、防范"美元陷阱"，实现全球外汇储备的稳定性、降低汇率风险和通货膨胀风险、促进对外贸易和投资、推动资本项目开放、推动经济高质量发展和获得政策优势与更高的国际地位；二是人民币国际化的成本与风险，如宏观调控难度、币值稳定风险、投机冲击、"特里芬难题"。

第三章是人民币国际化的内涵与历史进程。第一节主要分析人民币国际化的内涵，分别从概念界定、产生机制、表现方式等方面进行分析。第二节首先对人民币国际化的演进历程进行了梳理和分析，其历程可分为准备阶段——2009 年之前，起步与推进阶段——2009 年至 2015年，曲折发展阶段——2016 年至今；其次，分析了人民币国际化的现状。

第四章是人民币国际化程度测度方法与主要指数模型。第一节对已有的与人民币国际化程度相关的研究进行了总结，包含定性分析和定量分析，具体研究方法主要为以下四个类型：以部分国际货币职能的发挥程度测度、以单一国际市场的使用情况测度、以人民币国际化现状测度、构建指数模型测度，通过主成分分析法、层次分析法、加权平均法等，将人民币国际化程度与主要国际货币进行横向对比，及从自身角度进行纵向对比，为全文的实证研究提供了思路。第二节在第一节文献研究的基础上，总结已有的人民币国际化指数测度模型，归纳构建人民币国际化指数模型的一般原则：一是真实反映人民币国际化程度的现状；二是数据来源明确、研究方法科学透明；三是模型需兼顾系统性和灵活性的特点；四是模型需具备横向对比的能力。第三节对比分析主要人民币国际化指数模型，详细介绍了人民币国际化指数的代表性模型，这些权威的人民币国际化指数模型构建由官方机构、政府部门和优秀学者完成，具备较强的代表性和启发性。

第五章是新型人民币国际化指数模型的构建。第一节阐述新型人民币国际化指数模型构建的五个原则，即模型创新性原则、坚持科学性与系统性的设计原则、综合考虑可操作及可比性原则、指数编制方法科学和透明、兼顾结构稳定性和可变性。第二节是新型人民币国际化指数模型，即空间地理分布指数模型的构建，包含了指标选择、数据来源、权重计算和结果解读。第三节分析现有人民币国际化指数模型的创新空间，突出在指标选择、权重计算和解读维度等方面的创新。第四节从定性和定量两个角度对新型人民币国际化指数模型的测度结果进行分析，包括人民币国际化的空间地理可视化分布、2012~2021 年新型人民币国际化指数、主要国际货币国际化程度的对比分析。第五节对我国实施人民币国际化战略以来所取得的成果进行客观、全面的评价。

第六章是主要国际货币的国际化条件和路径分析。以历史发展为主要脉络，本章第一至第四节分别研究了英镑、美元、日元和欧元的国际化条件和实现路径，全面深入分析了当前国际化程度较高的货币的不同条件和路径，第五节比较分析了主要国际货币国际化的异同点。

第七章是人民币国际化的条件和障碍分析。第一节归纳主要国际货币国际化条件对人民币国际化的启示，主要有如下五点：经济实力、金融市场、货币稳定、国家政策和离岸市场。第二节分析了人民币国际化的内部条件，主要有以下五点：经济发展、贸易扩张、金融市场发展和开放程度、货币价值稳定、数字经济。第三节从国际经济环境、国际政治环境的影响中梳理了人民币国际化的外部环境。第四节首先介绍了人民币国际化当前面临的外部障碍，逆全球化思潮的兴起、美元霸权以及美元惯性的影响；其次结合新发展阶段下中国的现实国情，深入分析了人民币国际化的内部障碍：对外竞争优势不足、资本账户未完全开放、金融市场不完善、国内经济结构不平衡。

第八章主要阐述了人民币国际化的具体实现路径。第一至第三节从人民币的周边化、区域化、国际化入手，对概念意义、发展现状以及实施路径进行总结分析。在人民币的周边化中，本书提出不断优化人民币跨境业务，加强周边经贸往来；推动人民币金融产品创新，适应境内外投资者的金融需求；加强人民币跨境结算基础设施建设，为跨境业务提供强有力支撑；探索创新货币合作机制，完善人民币跨境流动的监督管理等思路。在人民币区域化中，其主要目标是成为亚洲的重要货币，要进一步扩大人民币与其他亚洲国家货币的互换范围，加强中国与东亚、西亚地区的金融合作，借助"一带一路"推动人民币区域化，成为周边国家的主要投资资产和主要储备货币。在人民币国际化中，应积极构建符合人民币国际化的经济基础，重新审视和积极改革现有国际货币体系，"以内为本"提高中国软实力。

第九章详细介绍了人民币国际化的保障措施。第一节介绍了我国目前正在不断夯实的人民币国际化的保障基础，如雄厚的经济硬实力、不断健全的金融体系、稳健积极的财政货币政策、充足的国际外汇储备和稳定强大的政治军事格局。第二节是我国目前实行的有关推进人民币国际化的政策协定，主要有"一带一路"倡议、人民币加入特别提款权（SDR）篮子和《区域全面经济伙伴关系协定》（RCEP）的签订。第三节介绍了有助于人民币国际化的相关基础设施的建设情况。第四节是有关人民币国际化的前景展望：扩大经常项目的人民币跨境使用规模、深化人民币跨境投融资功能、继续开展双边本币互换合作和完善人民币国际化的基础设施。

第十章分析了推进人民币国际化先行先试的深圳探索。首先，分析了深圳推进人民币国际化先行先试的主客观条件，包括独特的区位优势、庞大的经济总量和较快的经济发展速度、全国第一的外贸规模、发达的金融市场、数字经济的发展、政策指引和强烈的主观愿望。其次，归纳和分析深圳推进人民币国际化先行先试的相关举措，如率先启动跨境人民币贷款业务试点和引导人民币资本项目回流；探索人民币资产转让，推动深圳建立全球人民币资产配置中心；推出"跨境电商直通车"业务，支持发展外贸新业态；推动在深圳设立粤港澳大湾区首家人民币国际投贷基金，助力深圳企业"走出去"；开展更高水平的贸易投资人民币结算便利化试点，支持稳外贸稳外资；启动"跨境理财通"业务试点，开辟粤港澳大湾区居民个人跨境投资新通道等举措。再次，回顾和总结深圳推进人民币国际化先行先试的演进历程，包括从 2009 年开始试点跨境人民币结算业务，2012 年启动跨境人民币贷款业务，2016年推出人民币资产转让业务，以及 2023 年推出"前海金融 30 条"，探索人民币国际化的前海道路等；归纳总结深圳探索推进人民币国际化的成就，如跨境人民币业务规模显著扩大、人民币跨境使用场景不断扩展、跨境人民币结算便利性逐步提升；分析深圳进一步推进人民币国际化的主要方向，如数字人民币、跨境理财通等。最后，总结深圳推进人民币国际化的主要经验，为全国推进人民币国际化进程提供经验参考。

第十一章是研究结论和主要启示。从构建新型人民币国际化指数的测度结果看，人民币国际化发展稳中有进，总体良好；本章总结了美元、英镑、欧元、日元等四种货币国际化的历史经验与基础条件；人民币国际化的路径可遵循周边化—区域化—国际化的路径；正确对待现阶段下人民币国际化的机遇与阻碍；实现人民币国际化拥有广泛且坚实的保障措施支持。总结历史经验，本章提出了实现货币国际化的五大要求，认为当前人民币国际化仍存在较大提升空间，人民币国际化进程必将在曲折发展中稳步推进。

二　研究思路

基于以上研究框架，本书的研究思路框架如图 1-1 所示。

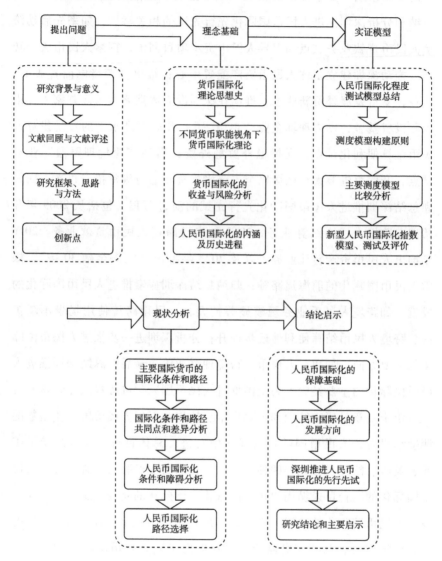

图1-1 研究思路框架

三 研究方法

本书主要使用了文献研究法、统计分析法、历史推理法、实证分析

法和比较分析法，探究人民币国际化程度的测度与人民币国际化的实现
路径。

（一）文献研究法

围绕人民币国际化的相关问题，本书深入查阅了国内外大量的文献
资料，包括货币国际化的理论思想史，人民币国际化的程度测度模型，
美国、欧盟、英国、日本等主要经济体的货币国际化条件和路径分析，
归纳总结货币国际化的理论基础。

（二）统计分析法

为了更直观、清晰地表达数据蕴含的特点和趋势，本书在主要货币
国际化路径、人民币国际化战略成果评价、人民币国际化现状分析总结
等部分运用大量图表进行统计分析。

（三）历史推理法

根据货币国际化思想演进史，本书梳理和分析了从 17 世纪之前的
"货币差额"思想到当前的世界货币思想，从历史逻辑出发分析货币国
际化的内涵和形态演进。同时，还系统梳理和分析了从 2009 年开始首
笔人民币跨境结算业务到当前全方位的人民币国际化进程。

（四）实证分析法

本书对 2012~2022 年人民币国际化数据进行空间地理可视化处理，
采用主成分分析法计算指标权重，最终得到人民币国际化空间地理分布
的指数模型结果，从定量角度为人民币国际化进程的推进提供参考
依据。

（五）比较分析法

本书在研究人民币国际化的过程中，同时测量了主要经济体的货币

国际化指数,与人民币国际化指数进行横向对比分析,结合主要国际货币的空间地理分布,分析主要国际货币的区域特点及成因。对比分析当前人民币国际化的主要测度方法、测度原则、测度模型的差异和优劣。比较分析美元、欧元、英镑、日元的国际化条件和路径,为人民币国际化所需的条件和实现路径提供借鉴,为人民币国际化走出既定区域实现深层次的国际化提供经验证据和实证支撑。

第四节　创新点

一　从货币思想史、货币性质与货币职能三维视角剖析货币国际化的理论基础

在货币国际化理论基础的分析上,国内外有关货币国际化问题的研究大多从单一的视角展开,而本书则尝试从三维视角出发剖析货币国际化的理论基础。具体而言:一是货币思想史的理论基础,主要包括从17世纪前重商主义理念下的货币国际化思想到当前货币地理学下的国际货币思想;二是货币性质视角下货币国际化的理论基础,即基于货币跨越国境,在世界其他国家扮演一般等价物的性质对货币国际化的理论基础进行探讨;三是货币职能视角下的货币国际化理论基础,从发挥货币职能的角度剖析货币国际化的理论基础。

二　提出人民币国际化程度测度的新方法、新原则和新模型

在测度方法上,本书通过选取涵盖三大货币职能下的三级全面性指标,区分具体的流量和存量指标,使用主成分分析法进行权重确定,综合考虑货币空间地理分布的差异性,构建新型人民币国际化指数模型——人民币国际化空间地理分布指数模型,对人民币国际化程度进行测度。

新型指数模型从指标选取、权重计算和解读角度三个方面对已有的

人民币国际化指数模型进行改进。指标选取更加全面，不仅包含货币三大职能的所有方面，而且涵盖多个离岸市场；权重设定上考虑了三种货币职能内在的关联性，对其进行区分并采用主成分分析法设定不同的权重；在指数模型解释上增加空间地理可视化分析，提升货币国际化的全球空间形象。

三 在逆全球化和去金融化等新发展阶段下，提出人民币国际化的实现路径和保障措施

全球出现了逆全球化和去金融化浪潮，本书重视科技进步和实体经济发展的基本条件，结合货币国际化的空间地理动态分布特征，提出人民币国际化的有效实现路径以及保障措施。

第二章 货币国际化概念与理论分析

第一节 货币国际化的概念界定

货币作为商品交换的产物，是在商品交换过程中从商品世界分离出来的固定地充当一般等价物的特殊商品。货币的性质决定了货币具有价值尺度、流通手段、支付手段、贮藏手段、世界货币五大职能。价值尺度指货币衡量并显示商品价值大小的职能；流通手段指货币作为交换媒介参与商品流通的职能；支付手段指货币承担清偿债务或者支付税务、租金、工资等的职能；贮藏手段指货币退出流通作为社会财富的一般代表被保存起来的职能；世界货币指货币价值尺度、流通手段、支付手段职能范围向外扩展，在国际市场中充当一般等价物的职能。货币作为一般等价物，其本身没有国别性质，但在当今世界上，多数货币都是主权信用货币，是民族国家主权的标志，每种货币在主权范围上均具有排他性。

一 国际货币含义

关于国际货币的含义，科恩（Cohen，1971）是从货币职能角度来界定的。马克思最先提出的货币五大职能中，世界货币职能是其他职能在国外的延伸。科恩的国际货币观遵循马克思关于世界货币职能的思想，提出私人部门与官方机构基于各种目的，把某种货币的用途延伸至该种货币发行国之外时，该种货币便具有了国际货币的性质。关于国际货币的定义，科恩提出了货币职能与货币投资力的准则。关于货币职能，他主张国际货币可以被世界市场普遍接受和利用，而且国际货币应广泛地担负价值尺度、流通手段、支付手段、贮藏手段以及其他货币的全部或部分职能。从货币投资力来看，国际货币既能对国内投资，又能对国外投资。依照科恩界定的国际货币定义，世界上众多货币均符合其要求，即该定义的范围过于宽泛。

哈特曼（Hartmann，1998）对科恩的定义作了进一步拓展，把货币的职能划分为支付手段、记账单位、价值贮藏手段三个不同的层面。国际货币作为一种支付手段，从私人领域看，表现为国际经济金融交易的直接币值交换和两种其他币值的间接兑换；从官方领域看，则表现为外汇市场对国际收支进行干预与平衡的工具币值交换。国际货币的职能有三种：充当记账单位、进行价值贮藏与兑换以及充当价值流通工具。国际货币以记账单位为基础，私人领域用国际货币对商品贸易、金融交易进行计价，官方领域则用国际货币决定汇率平价，充当汇率钉住的"驻锚"。哈特曼进一步指出，作为一种价值贮藏，国际货币反映到私人领域是金融资产选择，反映到官方领域则是官方储备资产。哈特曼也认为，一种货币只要具有以上职能中的一至两种，就可被看作国际货币。在我国，随着经济全球化进程加快，人民币国际化成为必然。但目前，人民币国际化仍存在许多亟待解决的问题。其中，最重要的就是人民币的国际储备功能没有得到充分发挥，这明显制约了人民币国际地位的提升。因此，该国际货币的概念界定存在不完整性。在现实中，特别提款权（SDR）是具有价值贮藏与某些支付手段功能的国际货币，加入SDR有利于人民币发挥价值贮藏职能，增加国际储备，进而推进人民币国际化进程。

蒙代尔（Mundell，2003）提出，货币流通范围超出法定流通范围，或者货币的得分或倍数为其他国家和地区所效仿时，这种货币即为国际货币。国际货币体系权威机构——国际货币基金组织（IMF）将国际货币界定为能在世界上扮演类似于金属货币的角色，能被各国政府及中央银行持有，并能充当外汇平准基金介入外汇市场的货币。国际货币基金组织更加强调国际货币"用途广"的特点，包括交易（贸易、金融等）范围广、使用地域广。相对来说，国际货币基金组织的定义更科学、更合理，这是因为只有世界上贸易、金融交易普遍采用某种货币，该种货币才有可能成为名副其实的国际货币。

二 货币国际化

（一）货币国际化的含义

货币国际化目前尚无清晰的界定，哈特曼与塔瓦拉斯（Tavlas, 1997）从货币职能的角度界定货币国际化。哈特曼提出，当货币被发行国之外的个人或机构所承认，并作为支付手段、记账单位与价值贮藏手段，这种货币即实现了国际化。按照塔瓦拉斯的观点，假如某种货币作为国际贸易的计价单位、交易媒介、价值贮藏手段，那么该货币就实现了国际化。哈特曼认为，货币国际化是指一个国家或区域内所有的居民通过一定的方式把货币兑换成可以自由使用的资本品；塔瓦拉斯则认为货币国际化是指一国货币成为国际上通行的计量单位。他们都把货币国际化的实质视为货币职能的对外延伸，这和马克思关于世界货币的功能观不谋而合，但是仅仅把功能的对外延伸界定为货币国际化过于片面。

国内学者对货币国际化亦有界定，周林和温小郑（2001）及徐奇渊和刘力臻（2009）分别从静态与动态、广义与狭义的角度解释了货币国际化。周林和温小郑从静态视角解释货币国际化，从狭义上讲，货币国际化就是利用第三国所发行的货币；而从广义上讲，当一个国家的货币被他国个人、组织接受或利用，并在其境外发挥价值尺度、交易媒介、价值贮藏等职能时，该货币即实现了国际化。徐奇渊和刘力臻从动态视角对货币国际化作了狭义与广义上的界定。从狭义上讲，货币国际化指的是一国货币的部分或者全部职能由国内延伸到国外；而从广义上讲，指一国货币以信贷资本为载体、以国际投资为手段、以获得盈利为目的，由本国向四周延伸到更为广阔的发展空间的现象。

国内外学者关于国际货币与货币国际化问题的看法均表明：（1）货币国际化是一个动态的演变过程，一国货币国际化的最终结果就是变成国际货币；（2）国际货币需被他国机构或个人接受并运用；（3）从功能上看，货币国际化是一个货币局部或整体职能向周边其他国家乃至全球延伸运用的过程。

并非所有国家都可随心所欲地将其货币国际化。一般来说，一国货币国际化须满足六个前提条件：一是该国经济在世界产出中所占比重较大，生产力水平较高；二是该国宏观经济比较稳定，能应对国外经济波动带来的影响；三是该国与其他国家贸易联系紧密；四是该国资本市场开放发达且效率高，金融体系比较稳定；五是该国对外债权较多，为净债权国；六是中央银行可作为世界经济最后贷款人。

本书中的货币国际化指一国货币跨越国界在国外流通，并成为一种被国际上广泛承认和接受的计价单位、结算货币与贮藏货币。货币国际化亦可界定为一国货币向国际货币演变或转变的动态过程（阶段），并在这些动态阶段中形成一种相对平稳的状态。

（二）货币国际化与货币可自由兑换

货币国际化与货币可自由兑换是两个截然不同的概念。前者的评判依据在于货币作为价值尺度、支付手段以及贮藏手段在境外国际交易中的作用过程；后者则有两方面评判标准，即理论标准与国际货币基金组织（IMF）标准。

1. 货币可自由兑换

从理论上看，货币可自由兑换就是政府对国际、国内各类货币资产转移、兑换不设限制，货币持有人可自由兑换外国可兑换货币，而居民可自由选择、拥有货币资产。这种货币及外汇资金向外支付、转移也不会受到限制。在我国，货币可自由兑换的目标就是要使人民币成为可自由兑换货币。实现这一目标有两个条件，一是必须建立起完善的金融市场体系，二是必须实行严格而又灵活的外汇管理政策，其中包括经常项目的自由兑换与资本项目的自由兑换两种。

国际货币基金组织将货币可自由兑换界定为解除经常项目外汇支付与转让的汇兑限制。按照《国际货币基金组织协定》第八条"成员国之一般义务"规定，货币可自由兑换，须满足下列三项条件：一是国际经常性交易的给付与资金转移不受限制；二是不施行歧视性货币措施与复汇率；三是应其他成员国的请求，随时承担交换另一方经常性交易中存结的本国货币的义务。各成员国外汇管理体制在满足第八条规定之后，基本上能在经常项目上自由兑换货币，但该协定没有对在资本项目上是否可自由兑换作出规定。《国际货币基金组织协定》在第六条"资本转移"中解释了资本项目，其中第三款"资本转移管制"从保持经常项目完整可行的可自由兑换出发，设定了各成员国可通过必要管制来规范国际资本流动的要求。但这一管制并不能限制交易支付或不当阻滞债务清偿资金转移。也就是说，在经常项目交易中，国际支付应自由进行，而资本项目资本转移可受限制。一方面，国际货币基金组织主张开放资本项目管制；另一方面，国际货币基金组织也主张各成员国可在需要时进行有条件的资本管制。因此，根据国际货币基金组织规定，当成员国货币在经常项目上可以自由兑换，而在资本项目上具有条件可兑换时，就表明这种货币是可以自由兑换货币或者已基本实现了自由兑换。因此，任何一国都可以在其国内或国外进行货币兑换，不能以任何理由拒绝或推迟实现这种目标。这就为各国提供了选择货币的自由度。目前，全球已接受《国际货币基金组织协定》货币自由兑换条款的国家或地区达 67 个。①

2. 两者的区别和联系

国内对于货币国际化和货币可自由兑换的关系主要存在三种观点。本书拟对此做初步探讨，并提出一些看法。（1）实现货币可自由兑换，是实现货币国际化的先决条件。所谓货币国际化，就是货币由条件经常项目可兑换逐渐过渡到货币经常项目可兑换，再过渡到资本项目可兑换，进而实现资本项目的完全自由兑换，并最终向国际货币迈进；（2）若某种货币是可自由兑换的，则其将是国际货币，货币的国际化与货币的可自由兑换近似等同关系；（3）国际货币须为可自由兑换货币。

货币的可自由兑换意味着货币间相互兑换，货币国际化意味着各国货币走出去，执行一般货币的国际职能。一种货币能不能成为国际货币，不能简单地等同于货币可自由兑换的实现。从理论上讲，任何一种货币成为国际货币都是有条件的，都具有一定的稳定性，但是这种稳定性又不是绝对的。当货币达到某种稳定状态时，它就可能变成真正意义上的国际货币。在作为国际货币的初始阶段，一国货币无须完全可自由兑换。当一个国家的货币流通速度加快时，货币的可兑换性就会增强；反之，如果该国的货币流通速度变慢或停滞，则货币的可兑换性便减弱，这就是货币的国际化问题。成为全球普遍认可的国际货币，需要一个比较漫长的发展历程。当前，我国人民币还没有转化为资本项目可兑换，但是人民币已在我国香港、澳门、台湾地区及周边国家得到了普遍认可与运用。人民币已经成为当之无愧的地区性货币。也就是说，人民币在一定程度上已成为国际货币。

此外，两者具有内在联系。货币的可兑换性对于一国货币国际化来说是一个必要条件，而不是一个充分条件。货币可兑换程度与一国的对外开放程度密切相关。货币可自由兑换能够推动货币国际化发展，反

---

① 数据来源：国际货币基金组织。

之，货币国际化也能推动货币可自由兑换的发展。改革开放以来，我国经济取得了巨大的成就。但是，由于国内市场发育不成熟，我国仍然面临着许多困难和挑战。货币可兑换性与货币国际化之间能够相互影响，相互推动。目前，在我国经济持续发展、国际地位日益提升的背景下，积极推动人民币国际化已经成为一种必然的趋势。但是，资本项目实现可兑换前所完成的国际化，只能说人民币具有国际化功能，还不能称其为国际货币。

第二节　货币国际化理论思想史

货币国际化内容与制度包含在货币国际化思想史之内，并在以往思想的不断撞击与探索下发展出今天的货币国际化理念。研究货币国际化发展的历史，对人民币国际化有较好的借鉴作用。本章讨论的意义主要体现在两个方面：一方面，考察货币国际化思想的发展历史，可以在总结货币发展经验的基础上，把握货币国际化发展脉络，从而更加深入地理解货币国际化的内涵。另一方面，从本质与职能的视角对货币国际化理念发展进行概括，能够为人民币国际化发展提供较好的历史借鉴。

一　17世纪前的"世界货币"思想

重商主义萌发于十六、十七世纪，是资本主义社会的"最初诠释者"。重商主义最根本的思想就是，唯有黄金、白银才能成为一国真正的宝藏。黄金作为商品，其价值由货币决定。但是，黄金并不是绝对稀缺的，它只能从国外进口，不能出口。如果进口过多，就会使本国经济受到损害。所以，增加国民财富的途径只有两条，一是本国开采金、银，二是对外贸易顺差提高金、银的累积，贸易利润来源于"低价买、高价卖"。就国内贸易而言，买方亏损就是卖方盈利，盈亏均衡，不影响一国财富总量。所以，一国只能通过对外贸易来增加财富，遵循"少买卖"的方针，用贸易顺差把金银运往本国。

重商主义按其发展阶段与角度，可以划分为早期（15 世纪到 16 世纪中期）与晚期（16 世纪后半期到 17 世纪）两个阶段。早期重商主义与晚期重商主义在政治、经济、文化等方面存在明显差异，但都有其产生的历史基础，并对后世产生了重要影响。它们之间既有联系又有区别。早期重商主义以英国威廉·斯塔福（1554—1612）、法国孟克列钦（1575—1621）为代表，晚期则以英国托马斯·孟（1571—1641）为代表。

（一）早期重商主义的货币差额思想

威廉·斯塔福于 1581 年发表《对我国同胞某些控诉的评论》一书，该书被视为体现他货币主张的早期重商主义杰作。他指出，贸易必须以利润为目的，而利润则由进出口决定，所以贸易必须考虑到利润和成本之间的平衡。他还强调了对外贸易对国民经济发展的重要作用。这本书的基本观点是货币是财富，各国应采取措施，尽最大努力去增加财富，把财富留在本国，而不是让它流出本国。在国际贸易方面，他主张从外国进口货物是不利的，特别是进口自己国家可以生产的货物。在他看来，商品输入就意味着金银流出和国家财富下降。于是，他力主禁止金银出口，并在对外贸易上实行"少买多卖"的绝对方针，以达到扩大贸易顺差和兑换更多金银的目的。斯塔福认为，发展国际贸易可以累积更多的金银，增加国家财富。这体现出货币国际化发展，首先要具备国际贸易发展所必须具备的条件。

关于货币职能，斯塔福已感觉到货币是价值尺度和价值标准之分。当时英国物价上升，在他看来主要是因为本国铸币的成色下降、磨损过多，而非外国贵金属的涌入，必须赋予货币十足的价值才能挡住物价的上升。金、银能履行货币的功能，最根本的原因就是它们是一种商品，而只有具备足够价值的货币才有可能很好地履行货币的功能。

法国早期重商主义的另一个代表人物为孟克列钦，代表作有《献给国王和王后的政治经济学》等。他把货币看作黄金，把黄金看作唯一的宝藏，而积累黄金的唯一途径便是贸易顺差，各国必须采取有效的贸易出口措施。他认为贸易会对国际货币结算产生影响。不得不承认法国重商主义对商贸的重视，但是并未涉及货币国际化的内涵和本质。

简言之，早期重商主义侧重于让国家财富增长并累积起来，所采取的办法是维持国际贸易中金银的流入，以免它们过度外流。早期重商主义虽也重视国际贸易，但它坚持国际贸易中的不平等交换原则，并不能使各国货币间的比例关系如实地反映到国际贸易对货币总量、汇率等因素的作用上。这一理念对货币国际化表现出逆向态势，即国际货币国内化和国内产品国际化。

（二）晚期重商主义的贸易差额思想

晚期重商主义的基本理论和政策主张同早期没有本质区别。早期和晚期的重商主义均视货币为最基本的财富形式，将货币与贵金属等同起来，与财富画等号。坚持投入金银为一国发迹的第一方式，主张由国家对经济运行进行干预，并通过限制、保护、激励等手段，推动国家产业与贸易发展，从而加大金银的投入力度。但是，在某些特定的问题上，它又不同于早期的重商主义：（1）晚期重商主义认为，输入金银是增加国家财富的"第一途径"，而不是"唯一途径"；（2）允许增加对外国商品的进口，同时确保贸易顺差；（3）贸易总额维持顺差，不是强求各国贸易一定要顺差；（4）准许金银出口，同时确保有较多金银被运回国内。

1630年托马斯·孟写成《英国得自对外贸易的财富》一书。在书中，他提倡贸易差额论，鼓吹对外贸易顺差，呼吁废除禁止货币输出的政令；他主张："国外贸易只是一种增加我国财富与宝库的常用方法，贸易时持有向外国人出售的货币总额应大于年消耗货币总额。"与早期重商主义严禁输出货币不同，托马斯·孟主张，只要遵循"多卖少买"原则，只要维持贸易差额，输出货币和商品一样具有优势。关于货币职能，托马斯·孟提出，货币的意义不是贮藏，而应被放在利润丰厚的流通之中，贸易能让货币大量繁殖，把货币更多地维持在本国，而不是让财富增加，反而会给本国物价的上升带来一系列不利因素。

关于货币价值，他提倡货币要有实质价值，并把货币看作衡量社会财富的价值尺度，竭力反对金银重量与成色的变化能增加国家财富。人们所重视的并不是金钱的名字，而只是金钱所固有的价值，这个尺度发生变化，土地、房屋等其他财富的价值就会发生相应比例的变化。在货币制度方面，他强调货币要有自由兑换的权利，并提出货币可以作为国际交换媒介，但不应当成为国际货币。托马斯·孟根据货币内在价值导出了确定汇率这一命题，认为两国的货币金属内容是形成其比价的依据，所以，在确定货币对外汇率时应弄清彼此铸币平价及其轻重。

（三）重商主义观念述评

重商主义货币金属理论，把货币与金银等同起来，把金银与财富等同起来，主张以对外贸易顺差的方式，让金银尽量回流到本国。从社会发展的角度看，这是不可避免的，表现为资本主义生产方式萌芽时期，新兴资产阶级渴望资本积累。这一思想在一定程度上符合当时的经济状况和历史要求。但从理论上讲，它自身也存在着许多漏洞。

货币等同于金银是错误的。从货币的性质而言，货币是从商品中分离出来的固定充当一般等价物的价值符号，它自身并不具有价值。因此，它可以是金银也可以是其他东西。金银之所以能够在历史中排斥其他商品充当货币是因为它特殊的自然属性。但是，随着贸易的扩大和全球经济的迅猛发展，金银总量的有限性及其不便于分割和携带的弊端也随之显露出来，并最终被纸币取代。

在货币理论中，重商主义强调货币的价值尺度、贮藏手段和世界货币职能，却忽略了其流通手段与支付手段职能。尽管后期托马斯·孟曾强调货币要进入流通领域，不能进入贮藏，但尚未涉及流通理论本身。

在对外贸易政策中，重商主义都提倡各国维持贸易顺差，这与世界的整体利益是不相称的。一国贸易顺差必有他国贸易逆差，国际贸易总额必有均衡，重商主义鼓吹的维持贸易顺差必有掠夺，以对他国实行经济控制为先决条件。重商主义认为国际贸易不是中性现象，它只是促进本国出口，并没有增加进口。

二 17 世纪中叶至 19 世纪上叶的"世界货币"思想

17 世纪中叶到 19 世纪上叶，是货币史上的一个重要时期，这一时期开始于让·德康特勒和让·德佩雷戈创办法兰西银行。随着法币的发行，纸币作为商品交换的重要交易媒介开始出现。货币与纸币不仅对当时商品经济产生了重大影响，而且还推动了欧洲经济一体化进程的加速发展。货币史作为经济史乃至政治史的一个组成部分，也必然会受到人们的重视，这是不言而喻的。所以，在这个历史时期，许多经济学家把货币和纸币的研究置于其研究视域之中。

（一）配第、洛克和诺思的"国际支付"思想

威廉·配第（1623—1687），英国资产阶级经典政治经济学家奠基人。他继承和发扬了前人的思想，提出了以货币财富观、国际支付观和货币与贸易关系论来指导经济活动。他把货币作为一种特殊商品来研究。在货币财富观上，他主张一国金银生产行业及对外贸易优于经营其他行业。金银生产增加了一国的一般财富，而对外贸易则给一国积累了更为具体的财富，他并不把金银视为"唯一的财富"。关于国际支付观，他遵循重商主义，深信"当出口货物超过进口货物时，将为该国增加资金"，在他看来，货币与对外贸易之所以重要，是因为这有助于一国工业的发展与完善。以此为基础，他清楚地区分了货币和金属的职

能，认为货币是价值尺度，而非真正的价值形态。在他看来，"拥有金银所铸造的货币，乃是交易的最佳标尺，所以一定要对等，否则，便不会成为标尺，从而不是一种货币，而是一种纯金属"，可见配第已经能把货币的使用价值和币材价值区别开来。

著名哲学家约翰·洛克（1632—1704）对货币价值的研究有很大的局限性，这是由于他对价值论的分析摇摆不定。洛克认为金银货币没有固定价值，它仅仅是一种想象或者假想的价值象征，它拥有的购买力源于国家给予它的称谓和信用，他还认为货币价值源于货币量。在此基础上，洛克对金银货币进行了严格划分：一是黄金货币，二是白银货币。很明显，洛克在货币理论中属于货币名目论者，也属于货币数量论者。洛克视角中的货币具有"双重价值"，即从货币上提供利息收入，以及从交换中能够得到其他"必需品与生活便利"价值。在货币国际流通方面，洛克以货币数量论解释国际价格，提出了任何一种货币数量均能满足一国贸易要求的观点，还强调"英国应叫贸易敌手掌握更多货币"。洛克对货币的看法基于其对世界范围内各种经济现象，尤其是国际经济交往关系的观察。他对货币的认识经历了一个由抽象到具体再从具体到抽象的发展历程。他将货币视为特殊商品，将其视为交换的特殊媒介，在此基础上探讨国际支付，但他并没有排斥货币是一般等价物。洛克国际支付观的理论基础是重商主义，重商主义的理论框架制约着洛克对货币世界化进程的研究。

达德利·诺思（1641—1691）是一位在英国古典政治经济学的形成过程中占有重要地位的经济学家，代表作包括《贸易论》等。诺思倡导自由贸易理论，强烈反对重商主义国家干涉内外贸易的观念。就货币理论而言，诺思把货币视为"内在价值"的商品。金银和其他物品一样，用途也很多，但因为金银这类物品具有"质地好"、"不易损耗"和"便于贮藏"的特点，因而不需要法律规定，便被确定为交易标准和通用尺度。诺思的货币性质观点认为，金银并不等于货币，而是因为金银具有天然属性，所以才被选为货币。诺思鉴于重商主义把货币与财富等同起来，他指出，货币贮藏在一起并不增加财富，而只有把货币当作资本使用，才会增加财富。这种看法类似于后期重商主义托马斯·孟的观点。关于货币职能，尽管诺思未清楚地探讨货币的作用，但他的《货币论》却触及了这一问题。他认为："金银及金银所铸货币不过是一种量度，拥有它比不拥有它更加方便交易。另外，它的优点还适合于储存多余资本特殊基金。"由此可以看出，在他看来，货币既可以作为买卖交易中的价值尺度，又可以作为贮藏多余资金的工具。另外，诺思提出"金银为世人交易之通用尺度"，发现了世界货币的职能，但并没有从理论上分析这种职能。

（二）休谟关于"价格—铸币国际流动"的观点

大卫·休谟（1711—1776），18世纪英国资产阶级著名哲学家、经济学家，货币数量论早期的主要代表，代表作有《论贸易平衡》和《论货币》。关于货币性质问题，休谟把货币看作劳动与商品的代表者，看作确定价格的工具。他把金属铸币看作一种纯粹的价格符号，而货币本身并没有价值，它仅仅是一种纯粹的价值符号。休谟把货币看成一个经济系统，货币的运动与这个系统中各要素之间有着密切的联系，从而使货币流通过程成为经济活动的一种基本形式。休谟既反对重商主义，又批判货币数量论者，并在此前提下进行了货币理论研究与论述。在他看来，金银货币积累量大的国家不一定有优势，因为币值大的国家，商品价格一定比币值小的国家高。货币多者商品价格上涨，出口相对困难，对外贸易逆差导致资金外流；货币少者商品价格下降，出口相对顺畅，对外贸易顺差导致资金大量涌入，最终贸易趋向均衡。金银在各国间的分配情况，按照它的自然动向，最终都不可避免地要取得均衡。货币在各国之间有一种均衡分布趋势，即"如果任何地方水位上升，那么上升地方的引力将失去均衡而不得不下降直至达到均衡；同理，纠正已经出现的不均衡现象，必然永远不能依赖暴力以及外部作用阻止它的出现"。

（三）斯图亚特关于"世界货币职能"的主张

詹姆士·斯图亚特（1712—1780），英国早期资产阶级经济学家，反对货币数量论，代表著作有《政治经济学原理研究》和《货币原理》。在理解货币的本质时，斯图亚特把它视为所有商品的一般等价物，认为"它是所有让渡物中最合适的等价物"。但他也将货币视为所有物品中普通的等价物，并将货币作为国家强弱的标尺。因此，他主张通过国家对经济的干预来实现货币流通中价值规律和供求关系的调节，以达到促进社会生产力发展的目的。同时他又坚持货币只是作为一种特殊的等价物而存在。事实上，他继承了重商主义的货币财富观，把货币视为财富的真实代表，把货币占有量作为判断一个国家是否强大的尺度。

就货币职能而言，斯图亚特较早地对货币职能有了较为完整的了解。第一，他认识到价值尺度作为货币计量商品价值多少的一种职能，却把价值尺度与价格标准混为一谈。他所说的"为计量可售物品相对价值所发明"，其实是货币的价值尺度职能。第二，斯图亚特还指出了货币作为流通手段与支付手段所起的作用，"货币用于国内流通，归结起来主要有两点：一是用于偿还债务，二是用于购买规定的物品"。第三，斯图亚特还看到货币的贮藏手段职能。他认为，在流通过程中，过剩的货币将作为贮藏货币堆放，"不必作为铸币使用的金银将作为贮藏货币累积，或作为奢侈品原料处理"。他还认为，货币能像蓄水池那样自适应地调节其流通量，"金属货币若按比例大于产业活动的规模，既不引起价格上涨，又不流入流通，就会作为贮藏货币而堆积"。与此同时，斯图亚特还看出，用作贮藏的不是纸币，而是金属货币。关于世界货币的职能，他明确地指出，金银具有世界货币的性质，只有金银才有可能跨越国内流通领域，成为世界市场的一般等价物。但是，纸币仅能作为国内流通领域的流通手段与支付手段，而不可能成为世界货币。纸币为"社会的货币"，金银为"世界的货币"。

斯图亚特关于国际交换贵金属货币的观点有两面性，一方面强调在国际结算和国际贸易中采用足值贵金属的重要性；另一方面认为金属货币可能导致国内货币短缺，从而影响经济发展。他认为，价格波动由消费与需求共同决定，如果人们没有需求动机，金属货币将被贮藏。

斯图亚特把世界货币思想和对外贸易结合在一起，形成其国际贸易平衡观。他指出，国际上商品与货币流动并不自发调节，一旦发生贸易逆差，银行就会失去部分黄金与外汇储备，造成债务上升，本国贵金属货币减少，不能达到独立的国际收支平衡。

（四）斯密的世界货币理论

亚当·斯密（1723—1790），古典政治经济学家中杰出的代表人物，理论体系的构建者，代表作品有《国富论》等。就货币理论而言，斯密作为金属论者，把货币视为商品，并把它等同于贵金属，主张其价值取决于劳动量，即生产费用。关于货币职能，斯密着重阐述货币的价值尺度、流通手段、世界货币职能。在价值尺度职能方面，斯密提出金银具有价值尺度职能是由于货币自身具有价值，货币价值因金银价值和铸币含金量而变化。就流通手段而言，以货币为媒介进行交换，而获得流通手段职能的原因在于商品交换，由商品形态的改变所赋予。在斯密看来，货币价值尺度职能与流通手段职能均为其基本职能，它们之间有着紧密的联系，即"货币既是一种交易媒介，也是一种价值尺度"。

他明确阐明了货币作为世界货币的职能，将整个世界市场看作"大商业共和国"，将世界货币看作"大商业共和国的货币"。为进行国外贸易，金银像货币那样在大商业国间流通，可视为大商业共和国货币。大商业国内货币的流动及其方向，是由在其领土内流通的物品所决定的，而大商业共和国货币的流动及其方向，则是由在国家间流通的物品来决定的。大商业国和大商业共和国货币均用于便利交换，前一种货币在各国境内商定，后一种货币则在各国之间商定。同时，斯密意识到，货币履行世界货币功能，一定是金银。他国与发行银行相距遥远，不能按时兑换，所以必须使用贵金属才能实现国际交往。在国际贸易中，贵金属从本国外流，纸币滞留本国。在斯密看来，纸币发行最主要的依据就是可随时兑换，其最终结果就是纸币的国家化和贵金属的国际化。

（五）李嘉图关于"贵金属硬币的国际流动"的观点

大卫·李嘉图（1772—1823），是英国产业革命中的经济学家、英国经典政治经济学的卓越代表与完成者。李嘉图的世界货币理论主要分为三个方面。

一是贸易理论基础，即国际自由贸易比较成本思想。在古典经济学中，亚当·斯密提出的"看不见的手"原理为分析国际贸易提供了基本的理论依据。他把各国之间的经济联系看成一种自然过程，即国际贸易。李嘉图运用比较分析法来解决斯密没有绝对优势国家在国际贸易分工中的地位，认为一国没有绝对优势，那么它就不可避免地既要出口又要进口；既要生产本国条件最优越的货物，又要生产成本比较低廉、未必绝对低廉、还可以在国际交易中获得利润的货物。

二是货币理论观念，即货币数量论与贵金属国际流动思想。李嘉图提出，铸造货币的金银和其他商品一样，都具有价值，其价值决定于制造金银所消耗的劳动量。他又指出，货币价值与其生产货币消耗的劳动量成正比，而与其劳动生产率成反比。关于世界货币职能问题，一方面他既视世界货币为流通手段，一定要有世界货币地位的纸币流通功能；另一方面他又不顾及世界货币的储备职能，强调纸币地位而舍弃金属货币储备职能。

三是纸币发行权的观念。1979年英格兰银行阻止银行券兑现黄金，从而导致信用混乱。1808年春，英国商业活动进入信用膨胀、物价波动等标注的高度投机时期，并发生所谓的"金价论战"。当时，英国的经济学者、金融家、银行家以及政府官员等都卷入这场争论，他们从各自不同的立场出发，提出各种观点和看法。代表工业资产阶级利益的李嘉图也投身到争论中，他试图论证币值下降是因为纸币发行过多，呼吁削减纸币发行，并主张采取十足黄金准备和恢复无限兑现。李嘉图提倡发行钞票的机构——银行，要有法定额黄金预备，超过此法定额，每次增发一磅钞票，都必须有一磅金币，或者对应十足黄金准备。

（六）小结

由于信用货币（纸币）的出现，重商主义之后的世界货币理论有了巨大的发展。从配第、洛克、诺思到斯密和李嘉图，他们都深入地探讨了货币的价值、性质和职能，与现代货币思想、货币国际化理论都有相通之处。配第将货币的使用价值和币材价值进行区分，斯图亚特将商品视为一般等价物并全面地分析了货币的职能，斯密则在国际贸易角度深刻解析了货币的世界货币职能，而李嘉图则提出了世界货币一定要有流通职能。尽管这些货币思想较前人有了较大发展，但在货币认识上都存在着局限性。斯图亚特、斯密等对世界货币的观点都是只有贵金属才能充当世界货币，而李嘉图虽然考虑了纸币充当世界货币的流通职能但是未考虑到贵金属货币的世界贮藏职能。19 世纪中叶至 20 世纪初的学者在前人的理论上更加丰富了货币国际化理论。

三 19 世纪中叶至 20 世纪 30 年代的"世界货币"思想

（一）马克思关于世界货币的观点

卡尔·马克思（1818—1883），德国思想家、政治学家、哲学家、经济学家、革命理论家、历史学家和社会学家。关于世界货币的功能，马克思认为金银成为世界货币的首要功能就是充当支付手段以平衡国际贸易差额。在世界货币国际平衡职能下，金银作为国际购买手段，在国家间物质交换发生不平衡时，应将财富由一国传递给他国。从世界货币贮藏功能来看，马克思认为，无论是国内贸易还是国际贸易，准备金是必要的，金银具有货币贮藏功能。关于纸币，马克思主张纸币只允许在本国行使其功能，不允许超越国界。他主张纸币之"权"须被社会承认，并被国家力量强制运用，国家力量只有在某些方面才有效力。因此，纸币仅对内有流通手段或者铸币功能，对外仅金银具有世界货币功能。马克思货币理论指出："'货币是作为一般等价物而存在的固定商品'，因而有价值尺度、流通手段、支付手段、贮藏手段和世界货币等功能。"[①] 而世界货币功能则是货币前面四大功能的延伸。

无论是在流通范围上，还是在货币职能上，马克思笔下的"世界货币"与今天强调的"国际货币"截然不同，世界货币可视为国际货币中最高层次的货币。

（二）萨伊"国际铸币税"思想

让·巴蒂斯特·萨伊（1767—1832），法国庸俗政治经济学创始人，亚当·斯密理论传播者。在他看来，货币的出现是分工的产物，有两大"特质"，即"交易媒介"与"价值等分"，他提出了"越是文明的国家，越是精细的分工，就越是需要货币"的观点。另外，他提出"铸币费"的理论，通过对金银块铸造与铸币发行关系的分析，证明在足值货币与有利信用条件的基础上，铸币比原始金银块更具可借鉴之处。"在几尼形式中，黄金明显优越于金条，其原因不在于重量已经称对了，也不在于人们经常过秤，而在于它已化验明白了"，[②]"化验"反映了国家的信用。关于进口贸易，他一方面认为经"化验"的铸币比未经"化验"的黄金更为可取；另一方面认为金币与铸币在进口上并

---

① 马克思，《资本论》第 1 卷，人民出版社，2004。
② 萨伊，《政治经济学概论》，商务印书馆，2017。

无差异，但国家并不鼓励铸币"复进口"。这从侧面体现了萨伊强烈的国家主权观念，同时也带有浓厚的重商主义倾向，他试图通过确保本国铸币向外输出来交换金银，同时也把金银贵金属作为本国进口的首要用途。萨伊的铸币税思想认为"所有欧洲国家铸币所得，都超过铸币费许多"。他认为铸币材料价值高低并不会影响铸币税，不管硬币材料是否贵重，其价值永远不会改变。

（三）小结

马克思全面地概括了货币的职能，将货币的职能总结为价值尺度、支付手段、流通手段、贮藏手段、世界货币五大职能，搭建了货币职能讨论的框架。至此，后面的经济学家对于货币职能的讨论皆围绕着这五大职能，包括科恩对国际货币定义的界定、哈特曼对私人领域和官方领域货币职能的讨论、蒙代尔货币流通范围的划分以及塔夫拉斯货币国际化的定义。萨伊"国际铸币税"的思想为货币国际化提供了新的理论基础。这个时期的货币思想呈现承上启下的作用，马克思总结和提炼了前一阶段洛克、诺思、斯图亚特、斯密等学者关于货币性质和货币职能的观点，并对世界货币的职能进行定义，已经较为清晰地描述出货币的本质。下一阶段，经济学家不再对货币职能和本质进行过多讨论，在布雷顿森林体系瓦解的背景下，以"黄金和美元挂钩"的固定汇率制度问题凸显，关于货币国际化问题的讨论集中在汇率制度上。此外，随着货币国际化的深入发展，对货币的国家权力与货币流动空间的讨论也被学者关注。

四　20世纪30年代至今的"世界货币"思想

（一）凯恩斯的"国际货币主义"思想

英国经济学家约翰·梅纳德·凯恩斯（1883—1946），是西方现代宏观经济学理论体系奠基者。凯恩斯的《货币论》一书，着重探讨了货币的本质和价值问题。在凯恩斯看来，"货币是一国的特殊产物，根据其形态的划分，它又可分为商品货币、未变现纸币和管理货币。不论是一国货币，还是银行票据，均可称为通货"。其中，管理货币由商品货币和不兑现纸币混合而成，"管理货币混合了一切货币形式，它同其他货币形式有十分紧密的联系"。① 于是，那个时代便形成商品货币、表征货币和管理货币三足鼎立之势。凯恩斯把外汇标准与管理货币区别开来，认为外汇标准就是货币概念的扩展，外汇管理就是一国外汇中心拥有储备，并按公开利率买卖外汇。

（二）弗里德曼的浮动汇率理论

米尔顿·弗里德曼（1912—2016）是当代美国著名经济学家，也是当代西方货币学派的重要代表。弗里德曼在货币国际化理论中最重要的贡献是预见性地提出浮动汇率理论，认为固定汇率制度会极大地束缚各国发展，也不利于形成真正意义上的国际汇率体系。在当时，他所认识到的这种制约作用已经远远不能满足现实需要。于是，他摆脱固定汇率理论束缚，提出其国际货币理论。弗里德曼提出："对维护自由多边贸易共同体而言，固定汇率制度不可避免地带来许多问题，若要解决它们，就需要建立弹性浮动汇率制度。"浮动汇率制度这一自动调节机制会自发地促使贸易进行自我调节，一国政府能够不断地改变本国汇率，以防止国内价格、收入、储备货币发生变化等问题，使本国经济政策始终保持一贯性。

（三）最优货币区理论

1. 蒙代尔的最优货币区理论

最优货币理论是在固定汇率制度与浮动汇率制度的长期论战基础上

---

① 〔英〕约翰·梅纳德·凯恩斯，《就业、利息和货币通论》，河南文艺出版社，2016。

派生出来的。罗伯特·蒙代尔（1932—2021）提出浮动汇率制度具有大国与小国承担国际货币交换体系不对称的特点，即"寡头统治的世界，需要有国际货币体系，使弱国不被强国生杀予夺"。蒙代尔在此基础上提出了最优货币区理论，即必须设立若干货币区，以均衡国际货币体系之间的力量对比。他相信，通过多边规则与协作，可以更好地解决国际经济对汇率与国际收支的依赖。在他看来，要建立公正的国际货币体系，如果缺少了这一体系，超级大国便能利用支配世界经济这一条件来单边倾轧和替代多边规则。从国际体系来看，国际价格、合约、发票、外汇储备等货币单位都以美元为主，浮动汇率不但不能降低对外汇储备的需求，而且比过去实行固定汇率时更加明显，为了均衡国际货币体系之间的力量对比，需要设立若干货币区。

在1973年布雷顿森林体系解体之后，每一种货币与货币区都是通货膨胀产生的根源，蒙代尔主要研究当时世界上两种货币区与一种可能的货币区，一种是美元区，一种是英镑区，还有一种是以欧洲货币为基础的货币区，蒙代尔称之为瑟勒区。蒙代尔通过分析，认为当时似乎可能的货币区或者货币联盟，必须满足下列条件：第一，统一通货膨胀率；第二，减少交易成本；第三，增加购买力平价区域；第四，找到"锚"货币；第五，杜绝政策随意性；第六，自动调节机制，加强货币与财政约束；第七，统一竞争性货币；第八，增加国际新货币体系。由于美元走强、浮动汇率机制的抵制，欧洲成立货币联盟，其好处是，一方面，各国通力合作，把预算赤字降低到与德国国内生产总值相当，国家间利率差距明显缩小；另一方面，欧洲区域也发现了"锚"货币——德国马克。

1961年蒙代尔提出了最优货币区理论，该理论以要素流动性为准则。在蒙代尔看来，需求转移所导致的国际失衡问题，可通过生产要素的自由流动来化解。假设甲国对劳动要素有超额需求而乙国对劳动要素有超额供给，当劳动力不能自由流动时，乙国就会产生失业，要想解决失业问题，就必须对两国之间的汇率进行调整。但当劳动力要素可自由流动时，劳动力就会由乙国向甲国移动，乙国失业就会得到解决，经济就达到平衡。如果要做到各国保持固定汇率，就需要确保要素的高度流动。

2. 麦金农的开放性最优货币区理论

罗纳德·麦金农（1935—2014），美国斯坦福大学经济学教授，主要以金融方向来研究发展中国家的经济发展。与蒙代尔以要素流动为准则的最优货币的理论不同，麦金农则提出了开放性最优货币区理论，其核心在于将经济的高度开放性视为通货区中最为适度的准则。

麦金农把社会总产品划分为贸易品与非贸易品，并主张用贸易品在生产与消费中占总产品的比重来度量经济开放程度。若贸易品在总产品中占有较大比重，这个国家经济开放程度就较高，反之开放程度就较低。在麦金农看来，典型开放经济条件下，货币汇率变动并不改变贸易品与非贸易品的价格之比，从而也就没有很好地促进经济均衡。浮动汇率在经济较为封闭的国家中是有效的，而在较开放的国家中效能不高。所以，他建议，对贸易来往较紧密、开放程度较高的国家，应在其内部设立较为封闭的货币区，采用固定汇率制度，而对那些经济贸易来往较少的国家，则在其内部采用浮动汇率制度。

3. 凯南的最优货币区理论

1969 年彼得·凯南提出了最优货币区的理论。他指出，一国的货币制度必须与本国产品多样化程度相适应，否则会带来严重的问题。在他看来，产品多样化程度是固定汇率与浮动汇率抉择的准则。对于一个产品多样化程度较高的国家来说，如果外部经济冲击减少了本国对某种产品的需求，那么这种商品在本国总产品中的比重就会变小，对本国经济及产业的冲击也会变小，汇率不需要做太大调整，采用固定汇率就可以。相反，对于那些产品多样化程度不高的国家来说，外部经济动荡导致本国某种产品需求下降，则会给本国经济及工业带来重大影响，如果要抵消这种影响，则必须进行大幅度汇率调整，因此，采用浮动汇率更为有利。

（四）科恩的"货币地理学"

本杰明·J.科恩于1998年出版了《货币地理学》一书，论述了货币国际化理论，以重新考察货币对当代世界的影响，跳出通常意义上的金融概念，认识动员储蓄和分配信用等过程与机理。对于国际事务货币，科恩主张一切货币都具有国家性质，每种货币均处于主权范围的排他性地位，但实际上货币的用途已不再限于国家领土边界。关于货币国际化问题，科恩认为，现实中，有许多货币已经被用于自己国家以外——本国与他国之间或是在本国之外的其他国家之间。本国和他国货币的运用，视为"国际货币运用"或"货币国际化"；本国以外其他国家货币的运用，称之为"货币替代"或"国外—国内运用"。

在货币地理学理论阐述中，科恩用"流动空间"取代"位置空间"所定义的货币范围，即通过多种社会空间、每种货币的有效利用与威望来定义，而非疆界。科恩从流动的角度探讨货币关系。就本质而言，科恩货币地理理论是以对社会性建构"表达的政权"的阐述，嫁接于货币国际化，回应货币"非领土化"的空间概念。

（五）小结

20世纪30年代至今，国际贸易深化，全球经济快速发展，货币国际化思想呈现"多元化"的特点。这一时期的学者对汇率问题极为关注，在浮动汇率或固定汇率选择、最优货币区划分基础等问题上，出现了百家争鸣。关于汇率问题，以"美元和黄金挂钩"的布雷顿森林体系产生了诸多问题，最终走向解体，固定汇率制度便失去了赖以存在的经济基础和政治支持，学者开始探求新的汇率制度以实现国际货币体系的稳定和国际贸易的发展。弗里德曼基于此提出了浮动汇率制度，汇率不能由国家来控制，是由汇率的自动调节机制自发调节的；蒙代尔、麦金农、凯南则根据固定汇率和浮动汇率的依据要素、经济开放程度、产品多样化等来划分最优货币区。这些理论都对各国政府和地区在布雷顿森林体系瓦解下寻求适合国情的汇率制度提供了理论支持。基于货币国家性质和货币国际化的冲突和矛盾，科恩从货币地理学的角度对货币空间做出了详细的解释，为货币国际化的进一步发展和货币国际化的测度提供理论依据。我国自 1994 年起实行了管理浮动汇率。1997 年由于泰铢贬值引发了东南亚金融危机，1997～2005 年我国实行人民币汇率由银行间统一外汇市场形成，并且接受中央银行干预的政策，这实际上就是采取了钉住美元的管理浮动汇率，以更好地帮助外汇贸易企业规避汇率风险。但由于受当时经济发展水平及国际国内环境等因素影响，该汇率制度未能有效发挥其应有作用。随着中国加入世贸组织以及全球经济一体化进程加快，人民币汇率问题已成为世界关注焦点之一。中国人民银行于 2005 年 7 月 21 日公布了人民币汇率制度改革举措，以市场供求关系和"一篮子"货币相结合的方式调节汇率，并采取了管理浮动汇率。2017 年 5 月 26 日，中国人民银行宣布在人民币汇率中间价报价模型中引入"逆周期因子"，形成"上一日收盘价+一篮子货币汇率变化+逆周期因子"的报价模型，进一步促进了人民币汇率的合理均衡。

第三节　货币职能和性质视角下的货币国际化理论

一　国际货币职能与货币国际化

国际货币形态分为金属货币与国际信用货币两大类型。金属货币是指铸币，它包括金、银（铜及合金）、铅等；国际信用货币则是指用信用方法发行的纸币。本书所讲的货币是后一种形式。马克思认为，货币有价值尺度、流通手段、支付手段、贮藏手段、世界货币等职能，世界货币是对前四个职能的延伸。

西方经济学家较早地意识到了国际货币应具备的职能。在重商主义时期，国际货币贮藏手段职能已有所表现，重商主义经济学家把金银视为财富的标志，认为政府应采取措施获取更多其他地区的金银留在本国，促使"多卖少买"取得国际贸易顺差，以获取财富。国际支付是随着商品进出口而产生的，进而其发展也会推动国际经济活动。重商主义时代，金银作为世界货币行使国际支付职能这一观点已初露端倪，重商主义经济学家提倡国际贸易中运用贸易顺差来积累财富，并认为商品输入就意味着金银流出，这反映了金银作为世界货币从事国际贸易这一支付手段职能。古典学派早期还提出"国际支付"的观点，配第在这一观点中提出"当出口货物多于进口货物时，国家将获得更多的资金"；洛克则主张"无论多少货币，都可以满足一国贸易的需要"；诺思则主张"一国流通货币量取决于商品流通量，自由贸易自发地调节货币量向各国的运动"。

从货币流通手段的职能上看，亚当·斯密和大卫·李嘉图都曾提出各自的见解。他们分别从不同角度对这一问题进行了论述，从而形成了两大体系。斯密认为流通中的货币量完全取决于流通中的商品价值。李嘉图主张货币有流通手段职能，"金银已经被选择为一般流通媒介"，"它是所有文明国家之间交换的一般媒介"，但他主张作为世界货币的一定是金银，尚未意识到各国信用货币也能起到世界货币职能。

关于货币的价值尺度职能，斯图亚特把货币视为价值的尺度，作为价值尺度，它不一定就是实际货币，而可能是一种想象货币。斯密阐明了货币价值尺度，认为金比银贵，银比铜贵，金属货币能起到商品价值尺度作用。李嘉图以劳动价值论来阐明货币价值这一学说，认为黄金与白银的价值由其生产过程中消耗的劳动量所决定，并认为黄金比白银贵15倍，因为得到黄金所消耗的劳动量比得到白银所消耗的劳动量多15

倍。在国际价值方面，李嘉图提出，国与国之间贸易能否实现，并不在于本国生产商所使用劳动量的多少，一国商品相对价值规律不可能支配于两国甚至多国相互交换商品的价值，理由在于资本与劳动不可能像本国那样在国与国之间自由往来。李嘉图这一理论的提出，证实国内价值和国际价值不能等量齐观，但并未对国际价值这一问题做出全面回答。马克思首次阐释价值的国际性质，并把国际价值视为以国别价值为基础的国际性一般社会劳动的浓缩。商品交换成为世界性交换后，国家的社会劳动在世界范围内变为社会必要劳动，商品国别价值也随之变为必要价值。

从总体上看，马克思从价值尺度、支付手段、贮藏手段等方面对国际货币职能做了系统概括。此后许多经济学家又从不同职能上对国际货币进行了研究，其中以科恩、哈特曼等最为突出，他们把国际货币职能概括为支付手段、记账单位、价值贮藏等，这基本上符合马克思提出的有关货币职能的框架。

二　国际货币性质与货币国际化

学者对国际货币性质问题的探讨与国际贸易的发展是密不可分的。国际贸易是指商品交换，它包括商品和劳务两个方面，商品和劳务都可以通过贸易进行流通和支付。商品的流通渠道有两种：一是实物流（或价值流），二是货币流。14～15世纪，地中海沿岸各大城市中，资本主义生产萌芽，从整个欧洲来看，封建生产关系仍然占主流地位。但随着西欧社会生产力水平的不断提高，商品经济逐渐发达起来。在这个时期，西欧已经有了比较完整的商品交换体系，在此基础上产生的货币以金属为主。产品多数还没有转化为商品，因而事实上还没有形成资产阶级财富。若实现由封建生产方式向资本主义生产方式的转变，就需要经过资本原始积累。累积资本必然体现在累积金银，也就是累积货币上。资本关系产生，推动世界货币市场扩大，金银随之成为世界货币。在资本主义经济在商品流通领域中萌芽的条件下，有商人、学者采取资产阶级观点，对产品货币所涉及的"世俗利益"进行了研究，并提出了完全不同于货币自然观的新型货币观，即货币财富观。从货币财富观出发，诞生了资产阶级第一个货币理论——货币金属学说，主张唯有金银才能成为货币，唯有货币才能成为财富。重商主义研究者斯塔福把货币等同于财富，托马斯·孟则进一步从斯塔福的货币思想中得出了贸易可以增值货币的结论。货币金属论者，一方面，从国与国之间的交换中去理解货币，因而想当然地把货币等同于金银，这一观点是片面的，没有看清货币本质所表现的社会关系，不了解商品交换中的形态变化，就会出现各种不同的货币。另一方面，他们把货币等同于财富，直接原因是他们在观察金银成为世界货币的过程中看到了假象。他们看到，国与国之间进行交换时，财富所传递的并非建构财富的种种物品，而是传递财富的一种绝对体现，这就是金银。而在17~18世纪，随着英国工业革命的爆发和资本主义的进一步发展，货币成为主要经济资源之一。在此背景下，英国资产阶级经济学家提出"财富"的概念。所以，他们把财富等同于货币，把增加货币看作是增加国家财富，不仅把财富同财富的一般形态混为一谈，而且也把货币同资本混为一谈。

17世纪中期，西欧尤其是英国工业已得到一定程度的发展，资本主义生产关系已从流通领域向生产领域过渡，由此出现了一种全新的货币观，即货币面纱观。17世纪末，围绕着要不要用足值金银作为铸币这一问题，出现了一场激烈的争论，最终货币面纱观大获全胜，并直到20世纪30年代初期仍占统治地位。货币面纱观把资本主义经济视为以物物交换为特征的实物经济，把货币仅仅视为交换手段，而没有给经济带来什么实质性的变化。资产阶级经济学家从货币面纱观出发，提出了货币生产费用学说、货币名目学说和货币数量学说三大货币学说。货币生产费用论者达德利·诺思认为，货币是商品价值存在的一种形式，流通中的货币量由交换所决定。金银作为货币仅仅是一种交换媒介，只不过是衡量买卖过程中的一般标尺而已。货币名目论者斯图亚特首先提出了货币为一般等价物这一初步观点，即货币这一商品本身没有物质用途，它仅仅是评价商品价值的"一般尺度"，认为物价的上涨或下跌受商品需求的影响。在货币数量论者休谟看来，货币并不属于商业的范畴，它是商定用来促进商品交换的手段，而不属于贸易机器中的齿轮，它是使齿轮转动得更光滑自如的润滑油，它仅仅是"交换的普遍手段"。在货币性质的问题上，货币数量论者约翰·穆勒的看法与斯密、休谟等人的看法类似，他认为"货币作为商品，它的价值也同一般商品一样"。从暂时来看，货币价值是由它的需求和供给所决定的，而从终极、平均来看，则是由它的生产费用所确定的。穆勒承继斯密、李嘉图等人的思想，同时又主张货币只是便利交换的工具，只是笼罩在实物经济之上的面纱。货币数量论者存在将货币特有运动同商品货币内在关系相混淆的共性，当货币数量论者考察金属货币流通问题时，他们实际上看到金属货币流通中存在着金属货币流通单位及商品价格随着金属货币流通数量变化而变化这一特殊性，但没有探究这一特殊性的内在原因，他们将货币对商品流通的作用局限于物价，旨在抹杀商品货币流通过程中存在的潜在危机，并将其作为商品货币流通的中介。

20世纪30年代，资本主义世界发生经济危机，货币面纱观因不能很好地解释与化解危机所产生的问题而陷入绝境，货币经济观代替了它的支配地位。这一全新的货币观主张资本主义社会中的全部经济活动均通过货币来进行，货币在经济发展中起着决定作用。货币经济学思想萌芽最早可以追溯到18世纪，休谟在一国货币开始发展时就提出了货币在经济发展中的推动作用。但货币经济学说步入正轨，则是以凯恩斯货币理论为起点的。在凯恩斯看来，金钱本身并不具有效用，金钱的效用完全体现在金钱可以用来买东西，人们拥有金钱并不为金钱本身，而只为金钱的购买力。货币既能充当交易手段，也能充当资产贮藏，流动性偏好的产生源于交易动机、谨慎动机、投机动机。货币数量与流动性偏好共同决定了利率水平。货币在经济体系中的角色受利率、消费倾向、资本边际效率等因素的约束，而实现充分就业则需要中央当局来支配或经营这三类变量。20 世纪 50 年代初期，以色列经济学家唐·帕廷金在《货币、利息与价格》一书中，把货币数量理论和凯恩斯货币理论结合在一起，提出了"货币数量增加导致价格水平和货币工资作相同比例的提高，利率不发生变化"的观点。1956 年弗里德曼发表了《货币数量学说的新解说》，他认为货币数量同所得，价格和利率之间有着稳定的联系，并强调货币供给量对经济增长具有重要意义。与其他货币观相比，货币经济观更加贴近商品货币经济实际，脱离了传统"货币—物价"的模式，关注多种经济变量之间的交互作用。

第四节　货币国际化的收益及风险分析

一　货币国际化的收益

（一）提升本币的定价权

在货币国际化进程中，双边、多边区域合作进一步扩展，有利于建立和巩固货币互换协议，加强与其他国家的经贸合作。在货币适用范围不断扩大、投融资合作广度不断延伸、货币计价功能不断增强的背景下，货币离岸与在岸市场共同发展，有利于提升该货币在国际大宗商品的定价权。

扩大该货币在其他地区的货币锚效应。货币发挥货币锚效应是国际货币在计价功能上的一个重要表现。就人民币而言，区域影响力不断增强，使其更具有国际货币的特征，锚效应进一步凸显。汇率市场化改革和金融开放程度提升有助于加速人民币国际化进程，增强人民币的区域影响力。在人民币国际化的进程中，可以先在亚洲地区率先发挥锚货币的作用，循序渐进地扩大货币影响力。

（二）获得国际铸币税和国际通货膨胀税

铸币税指货币发行过程中获得的收益，国际铸币税是本国货币跨境流通，由于该国具有发行货币的特权而取得的净收入或净利润。一国货币国际化促使更多国家和地区的政府、企业和个人使用该国货币，使得该国逐渐由国际铸币税缴税国转变为征税国，获得铸币税这一隐形财政收入。部分学者的理论研究认为，铸币税规模依赖于该货币的国际垄断地位，如果一国货币面临其他国际可接受的货币工具的竞争，则净收益就会相应降低。在多极化发展的今天，由于国际金融垄断地位的产生不具有现实条件，所以理论上人民币国际化不会带来过于庞大的净铸币税收益。

通货膨胀税是政府通过增发货币向银行透支来弥补财政赤字，而使社会公众持有货币的购买力下降的部分。货币国际化使得货币持有人规模扩大，通货膨胀税从只由本国居民承担转变为由非本国居民和本国居民共同承担，减轻了本国居民负担，提高了本国居民福利，而货币当局则获得更多国际通货膨胀税。

（三）防范"美元陷阱"，实现全球外汇储备的稳定性

就人民币国际化的特殊历史阶段和现实情况而言，外汇市场落入"美元陷阱"的可能性较大，而人民币国际化有助于防范该陷阱。尽管2023年第三季度美元在全球央行外汇储备中占比下降至1995年以来的新低，但仍高达59.2%。[①] 这一比例比1999年末的71%下降明显，依然是规模大且较安全的金融投资市场。根据中国人民银行公布的数据，截至2023年12月末，中国的外汇储备规模达32380亿美元，[②] 创6年以来的新高，而外汇储备中有相当大的比例为美元，这使得中国承担着

---

① 数据来源：国际货币基金组织。
② 数据来源：中国人民银行《2023年第四季度中国货币政策执行报告》。

美元资产缩水风险的同时，又不能抛售美国国债，防止债券价格迅速下跌造成更大损失，产生"美元陷阱"。人民币国际化可以在消减美元占比过高的风险方面发挥较大作用。将人民币作为各国央行外汇储备的重要组成部分，可以防范"美元陷阱"，形成更为稳定的全球外汇储备局面。

（四）降低汇率风险和通货膨胀风险

汇率风险包括交易风险、折算风险和经济风险。货币国际化意味着更多的外贸和金融交易将由本国货币计价和结算。对本国企业而言，面临的汇率风险将降低；在计算国际清算银行资本充足率要求时，金融机构该币种资产权重的增加也将降低外汇风险的冲击。

随着经济的发展，中国已经离开了外国资本和技术的进入带来贸易顺差货币泡沫的阶段，进入供给侧结构性改革和产能去库存阶段。而在此进程中，为防止热钱流入，人民币利率下调不可避免，中国将成为低通胀低利率国家，通货膨胀风险也随之降低。

（五）促进对外贸易和投资

汇率波动是各国对外贸易活动的一大阻碍，而且货币国际化能够减少对外经济贸易中的汇率风险，提高本币支付与结算比例，降低对外贸易活动受到的外汇约束，进而带动对外贸易更好的发展，促进经济的稳步发展，继而推动投资活动的开展。资金结算困难对对外贸易与投资亦构成重大障碍。一个国家货币国际化的过程，跨境贸易增长，为本国货币跨境支付系统奠定市场基础，同时跨境支付系统还能促进国家跨境贸易，两者形成良性互动，极大地推动了本国同世界各国之间的贸易往来。货币国际化还将推动外贸增长方式变革，打破出口企业低价竞销的竞争格局，调动企业技术创新的积极性，增强企业外贸可持续竞争力。

（六）推动资本项目开放

资本项目开放是指一国的货币可以在资本项目上实现自由兑换，它是促进资本跨境流动、提高资本使用效率的有效措施，也是货币国际化的重要内容。一方面，货币国际化的进程扩大了该国货币的使用范围，增加境外投资者对该国资本账户开放的需求；另一方面，随着该国货币国际化进程的不断推进，利率市场化改革、汇率制度的完善等也为推动资本项目开放提供了政策、制度、市场、机构等方面的配套条件。

同时应注意的是，资本项目开放的根本目的是服务实体经济、服务经济社会发展，因此必须守住不发生系统性金融风险的底线。无论是从当前国际经济环境还是从各国发展历史经验来看，中国都应坚持有序推进资本项目开放，而非一蹴而就。实现人民币资本项目的完全可自由兑换目标不可急功近利，谋求短时间内实现。

（七）推动经济高质量发展

货币国际化有利于提高一国金融机构的融资效率，使该国的金融机构更容易获得庞大的资金池，提高该国金融领域乃至国家整体的国际竞争力。国际竞争力的提高会反过来促进国家的经济扩张，在国际贸易和投资活动的开展下，国内市场同国际市场关系更加密切。同时，更多市场参与者被吸引进来，这极大地扩展了各国金融市场的广度，推动形成更完善的监管方式和更健全的市场体制。推动人民币国际化进程，应保证中国有雄厚的经济基础与抗风险能力以及功能完善的金融市场。在此背景下，推动人民币的可自由兑换，加强国际联系，促进跨境贸易合作，形成"双循环"的新发展格局，服务实体经济，将推动中国经济高质量发展和实现共同发展。

（八）获得政策优势与更高的国际地位

拥有国际货币发行权的国家，可以通过制定货币政策，以货币替代途径影响非储备国经济；在经常账户出现逆差时，国内经济可以通过输出货币的方式进行调控。另外，对国际金融制度的安排有较大的话语权。人民币国际化在加大我国经济活动的同时，更加提升了我国在国际上的地位、国际影响力与政治舞台。与此同时，人民币国际化也有助于我国建立对未来经济发展的自信。

二　货币国际化的成本与风险

（一）增加宏观调控难度

货币国际化将使中央银行宏观调控更加困难，增加政策成本。一方面，外汇市场汇率波动向金融市场传递，使金融环境的波动性增大，增加央行推动货币国际化进程的政策难度；另一方面，国内货币政策调整对利率也有一定影响，造成境内外资金流动对国内货币供应的影响，加大货币政策与预期目标背离的风险。

（二）币值稳定风险

币值稳定包含对内币值稳定（物价稳定）和对外币值稳定（汇率稳定）。货币国际化会引发资本的跨国流动，进而导致本币供给的变动，该变动又会引起一般价格水平的变动，在国际市场对本币的需求不稳定的影响下，货币供给政策难度升高，进而可能难以控制市场供给。在该机制的作用下，国内物价水平稳定性会降低，汇率风险也因开放化程度的提高而提高。

自汇率制度改革以来，人民币币值稳定遭到了严峻挑战，人民币国际化进程中的对外开放使人民币币值与全球经济联系不断加深，对内币值稳定与对外币值稳定两方面均需要严格的把控。应注意的是，币值稳定是人民币国际化的根本，只有在控制币值稳定风险的前提下，才能继续推进人民币国际化进程。人民币国际化对币值稳定的影响可能存在阈值效应，即在人民币国际化初期，货币政策独立性被削弱，加剧了物价波动，而后期随着金融市场开放程度的提升，汇率波动风险加剧。

（三）投机冲击

在证券市场、外汇市场渠道的对外开放过程中，一些国际投机资本进行的对冲操作，容易造成金融动荡和金融危机。在证券市场和外汇市场对外开放的过程中，国际投机资本有机会进入中国金融市场进行对冲操作，追逐高额利益，造成投机性质的金融冲击，制造经济动荡。

（四）"特里芬难题"没有从根本上消除

由于长期以来的美元与黄金挂钩，其他国家的货币与美元挂钩的货币体系，美元取得了国际核心货币的地位，各国为了发展国际贸易，通常将美元作为结算与储备货币，这样就会导致流出美国的货币在海外不断沉淀，对美国国际收支来说就会发生长期逆差；而美元作为国际核心货币的前提是必须保持美元币值稳定，这又要求美国必须是一个国际贸易收支长期顺差国。这两个要求相互矛盾，因此是一个悖论，这一内在矛盾被称为"特里芬难题（Triffin Dilemma）"。"特里芬难题"本质上是主权货币国际化存在的不稳定性，同样地，人民币在国际化进程中也会面临该难题的考验。

第三章　人民币国际化的
内涵及历史进程

第一节　人民币国际化的内涵

一　人民币国际化的概念界定

人民币国际化是指人民币成为在国际上适用，能被中国居民和非中国居民持有和使用，到世界其他国家或地区充当一般等价物的角色，发挥国际货币计价、结算、支付和储备功能的动态过程。人民币既可在官方用途中成为官方储备、外汇干预的载体、钉住汇率的锚货币，又可在私人用途作为货币替代、投资计价、贸易和金融交易计价的货币。

从职能角度来看，人民币在价值尺度、支付手段和贮藏手段等方面发挥世界货币的职能是人民币国际化的表现。具体而言，价值尺度职能体现为人民币在国际贸易与金融交易中成为汇率的"驻锚"，被国际或各国家官方机构用来作为记账单位。支付手段职能体现为人民币一方面在国际贸易和资本账户下的交易中心被私人用于直接的货币兑换或者作为其他两种货币兑换的媒介，另一方面被官方部门用作外汇市场干预和平衡国际收支的工具。价值贮藏职能体现为非居民的私人部门选择以人民币为标的的证券、债券、存款、票据等金融资产，或者官方部门持有人民币名义下的储备资产。需要注意的是，一种货币被视为国际货币并不必同时具备以上三种职能。以被称为"纸黄金"的 SDR 为例，它是一种发挥了部分支付手段职能与贮藏手段职能的世界货币,但是在很长时间里,并不具备真正意义上的价值尺度职能。2016 年 4 月,中国人民银行开始发布分别以美元和 SDR 作为记账单位的货币外汇储备数据报告,拉开了 SDR 在中国作为记账单位,发挥价值尺度职能的序幕。

从动态角度来看,人民币流通范围扩大,在国际货币制度中发挥的作用及交易与储备地位提高的过程,也可被定义为人民币国际化。

二　人民币国际化的产生机制

(一)　流通手段

Kiyotaki 和 Wright (1989) 的货币搜寻模型指出,个体交易决策反映的是交易搜寻过程,交易的双方同时拥有对方需要的商品,即需求双向吻合时才发生交易。而货币可以促进需求双向吻合,所以货币在交易过程中产生。随着国际贸易的发展,国际媒介货币大大降低了人们兑换货币的搜寻成本。此时,需求量最大的货币会自然成为国际媒介货币,国际媒介货币在此机制下产生。国际货币的信息效率更高,大大降低搜寻成本,因此在流通手段中具有显著优势。Mutsuyama 等 (1993) 等进一步利用演化博弈论的方法证明,经济规模较大的国家的货币更有可能成为国际媒介货币;经济一体化程度越高,双重媒介货币同时存在的可能性越大;经济的开放程度对决定哪种货币可在国际交易中运用起着关键作用。在国家经济体量增大、经济一体化和对外开放进一步推进的背景下,人民币国际化的可能性与可行性均得以提升。

Hartmann (1998) 发现货币交换的网络结构不仅依赖于世界贸易和资本流动的基本结构,还依赖于外汇市场的微观结构。货币的交易成本随交易量的增加而增加,并且随汇率波动的增大而增加。交易量越大、汇率波动越小的货币越可能成为媒介货币。目前,在复杂严峻的国际形势下,人民币在汇率稳定性与交易量方面的优势激增,使得人民币在发挥流通手段职能的过程中所需要的交易成本相对较低。这是人民币国际化的又一理论机制。

（二）价值尺度与支付手段

"格罗斯曼"定律说明，两国贸易倾向于将生产者货币（PCP）作为计价货币。也有研究在此基础上发现，在具有较大产品差异度商品的国际贸易中，出口方依托更大的市场权利，往往将本国货币作为交易计价货币。货币供给的动态均衡模型说明两国贸易商都会选择供给变化较小的货币作为计价工具。近年来，随着跨境贸易人民币结算业务的发展，企业的创新能力和生产能力提升，促进了企业投资及进出口贸易。同时，通过稳定供给，人民币在跨境贸易中被选择的可能性得以提升。跨境贸易人民币结算业务的快速增长，验证了人民币在价值尺度方面的国际化进程产生机制。

（三）货币替代

货币替代表现为一种货币在价值尺度、支付手段、交易媒介和贮藏手段等方面部分或全部替代另一种货币。其产生因素主要在于货币的服务性、浮动汇率制度下的货币替代弹性以及货币需求与交易动机。持有货币获得的服务量取决于所持有的本外币之和。由于资产约束存在，人们会从货币服务效用最大化的角度配置货币持有比例，包括持有的相对收益与机会成本。浮动汇率制度则导致货币替代弹性更大，促进货币替代现象的产生和发展。此外，在有效外汇市场假设下，货币的需求量取决于本国的国民收入和国内外利率水平差异。因此，用此种观点解释，人民币国际化的推进过程伴随着货币替代机制，其推动因素与人民币国际化的表现方式相似，即提高人民币在价值尺度、支付手段和贮藏手段等方面的使用便利度与效用。

三　人民币国际化的表现方式

从货币职能的角度讨论，对照 Kenen、Chinn 和 Frankel 对于国际化货币功能的观点，人民币国际化目标在贮藏手段方面表现为作为官方国际储备货币，被用于货币替代和投资，使以人民币计价的金融产品成为国际各主要金融机构（包括中央银行）的投资工具。例如，中国香港的人民币储蓄，政策性银行和商业银行在中国香港发行债券，财政部在中国香港发行人民币国债，亚洲债券基金发行人民币国债等。在交易媒介职能方面，人民币国际化的目标表现为成为贸易和金融交易的载体和计价货币，让人民币现钞在境外享有一定的流通度。同时，无论是否涉及中国的国际贸易，都可以以人民币为合同中的计价单位，使其成为国际贸易结算中被双方认可的计价货币和作为结算的支付货币。例如双边互换协议、跨境人民币结算的推进。最后，人民币的价值尺度职能表现为锚货币功能，例如，作为清偿和计算债权的计价货币。但是，这一职能目前仅得到初步发挥，仍有较大发展空间。

第二节　人民币国际化的历史进程分析

一　人民币国际化的演进历程

（一）国际声望与人民币职能国际化的基础准备阶段——2009年之前

在很长一段时间里，中国作为世界上具有责任感的大国，在应对区域性乃至世界性危机中体现了大国风范，从声誉上奠定了人民币国际化的基础，提升了人民币受到认可的可能性。例如，在 1997~1998 年的亚洲金融危机中，中国政府选择承担经济增长放缓的压力，坚持人民币不贬值，使人民币发挥亚洲区域"支点货币"职能，为稳定区域金融市场作出了牺牲和贡献。之后，中国从政策层面发力，将推进人民币国际化进程列为国际金融政策的三大任务之一。但是，由于当时国内金融发展相对滞后、体系尚不健全，人民币国际化进程推进缓慢。在清迈倡议等区域金融合作不断推进的背景下，人民币国际化进程的基础得到了巩固。尤其是 2008 年金融危机之后，人民币在国际上的认可度迅速提高，在国际投资与国际贸易结算中所占比例大幅提升。中国政局稳定，国防力量强，国际声望高，并且保持了较高的 GDP 增长速度。强大的经济基础和政治军事力量，日渐成熟的金融市场为人民币国际化奠定了良好的基础，人民币得以发展成为价值相对稳定、在国际范围内认可度较高的国际货币。

在此阶段，中国人民银行积极推动签署以人民币计价的人民币双边互换协议，拓展和稳定人民币离岸市场，推动人民币国际化的准备进程。自 2005 年国际金融公司和亚洲开发银行作为国际开发机构在我国银行间债券市场发行人民币债券起，境外（含香港、澳门和台湾地区）机构在我国境内发行的人民币债券（熊猫债）规模不断扩大。国际开发机构、境外非金融企业、国际性商业银行、外国政府先后在我国境内成功发行熊猫债。其中，国际金融公司于 2005 年、2006 年发行了两期共 20 亿元的债券；亚洲开发银行于 2005 年、2009 年发行了两期共 20 亿元的债券。①

（二）人民币国际化的正式开启与全面快速推进阶段——2009~2015 年

人民币国际化从 2009 年推动人民币跨境结算试点工作开始。《跨境贸易人民币结算试点管理办法》（以下简称《办法》）于 2009 年 7 月 1 日出台，这标志着我国跨境贸易人民币结算试点工作正式拉开了序幕，人民币国际化进程也迈出了坚实的一步。跨境贸易人民币结算地域范围

---

① 数据来源：《2016 年人民币国际化报告》。

于 2011 年 8 月扩展到全国。2009~2015 年，中国人民银行对人民币跨境交易计价结算限制逐步解除，人民币国际化使用的政策框架基本确立，贸易和投资便利性得到有效提升。

在经常项目跨境人民币业务方面，我国试点始于上海市及广东省广州市、深圳市、珠海市、东莞市 5 个城市，后来试点范围又分别在 2010 年 6 月及 2011 年 8 月进行了 2 次扩展。我国跨境贸易人民币结算范围于 2011 年 8 月扩展到覆盖货物贸易、服务贸易等经常项目及其他所有业务，境外的地域范围不限。这标志着我国跨境贸易在不受区域限制的情况下，已经完成了人民币结算区域范围内国际化的进展。此后跨境贸易人民币结算从服务对象到业务范围都持续向前发展。人民币计价结算于 2012 年 6 月向国内所有货物贸易和服务贸易等经常项目企业放开。经常项目跨境人民币结算业务办理程序在 2013 年 7 月进一步精简，结算业务办理更加高效。2013 年 12 月人民币购售业务从额度管理向宏观审慎管理转变，这标志着人民币购售业务额度限制已经放开，对人民币用于货物贸易结算国际化提供了强有力的支撑。2014 年 3 月下放出口货物贸易主要监管企业名录的审查权限并简化管理流程。中国个人货物贸易和服务贸易跨境人民币结算业务于 2014 年 6 月正式启动，这对银行业金融机构和支付机构协同推进跨境人民币结算业务是一种支持与激励。我国跨国企业集团于 2014 年 11 月启动了经常项目跨境人民币集中收付业务。

在资本项目跨境人民币业务方面，我国主要从三个方面推进人民币国际化进程。一是便利直接投资人民币结算方式，持续放开有关业务。2011 年 1 月起，境内机构可使用人民币对外投资。与此相对应的，2011 年 10 月起，境外投资者可使用人民币在国内进行直接投资。2013 年 9 月起，境外投资者可使用人民币在国内设立并收购入股金融机构。2014 年 6 月，直接投资跨境人民币结算业务的处理程序得到了进一步的精简。2014 年 11 月，有条件的跨国企业集团能够开始办理跨境双向人民币资金池业务。二是鼓励人民币跨境融资。2011 年 10 月起，境内银行可以办理境外项目人民币贷款业务。2013 年 7 月起，该权限进一步扩大开放到包含跨境人民币贸易融资资产跨境转让业务。同时，也扩大了境内非金融机构的权限，其可以办理人民币境外放款、对外人民币担保等业务。2014 年 9 月起，境外非金融机构的业务范围开始被允许在境内银行间债券市场发行人民币债务融资工具。三是推动人民币证券投资。2010 年 8 月起，境外中央银行或货币当局、境外人民币清算行和境外参加行等境外机构可以进入银行间债券市场投资。在投资者管理方面，2011 年 12 月，我国出台人民币合格境外机构投资者（RQFII）制度，允许满足条件的相关金融机构在经批准的额度范围内进行境内证券投资。经 2013 年 3 月 RQFII 制度试点范围的进一步扩大和投资比例要求的进一步放宽，RQFII 制度试点工作已进入最后阶段。此外，中国人民银行还于 2014 年 11 月推出人民币合格境内机构投资者（RQDII）制度，允许满足基本条件的境外机构投资者，在额度限制范围内将境内人民币资金用于境外金融市场上的人民币计价产品投资。当月，沪港股市交易互联互通机制启动，两地投资者可购买或出售在彼此交易所挂牌交易的个股。2015 年 5 月，经批准在银行间债券市场交易的境外人民币清算行、境外参与行均可进行债券回购交易。

国务院于 2015 年 4 月印发了《广东、天津、福建自由贸易试验区总体方案》，力图构建适应自贸区跨境贸易投资便利化的金融服务体系。中国人民银行于 2015 年 12 月印发了《金融支持广东、天津、福建自贸区指导意见》（以下简称《指导意见》），《指导意见》在尊重自贸区经济金融特征的前提下，明确提出了进一步拓展人民币跨境使用范围，深化外汇管理改革，提高金融服务水平，强化监测管理的工作任务。2012 年 12 月起，已有 17 个区推出人民币境外借款和个人经常项目人民币结算的人民币跨境创新业务。试点政策主要针对资本项目业务和经常项目业务，以"可复制、可推广"为根本要求。个人货物贸易与服务贸易的人民币结算、跨国企业集团的跨境双向人民币资金池及经常项下的跨境人民币集中收付、跨境电子商务的人民币结算业务、境外机构将人民币银行结算账户中的资金转存入定期存款的业务已基本在全国范围内普及，企业人民币对外贷款、台资企业集团内的人民币跨境双向贷款、苏州及天津的企业赴新加坡发行的人民币债券以及个人其他经常项下的人民币结算业务正在积极开展试点。截至 2015 年 12 月末，跨境人民币创新试点业务共实现收付 6284.6 亿元。[1] 从贮藏手段职能上看，我国推动境外央行或者货币当局拥有人民币资产、签订双边本币互换协议，推进人民币境外储备规模扩大。境外央行及货币当局持有的国内外债券、股票、存款及其他人民币资产结余约为 8647.0 亿元。截至 2015 年 5 月末，中国人民银行已同 32 国（区）中央银行或货币当局达成双边本币互换协议（BEA），总额约为 31000 亿元。

在人民币清算方面，中国人民银行不断推动扩大建立人民币清算安排的区域范围。截至 2015 年 5 月末，中国人民银行共在 15 个国家和地区建立了人民币清算安排，覆盖东南亚、西欧、中东、北美、南美和大洋洲等地区。中国人民银行建立人民币清算安排主要从以下三点着手。一是设置不同的境外人民币清算行接入方式。对于港澳人民币清算行，使用直接在中国人民银行分支机构开立人民币清算账户的方式，使其可以直接接入境内大额支付系统。对于其他境外人民币清算行，则可以选择其总行（母行）或由该行指定的中国境内分行开立清算账户，以间接的方式接入境内大额支付系统。二是推行人民币流动性支持政策。境外人民币清算行可以提供货物贸易结算项下的人民币购售服务给境外参加行，并进行对应人民币头寸在银行间外汇市场的平盘交易。境外人民币清算行还可以进入全国银行间同业拆借市场，实行余额和期限管理。此外，境外人民币清算行还可以在投资额度范围内，在银行间债券市场进行债券回购交易及在总行（母行）或其指定的中国境内分行获取人

---

[1] 数据来源：《2016 年人民币国际化报告》。

民币流动性支持。三是建立清算行当地人民币现钞供应和回流渠道。以境外人民币清算行为基础，在当地设立人民币现钞供应与回流渠道，处理当地人民币现钞的发行。

人民币跨境支付系统（CIPS）于 2015 年 10 月 8 日正式开通。CIPS 作为国内外金融机构开展人民币跨境及离岸业务资金清算、结算服务的重要金融基础设施和专门负责人民币跨境支付清算的批发类支付系统，其目的在于进一步整合当前人民币跨境支付结算渠道与资源，提升人民币跨境清算效率以适应各大时区人民币业务开展需求，增强交易安全，建立公平的市场竞争环境。

2015 年 11 月 30 日，国际货币基金组织（IMF）执董会决定将人民币纳入特别提款权（SDR）货币篮子，这是人民币国际化道路上的里程碑。人民币于 2016 年 10 月 1 日正式加入 SDR 货币篮子，并获得 10.92% 的权重（美元、欧元、日元和英镑的权重分别为 41.73%、30.93%、8.33% 和 8.09%）。[1] 人民币加入 SDR，有利于提高 SDR 的代表性与吸引力，改善当前国际货币体系，是中国与世界共赢的结果。同时，还有利于巩固人民币计价结算货币地位，有利于人民币用于金融交易，有利于更多的国家把人民币融入外汇储备，有利于促进中国按既定目标进一步提升人民币资本项目可兑换程度，有利于中国加快金融改革与对外开放步伐，强化金融宏观审慎管理制度，对促进全球经济增长、保持全球金融稳定和改善全球经济治理具有积极作用。

总体来看，这一阶段人民币国际化的脚步从无到有，进展稳健，取得了令人瞩目的成绩。2015 年，人民币跨境收支占本外币跨境收支的比重上升至 28.7%。[2] 环球银行金融电信协会（Society for Worldwide Interbank Financial Telecommunications，SWIFT）统计结果显示，2015 年 12 月人民币是全球第三大贸易融资货币、第五大支付货币、第五大外

---

① 数据来源：《2016 年人民币国际化报告》。
② 数据来源：《2016 年人民币国际化报告》。

汇交易货币。

（三）动荡形势与破局中的人民币国际化曲折发展阶段——2016年至今

自 2016 年加入 SDR 以来，受国际政治形势与经济形势的影响，人民币国际化进程略有曲折，但总体稳步推进。人民币在全球货币体系中保持稳中有进的地位。人民币跨境收付总额在 2016～2022 年不断提升，经常项目、资本项目、大宗商品人民币计价结算、跨境人民币外汇交易等贸易结算方面的国际化程度稳中有进，人民币国际储备、人民币跨境支付系统运行发展顺利。值得注意的是，2022 年 1 月，人民币国际结算达到历史最高位。但是俄乌冲突发生后，结算规模急转直下，2023 年 1 月，人民币国际结算下降 40% 左右。① 可见，2022 年整年人民币国际化发展极其动荡，迎来新的曲折考验。

一方面，该阶段的人民币国际化进程受国际政治形势和各区域经济危机的影响，呈现曲折发展态势。2015 年 12 月 16 日，美联储宣布上调联邦基金利率 25 个基点到 0.25%～0.5% 的水平，② 这是美联储自 2006 年 6 月以来第一次提高利率。在某种程度上，这影响了人民币国际化快速发展的进程。自美联储升息以来，国际资本流动形成大范围调整，美元资产在接受追逐时我国资本流出的压力剧增，加之英国“脱欧”以及难民危机导致欧洲经济恢复停滞，中国的第一大贸易伙伴欧盟的压力急剧上升，欧元急剧贬值，极大地影响了我国的出口贸易，全球经济形势也出现了不景气的局面。另一方面，中国内部金融市场不稳定，人民币国际化进程受到阻碍。首先是高杠杆，民间配资助推股灾，然后外汇市场上汇率超调，人民币流动性在离岸市场出现断崖式缩水。在此背景下，人民币国际化程度于 2015 年末至 2016 年出现明显回落。2016 年

---

① 数据来源：环球银行金融电信协会。
② 数据来源：联邦公开市场委员会。

10月1日，人民币正式加入 SDR 货币篮子，推动了相关基础设施、市场机制和规则标准与国际接轨的步伐。之后，人民币国际化稳步推进，2017~2019 年开放化、便利化产品的不断推出，提高了境外主体在境内金融市场的参与度，推动人民币在各类产品中的计价功能不断突破，加深了金融市场开放程度，提高人民币收付规模。2019 年，中美贸易摩擦加剧，美国在贸易、技术、货币等多个领域设置壁垒，扰乱中国发展秩序。但是中国政府坚持吸引外资、扩大开放，使得人民币国际化进程在该阵痛下保持平稳前进。

在曲折发展的动荡中，中国人民银行不断推进双边本币结算、双边本币互换和人民币清算合作业务，寻求人民币国际化的新突破。2022年 7 月，中国人民银行与香港金管局将货币互换协议升级为常备互换安排，这是中国人民银行签署的第一份常备互换协议。此外，中国在积极推进区域协调发展战略的同时推动人民币国际化进程，例如"一带一路"建设。截至 2023 年 9 月末，中国已与 30 个"一带一路"共建国家签署了双边本币互换协议，并在 17 个共建"一带一路"国家建立了人民清算安排。① 以上突破在人民币国际化进程中有效促进了人民币资金清算和业务推广，为离岸市场的培育提供了支持。

在跨境人民币业务方面，中国人民银行联合各部门于 2020 年发布《关于进一步优化跨境人民币政策 支持稳外贸稳外资的通知》，提出要紧紧围绕实体经济需求，推动更高水平贸易投资人民币结算便利化，进一步简化跨境人民币结算流程、优化跨境人民币投融资管理、便利个人经常项下跨境人民币收付和境外机构人民币银行结算账户使用。同时，中国人民银行提出要加强对商业银行的业务指导，持续优化人民币跨境使用政策，让跨境人民币业务更好地服务实体经济和促进贸易投资便利化。2022 年 1 月，中国人民银行会同国家外汇管理局联合发布《关于银行业金融机构境外贷款业务有关事宜的通知》，统一管理银行境外人

① 数据来源：《2023 年人民币国际化报告》。

民币和外汇贷款业务。2022年6月，中国人民银行印发《关于支持外贸新业态跨境人民币结算的通知》，完善跨境电商等外贸新业态跨境人民币业务相关政策，支持外贸新业态健康持续创新发展。2022年7月，中国人民银行会同国家外汇管理局，在上海、广东、陕西、北京、浙江、深圳、青岛、宁波等地开展第二批跨国公司本外币一体化资金池试点，进一步便利跨国公司境内外统筹使用资金。2023年5月，中国人民银行在北京、广东、深圳开展试点，优化升级跨国公司本外币跨境资金集中运营管理政策，提高企业跨境资金运营自由度。

在资本市场开放方面，国家外汇管理局于2019年9月10日宣布取消QFII和RQFII投资额度限制。同时，RQFII试点国家和地区限制也一并取消。2023年中国人民银行修订《境外机构投资者境内证券期货投资资金管理规定》，提出要简化境外机构投资者境内证券期货投资资金管理要求，进一步便利境外投资者参与我国金融市场。这说明我国资本项目完全开放，已经具备开发证券市场的能力，人民币国际化进入迅猛发展时期。

二　人民币国际化的发展现状

人民币国际化进程呈曲折前进之势，受复杂国际形势影响，仍扮演着跨境人民币业务在服务实体经济和推动贸易投资便利化等方面的重要角色，力促形成以国内大循环为主体、国内国际双循环相互促进的新发展格局。近年来，人民币支付货币功能得到进一步强化，投融资货币功能不断深入，储备货币功能不断提升，计价货币功能不断取得新突破。从整体上看，人民币国际化发展态势良好。

（一）人民币跨境使用总体情况

近年来，人民币跨境使用稳步增长。2022年，人民币在本外币跨境收付中的占比创新高，收支总体平衡，跨境收付金额合计达42.1万亿元，同比增长15.1%，比2017年增长了3.4倍，人民币在本外币跨境收付总额中的占比约为 50%。其中，实收 20.5 万亿元，同比增长 10.9%；实付 21.6 万亿元，同比增长 19.5%；收付比为 1∶1.05。我国 跨境人民币收付总额自 2023 年 2 月以来，在全球支付中的占比逐月上 升，2023 年 9 月上升至 3.71%，排名保持第 5。[1]

（二）经常项目人民币收付

经常项目人民币结算发展态势较好，在曲折和阵痛中保持逐年增 长，是人民币国际化进程中发展稳健且规模较大的部分。经常项目人民 币结算金额从 2009 年的 36 亿元[2]增长到 2022 年的 10.5 万亿元[3]。2022 年经常项目人民币结算金额中收入 5.5 万亿元，同比增长 53.4%，支出 5 万亿元，同比增长 14.8%。2022 年，经常项目人民币跨境收付占同期 本外币跨境收付的 20.7%。[4]

经常项目主要包括贸易收支、劳务收支和单方面转移等，是在国际 收支中经常发生的交易项目，反映出人民币在基本使用方面的普及度与 受认可程度。经常项目中的货物贸易跨境人民币结算发展较快。2009 年，我国以服务实体经济为切入点，以与周边国家及地区的经济联系为 纽带，开启了货物贸易跨境人民币结算方面的人民币国际化进程。2012 年，货物贸易跨境人民币结算推广到全国。在取消地域范围限制后，货 物贸易跨境人民币结算业务得到明显推进。2021 年我国货物贸易跨境 人民币结算总规模达到 5.77 万亿元，同比增长 20.7%。2012 年以来我 国货物贸易跨境人民币结算呈现如下特点。一是以一般贸易为主导，进 料加工贸易波动较大，跨境电商业务的结算金额增长迅速。2020 年跨 境电商人民币结算量为 2584.11 亿元，同比增长 50.0%。二是行业集中

---

① 数据来源：《2023 年人民币国际化报告》。
② 巴曙松：《人民币国际化：进程、挑战与路径》，中国发展研究基金会网站，2012 年 7 月。
③ 数据来源：《2023 年人民币国际化报告》。
④ 数据来源：《2023 年人民币国际化报告》。

度高，主要集中在批发业以及计算机、通信和其他电子设备制造业。2012~2020 年货物贸易跨境人民币结算涉及的产业共计 96 个，批发业及计算机、通信和其他电子设备制造业一直排在前 2 位。2020 年批发业跨境人民币结算金额达 12737.30 亿元，同比增长 11.6%；计算机、通信和其他电子设备制造业跨境人民币结算量为 9972.66 亿元，同比增长 8.4%。① 三是东部地区业务比重大，占到九成。四是中国香港和欧洲为主要对手方。中国香港一直是货物贸易跨境人民币结算境外最大对手方，人民币在我国与欧盟等地货物贸易结算中的使用率增长较快。货物贸易中跨境人民币结算业务从无到有，从大到小，对帮助企业避免汇率风险和降低汇兑成本起到了真正的促进作用。近几年，大宗商品、跨境电商领域已成为货物贸易跨境人民币结算的新增长点。中国人民银行也将继续坚持服务实体经济方向，提高货物贸易跨境人民币结算便利化水平，促进货物贸易跨境人民币结算业务向高质量方向发展。

（三）资本项目人民币收付

资本项目跨境人民币收付发展迅猛，直接投资跨境人民币收付、跨境人民币资金池业务收付、"熊猫债"发行和证券投资跨境人民币收付等的规模在曲折中扩大，体现出资本项目收付在多领域、多方面的良好发展态势。2022 年资本项目跨境人民币收付金额合计 31.7 万亿元，同比增长 10.4%。其中，收入 15 万亿元，支出 16.7 万亿元。直接投资、证券投资、跨境融资收付金额分别占资本项目收付金额的 20.4%、74.5% 和 3.1%。②

具体来看，人民币在资本项目中的国际化进程体现在直接投资跨境人民币收付规模、跨境人民币资金池业务收付规模、"熊猫债"的发行量、证券投资跨境人民币收付规模等方面。2022 年，直接投资跨境人

①　数据来源：《2021 年人民币国际化报告》。
②　数据来源：《2023 年人民币国际化报告》。

民币收付金额合计 6.5 万亿元，对外直接投资跨境人民币收付金额 1.9 万亿元，外商直接投资跨境人民币收付金额 4.5 万亿元。总体稳中有进，同比增速略有下降，但基本保持了一成及以上的增长，发展势头强劲。截至 2022 年末，全国共设立跨境人民币资金池 3512 个。2022 年，跨境人民币资金池收付金额 4.6 万亿元，同比增长 20.8%。2023 年 1～8 月，跨境人民币资金池收付金额已达 3.5 万亿元。"熊猫债"发行规模于 2016 年得到迅猛提升，并维持在较高水平。截至 2022 年末，"熊猫债"发行主体已经涵盖政府机构、国际开发机构、金融机构和非金融企业等，累计发行规模 6308 亿元。在债券投资方面，截至 2022 年末，共有 1071 家境外机构进入银行间债券市场。全年债券投资业务跨境人民币收付金额 17.7 万亿元。在股票投资方面，2022 年，"沪深港通"业务跨境人民币收付金额合计 1.6 万亿元，2023 年 1～9 月该业务金额合计已达 1.4 万亿元。在资本市场投资者开放方面，2022 年，人民币合格境外机构投资者（RQFII）业务合计 3.6 万亿元。2020 年 6 月中国人民银行开始试点"跨境理财通"，以扩大香港与内地居民和机构进行跨境投资的空间。截至 2022 年末，参与"跨境理财通"试点的大湾区居民超 4 万人次，参与银行 64 家，跨境人民币收付金额合计 22.2 亿元。此外，2022 年跨境融资、境外项目人民币贷款等其他投资跨境人民币收付金额合计为 1.6 万亿元。①

资本项目收付规模的扩大离不开人民币资本项目可兑换政策的逐步开放。2014 年，推出沪港股票市场交易互联互通机制——沪港通，使境外机构在境内发行人民币债券更加便利。2015 年，人民币资本项目可兑换程度继续提高。在国际货币基金组织资本和金融项目交易分类标准下的 40 个子项以及集体投资类证券项下 2 个子项中，人民币由"不可兑换"变更为"部分可兑换"，大大扩大了资本项目可兑换的范围。2016 年，简化人民币合格境外机构投资者管理，完善沪港通机制，取

---

① 数据来源：《2023 年人民币国际化报告》。

消总额度限制，启动深港通。2018 年 3 月，人民币原油期货交易推出，大宗商品人民币计价功能取得突破。2022 年，我国已上市原油、铁矿石、精对苯二甲酸（PTA）等 23 个特定品种国际化期货和期权产品，在为大宗商品交易人民币计价结算提供定价基准方面发挥了一定作用。

（四）人民币国际合作

人民币国际合作稳步推进，以亚洲和欧洲为发展重心，同时努力向其他国家和地区推进。共建"一带一路"国家作为当前阶段人民币国际合作的重点，已经取得了较为显著的成果。中国人民银行积极推进双边本币合作协议的签订，现已获得多个国家和地区的双边本币合作协议，推动了人民币的区域化、离岸化发展。双边本币合作协议把本币结算范围延伸到两国已经开放的全部经常项目与资本项目，这有助于提高双边对本币的利用程度，推动贸易投资便利化。截至 2021 年 9 月，中国人民银行与印度尼西亚银行正式启动中印尼本币结算合作框架（LCS），并推出人民币/印尼卢比银行间市场区域交易，我国的双边本币结算"朋友圈"扩至 10 个国家。截至 2022 年末，LCS 合作框架下累计办理跨境人民币收付 81.9 亿元。此外，截至 2022 年末，中国人民银行共与 40 个国家和地区的中央银行或货币当局签署过双边本币互换协议，涵盖了世界主要发达经济体及新兴经济体，也涵盖了主要离岸人民币市场。其中，有效协议 29 份，互换规模超过 4 万亿元。在境外人民币清算方面，截至 2023 年 9 月，中国人民银行已在 29 个国家和地区授权了 31 家境外人民币清算行。①

（五）外汇交易

人民币外汇交易在总交易规模、清算行合作数量和银行间外汇市场交易等方面均有推进，主要表现为清算途径、外汇交易便利程度、交易

---

① 数据来源：《2023 年人民币国际化报告》。

规模和交易主体覆盖面的提升和增加。

境外人民币清算行人民币清算量显著提高。设立人民币清算安排，有助于各国（地区）企业、金融机构利用人民币开展跨境交易，进一步推动贸易投资便利化。2018~2020年年均人民币清算量为344.76万亿元，年均增长8.2%。[①] 2021年境外人民币清算行人民币清算量合计为468.03万亿元，[②] 2022年合计为504.3万亿元，较之前年份有较大提升。截至2022年末，在境外人民币清算行开立清算账户的参加行及其他机构数达970个。[③] 在区域分布方面，境外人民币清算行主要集中于亚太地区，其次为欧洲。人民币清算行在人民币国际化进程中发挥了积极作用，有利于连接在岸和离岸人民币市场，提高人民币清算效率，推广跨境人民币业务，培育离岸人民币市场。人民币清算行的资金清算工作也取得了一定的进步，并不断地完善系统建设以促进人民币资金清算效率的提高。例如，中国香港人民币清算行可为全球客户提供7×20.5小时的人民币清算服务。业务推广与宣传方面，各人民币清算行均积极在当地进行政策宣传和业务辅导。例如，东京人民币清算行举办深化中日金融合作论坛，首尔人民币清算行举办人民币兑韩元直兑交易市场研讨会。离岸市场培育方面，人民币清算行依托从中国境内获得人民币流动性的优势，为离岸市场提供稳定的人民币流动性支持。

我国境内银行间外汇市场的交易主体逐渐充实。截至2022年末，我国有782家人民币外汇即期成员、292家远期成员、283家外汇掉期成员、233家货币掉期成员、168家期权成员和25家外汇市场做市商。境内银行间外汇市场运行平稳，产品结构基本保持稳定，2022年人民币外汇成交折合金额为28.7万亿美元，日交易折合金额为1187.5亿美元。[④]

在汇率形成机制方面，中国人民银行不断推进汇率市场化改革，完

---

① 数据来源：《2021年人民币国际化报告》。
② 数据来源：《2022年人民币国际化报告》。
③ 数据来源：《2023年人民币国际化报告》。
④ 数据来源：《2023年人民币国际化报告》。

善以市场供求为基础、参考一篮子货币进行调节、有管理的浮动汇率制度，保持了人民币的汇率弹性，发挥汇率调节宏观经济和国际收支的自动稳定器作用。总体而言，市场预期平稳，人民币汇率在合理均衡水平上有贬有升，保持基本稳定。

（六）国际储备

人民币在全球的外汇储备规模不断扩大，将人民币纳入外汇储备的国家数目显著增加，体现出人民币国际化在国家央行认可度方面的显著成果。全球央行持有的人民币外汇储备由 2016 年的 902.9 亿美元增加到 2022 年末的 2984 亿美元，2022 年占比为 2.69%，较 2016 年刚加入 SDR 时提升了 1.62 个百分点。当前，80 多个国家和地区把人民币列入外汇储备。人民币外汇储备所占比重的增加充分显示人民币储备具有安全性、开放性和便利性等特点。2022 年 5 月，国际货币基金组织将人民币在 SDR 中的权重由 2016 年确定的 10.92%进一步上调至 12.28%，反映出国际社会对人民币可自由使用程度提高的认可。[①]

（七）现钞境外流通

人民币现钞境外流通仅在启动初期效果显著，现受电子商务发展的影响，流通规模出现回落。跨境人民币现钞业务有两大渠道，一是根据我国与相邻各国中央银行达成的边贸本币结算协定，由边境地区商业银行协同对方商业银行进行人民币现钞跨境调运；二是中国人民银行授权中国香港、中国台湾和其他境外人民币清算行承担人民币现钞跨境调运的任务。2007 年中国人民银行开通了第一个境外人民币现钞代保管库——"中银香港代保管库"，为境外其他国家和地区提供现钞供应及回流服务。跨境人民币现钞业务在人民币国际化启动初期发展速度较快，供应回流渠道覆盖较广，逐渐延伸到全球。但是近几年现钞业务出

---

① 数据来源：国家统计局、《2023 年人民币国际化报告》。

现下降情况。2021 年，银行跨境调运人民币现钞总计 84.57 亿元，同比下降 36.2%，其中调运出境 7.53 亿元，调运入境 77.04 亿元，① 较 2020 年同比下降均超 60%，而人民币现钞跨境调运需求在 2022 年继续减少。这一现状主要受边境口岸的部分封闭和出入境人员减少的影响，并不能证明人民币国际化的进程衰退。

（八）人民币跨境使用基础设施建设及运行

人民币跨境支付系统（CIPS）稳定运行，境内外接入机构数量不断增长，累计业务处理量高，为跨境支付结算作出突出贡献。2015 年，CIPS（一期）建成并顺利上线运行。2018 年 5 月，CIPS（二期）全面投产，符合要求的直接参与者同步上线。

自 2015 年上线运行以来，CIPS 保持安全稳定运行，境内外接入机构数量增加，类型更为丰富，网络覆盖面持续扩大，业务量逐步提升，为跨境支付结算清算领域的参与主体提供了安全、便捷、高效和低成本的服务。到 2020 年底，通过直参、间参等渠道，CIPS 的实际业务可触及世界 171 个国家和地区的 3300 余家法人银行，其中共建"一带一路"国家和地区法人银行 1000 余家。② 2022 年，CIPS 累计处理跨境人民币业务 440 万笔，金额达 96.7 万亿元，同比分别增长 31.7% 和 21.5%；日均处理业务 17671 笔，金额 3883.5 亿元。③ 截至 2023 年 2 月末，共有境内外 1366 家机构通过直接或间接方式接入 CIPS，其中直参 79 家，较 2015 年 10 月上线初期增加 60 家；间参 1287 家，较 2015 年上线初期增加了约 6 倍。从机构类型看，截至 2023 年 2 月末，CIPS 间接参与者覆盖全球 109 个国家和地区，其中亚洲 979 家（境内 554 家）、欧洲 191 家、非洲 47 家、北美洲 30 家、大洋洲 23 家、南美洲 17 家。④

---

① 数据来源：《2022 年人民币国际化报告》。
② 数据来源：《2021 年人民币国际化报告》。
③ 数据来源：《2023 年人民币国际化报告》。
④ 数据来源：中国人民银行。

（九）人民币在国际支付货币中的地位

人民币在支付规模方面保持在世界第 5 位，但是规模占比在人民币国际化的推动过程中有明显上升，人民币在结算、计价和融资方面均有了显著成效。

人民币在 2014 年 12 月成为世界第二大贸易融资货币，第五大支付货币和第六大外汇交易货币。2015 年 12 月，人民币在贸易融资方面排名有所下降，但是在外汇交易方面有所增长，是世界第三大贸易融资货币、第五大支付货币、第五大外汇交易货币。[①] 2017～2020 年，人民币保持在主要国际支付货币的第 5 位。SWIFT 发布的数据显示，2021 年 12 月，人民币在国际支付中的份额升至第 4，占所有货币支付金额的 2.7%，2015 年"汇改"以来全球排名首次超过日元。人民币国际支付份额的提升与中国经济的高质量发展密不可分。在全球供应链面临瓶颈下，中国进出口贸易在全球的份额提升、相对稳定的人民币汇率均促进了人民币国际支付的发展。中国人民银行针对境内外工商企业及金融机构使用人民币的市场调查显示，在国际使用方面，人民币作为结算货币的基础得到进一步巩固，其计价货币职能初步发挥，人民币作为融资货币在国际市场上保持了一定的吸引力。这体现了人民币在宏观层面、微观层面均具有明显的国际化推进效果。

---

① 数据来源：中国人民银行。

第四章 人民币国际化程度测度
方法与主要指数模型

第一节 人民币国际化程度测度方法

根据 Chinn 和 Frankel（2007）的划分，国际货币主要有三大职能：记账单位、交易媒介和价值贮藏。货币国际化程度的测度，即对该货币发挥国际货币三大职能的程度进行测度，因此大多数研究均从国际货币三大职能的视角，对货币的国际化程度进行测度。本节对人民币国际化程度测度相关研究使用的测度方法进行了总结。

一 以部分国际货币职能的发挥程度测度总体的人民币国际化程度

较多研究集中于以人民币发挥单个或多个货币职能的程度来测度总体的人民币国际化程度。李建军等（2013）认为可使用单个国际货币职能的发挥程度来测度总体的货币国际化程度，并分别从跨境贸易结算、金融市场交易和储备货币三个方面对人民币及主要国际货币的国际化程度进行测度。吴舒钰和李稻葵（2018）认为可直接基于货币储备功能的国际化程度评估货币总体的国际化程度。货币国际化进程与货币三大职能的发挥，是相互包容、相互促进和层层递进的关系。成为外汇储备货币，是货币国际化的重要目标，而国际贸易和金融的可交易性是

一国货币被外国投资者持有作为储备货币的前提。此外，他们通过测算
非本国投资者持有的主权货币资产总量，从国际金融投资的视角研究了
包含人民币在内的主要国际货币及全球主要新兴市场国家货币的国际化
程度。李靖等（2004）、董继华（2008）、余道先和王云（2015）、沙文
兵等（2020）均认为一国货币的国际化程度可由该货币在境外的存量
水平间接反映，他们通过不同的方法估算各季度的人民币境外存量，以
此衡量人民币国际化程度。主要的估算方法有直接法和间接法。对一些
无法获得的统计数据，间接估算法具有一定的参考和借鉴价值，通过数
据的估算，可以从新的角度，以新的数据来测度和解读人民币国际化
程度。

二　以单一国际市场的使用情况测度总体的人民币国际化程度

一些学者主张以人民币在单一国际市场的使用情况反映总体的人民
币国际化程度。张光平（2011），Zhang 和 Ma（2015）均认为国际货币
具有三大职能，具体又表现在多个实际领域，涉及很多数据和参数，准
确而全面地度量货币国际化程度并不容易。然而不管国际货币三大职能
具体涉及多少个实际领域，货币的国际化使用皆会导致该国际货币外汇
交易量的上升。因此，该货币在国际外汇市场的交易量，可以很好地反
映该国际货币的综合国际化程度。他们通过研究人民币在国际外汇市场
的交易数据，测度人民币国际化程度的变化过程。以此类方法研究人民
币国际化程度仍旧较为不足，亟须从更多的离岸市场角度来研究人民币
国际化表现。

三　以人民币作为国际货币的使用现状直接反映人民币国际化程度

一些官方的报告通过大量的数据，以人民币作为国际货币的使用现
状来反映总体的人民币国际化程度，较为权威的报告包括 SWIFT 系统

推出的 "RMB Tracker" 月报、中国人民银行撰写的《人民币国际化报告》、中国建设银行发布《人民币国际化报告》与中国人民大学发布的《人民币国际化报告》等。这些报告大多使用定量分析方法，由大型国际机构或官方机构主编，通过大量官方时间序列数据，真实地反映了作为国际货币的人民币发挥货币职能的多个指标，通过这些具体指标和数据，展现人民币国际化现状，并以此来反映人民币国际化程度。

四　构建指数模型测度人民币国际化程度

上述以部分国际货币职能的发挥程度或以单一国际市场的使用情况测度总体的人民币国际化程度的办法并不全面，其本质是人民币在部分市场发挥某些国际货币职能的情况。这样的研究方法只考虑了国际货币三大职能中的一个或两个，无法做到对货币国际化程度的综合度量。人民币国际化程度是一个宽泛的概念，对其测度不能以偏概全。为了直观、综合地测度人民币国际化程度，不少官方机构和学者开始选取可全面反映国际货币三大职能的多种结构性指标，使用科学的权重计算方法，构建人民币国际化指数模型，从纵向、横向两个维度追踪人民币的国际化程度，并与世界主要国际货币进行对比分析。我们选择几个有影响力的人民币国际化指数模型进行分析，包括中国人民大学国际货币研究所构建的 "人民币国际化指数"、中国银行构建的 "跨境人民币指数" 和 "离岸人民币指数"、渣打银行构建的 "人民币环球指数" 以及一些重要的研究人民币国际化指数模型的论文。中国人民大学国际货币研究所构建了 "人民币国际化指数 （RMB Internationalization Index, RII）"，其指标体系全面涵盖国际货币的三大职能：国际计价、清算结算及国际储备，同时在大指标下又选择多个流量、存量小指标，以全面反映人民币国际化程度，并用同样的方法计算了世界主要货币的国际化指数，成为测度人民币国际化程度较为权威的参考。中国银行构建了 "跨境人民币指数 （Cross-border RMB Index, CRI）" 和 "离岸人民币指数（Off-shore RMB Index，ORI）"，以反映人民币在跨境循环过程中的使用水平及离岸市场的发展水平，这两个指数全面反映了人民币在跨境交易和离岸市场的国际化水平，具有很强的领域特征。渣打银行构建了"人民币环球指数（RMB Globalisation Index，RGI）"，主要研究了人民币在五个最主要离岸市场的表现，即中国香港、伦敦、新加坡、中国台湾以及纽约，成为研究人民币国际化离岸市场表现的权威代表。这五大离岸市场也是目前人民币国际化最大的离岸市场，因此以人民币国际化在这五大离岸市场的表现衡量总体的人民币国际化程度合乎逻辑。较多学者选取能够综合反映国际货币三大职能的各项指标，通过增加或估算数据、修改权重计算方法等创新方式，构建了人民币国际化指数模型，计算了人民币国际化程度的定量结果（李瑶，2003；人民币国际化研究课题组，2006；Tung 等，2012；张英梅，2013；中国人民银行上海总部跨境人民币业务部课题组和施瑾娅，2015；彭红枫和谭小玉，2017），这些研究都丰富了人民币国际化指数模型的方法和实践，具有深刻的启发性，并成为本课题后续研究的基础。

综上所述，现有研究对人民币国际化程度进行了深入的研究和测度，具有很好的启发性。现有研究既有定性分析，以人民币作为国际货币的实际使用现状来测度人民币国际化程度；又有定量分析，通过构建可反映人民币国际化程度的指数模型，对人民币国际化程度进行了测度。现有研究提供了很多指数模型建模创新方法，这些创新方法采用了多种科学的指数权重计算方法，如主成分分析法、层次分析法、加权平均法等，体现了指标选择的多样性、数据序列的及时性。通过这些科学的人民币国际化研究，我们可以把握人民币国际化的整个动态过程，并通过将其与主要国际货币横向对比，更加清晰地了解人民币在现有国际货币体系中的地位，与世界主要国际货币的差距，从而更进一步地为人民币国际化未来的发展方向和实现路径提供依据和借鉴。应该看到，测度人民币国际化程度是一个开放性的问题，没有唯一的标准，而鉴于其对人民币国际化有重要意义，正确测度人民币国际化程度始终是值得深入研究的问题。

第二节　人民币国际化指数模型构建的原则

人民币国际化指数模型以官方机构构建的模型为主，加之部分学者对人民币国际化指数模型的改进和构建，可谓相对丰富，提供了很多富有启发性的模型构建经验和原则。总结这些已有的人民币国际化指数模型，我们可以得到一些构建人民币国际化指数模型的通用原则。只有坚持这些原则，才能正确构建人民币国际化指数模型。具体来看，构建人民币国际化指数模型遵循的通用原则有以下四个方面。

一　真实反映人民币国际化程度的现状

任何人民币国际化指数模型的建立，均以真实反映人民币国际化程度为基本目标和目的，真实性是首要考虑的问题和根本原则，因此对指标的选择应该做到全面，在逻辑上应该明确指标的选择可以较多地代表人民币国际化的多个方面，不能以偏概全。人民币的国际化应用涵盖了贸易、金融等多个领域，行为主体既有国内的企业和政府机构，也有国外的企业、组织、中央银行等部门，是一个极其具有广度和深度的问题。以指数模型测度人民币国际化程度，应该考虑到货币国际化的这些特点，在综合数据的可获得性上，尽量多地添加反映人民币国际化程度的具体指标进行指数模型的构建，以防止出现以偏概全的结果。单一指标是反映人民币在此单个方面的具体国际化表现，应严格以货币国际化理论为依据进行指标选择。同时，人民币国际化程度为多个单一指标的加总，这就要求多个指标必须能够全面反映人民币国际化的总体程度，片面选择或者遗漏重要指标均会导致指数模型结果失真。对权重的计算应该做到科学。由于每个单一指标对总体的人民币国际化影响程度均不相同，对权重的计算方法必须进行科学的选择，指标是基础，如何进行指标的合理加总，得到总的人民币国际化指数结果也是极其重要的问题，权重计算方法的错误选择也会导致人民币国际化指数模型的失真性，这样就脱离了研究的初衷与目标。对权重的计算，应遵循科学的原则，从方法的理论出发，全面掌握整个方法论背后的逻辑，结合指标的具体经济含义，对其代表的经济意义赋予科学的权重，以此获得人民币国际化程度指数模型计算结果，真实度量人民币国际化程度的动态变化过程，并进一步分析与人民币国际化相关的问题。

二　数据来源清晰，研究方法科学透明

对数据和研究方法的选择应遵循科学性原则。人民币国际化指数模型是一套系统的、涵盖多个具体指标的模型。每个指标均跨越多个时间维度、包含大量的数据，数据是指数模型建立的基础，也是真实反映人民币国际化使用的客观存在。对数据的科学处理是一切指数模型建立时应遵循的基本原则之一。对每一个指标的内涵、每一个数据的来源需有清楚的说明和正确的记载，对数据应尽量做到及时更新。在大量有据可查的数据基础上，还应采用科学的研究方法对数据进行处理。数据加方法论构成整个人民币国际化指数模型，缺一不可。同时构建起的指数模型一般会进行公开发布，无论是模型的构建方法还是所得结果，均可用于学术上的交流，在同业人员的交流、指导与建议下，不断地取得完善和发展，这是一整套系统性流程。因此在进行模型的构建时，对数据一定要认真的对待，合理地收集真实的数据，并对数据采用科学透明的研究方法进行处理，构建起科学的人民币国际化指数模型，且该模型能够在以后的公开交流中不断地获得完善与发展。

三　模型需兼顾系统性和灵活性的特点

人民币国际化指数模型作为可系统衡量人民币国际化程度的模型，

在设计之初，理应坚持系统性的原则，力求从全面客观的角度，采取科学的研究方法，构架起模型的主体结构，在合理的模型框架下得到正确的测度结果，这是模型构建的关键。同时，应该注意研究方法也处于动态的发展过程中，因此在设计人民币国际化指数模型之初，要有一定的灵活性，坚持系统可灵活变化的原则，为未来进一步完善模型打下基础。在指数模型设计之初要充分考量，确定指数模型坚固的基础部分，同时权重的确实也应具备一定的灵活性特征，确保模型在未来的应用与发展过程中能够适应一定程度的改变，这些改变可以是多个方面的，既可能是新指标数据的加入、旧指标数据的更新，也可能是兼容更多的国际货币或者是权重的调整。兼顾系统性和灵活性原则的模型既符合当下的现实情况，又有足够的完善空间，达到长远监测人民币国际化程度的目的，成为人民币国际化问题的有益分析工具。

四 模型需具备横向对比能力

获得人民币指数模型计算结果后，我们可以清楚地得到反映人民币国际化程度的"计算数据"，在对这些数据进行解读时，应该具有一个好的"参照物"或"对比物"，这样才能做到有尺可依。具有一个好的"参照物"，就要求人民币国际化指数模型具备横向对比能力，即模型应坚持广阔的设计视角，所采用的指标和研究方法可同样应用于其他主要国际货币（美元、欧元、英镑、日元等）。这样就可以通过一般性国际化指数模型的构建，得到包含人民币在内的主要国际货币的国际化程度"计算结果"，进而通过对比分析清晰地了解人民币国际化目前的阶段及其与主要国际货币国际化程度的差异，使结果更具有启发性。要做到这些，就要求模型构建要充分考虑主要国际货币数据的可获得性，在数据的广度和长度上进行取舍和权衡，获得指标相同、长度均等的面板数据。坚持可横向对比的原则，可以从更直观的角度认清人民币作为国际货币当前的定位和未来的发展目标与方向，使得人民币国际化指数模型具有一定的指导性和方向性特征，同时具备全球化属性，可进行更为广泛的应用。

综上所述，构建人民币国际化指数模型，首先必须明确其代表的内涵特征及构建目标，即以正确测度人民币国际化程度为目标，其内涵特征是反映人民币这种货币。以这样的内涵及目标为出发点，结合货币国际化的理论基础，从而系统、全面地选择可反映人民币国际化程度的具体指标，并科学地收集记录数据，对这些数据采用科学的权重计算方法进行计算，最后达到测度人民币国际化程度的目的。同时，人民币国际化指数模型应该具有一般性，即可以采用人民币国际化指数模型的构建原则和方法对其他主要国际货币的国际化指数进行计算，使得模型具备横向对比能力，这就要求模型在设计时兼具系统性和灵活性的特点。在这四个原则下，人民币国际化指数模型既可以正确反映人民币国际化的现状，又可以用来测度主要国际货币的国际化程度，同时指数模型还可不断地进行完善和发展，成为研究人民币国际化问题的重要工具。

第三节 主要人民币国际化指数模型及其比较分析

本节将分析几个权威的人民币国际化指数模型的构建方法。这些权威的人民币国际化指数模型由官方机构、政府部门或者优秀学者构建，实现了对人民币国际化程度的测度，在人民币国际化程度问题研究中有很大的影响力，具有较强的启发性。

一 人民币国际化指数（RMB Internationalization Index，RII）

中国人民大学国际货币研究所构建了"人民币国际化指数（RII）"，自2012年开始对外发布，以人民币国际化程度测算为目标，选取了包含流量和存量数据的全面性比值指标，采用加权平均的权重计算方法，获得了人民币国际化程度计算结果，同时将此指数应用到美元、欧元、英镑、日元上，得到了包括人民币在内的五种主要国际货币的国际化程度。人民币国际化指数（RII）指标体系构成如表4-1所示，我们可以看到整体的指标体系由三级指标构成，一级指标包括两个大类：第一大类指标反映人民币作为国际计价、结算货币，行使国际计价、支付功能的程度，包括贸易和金融两个二级指标；第二大类指标反映人民币作为国际储备货币，行使国际储备功能的程度，该指标下的二级指标为官方外汇储备。具体到三级指标，共有6个具有代表性、数据来源可靠的三级指标：世界贸易总额中人民币结算比重、全球信贷总额中人民币信贷比重、全球国际债券和票据发行额中人民币债券和票据比重、全球国际债券和票据余额中人民币债券和票据比重、全球直接投资中人民币直接投资比重以及全球外汇储备中人民币储备比重。这些数据均是比值，因此无须进行特殊处理，同时包含了多个方面的流量和存量数据，在指标的选择上有一定的全面性，能较好地反映人民币在具体指标中的国际化程度。同时，人民币国际化指数（RII）可应用于其他主要的国际货币，可使用同样的原则和方法计算美元、欧元、英镑以及日元的国际化程度。所有指标的选择均是在充分考虑了其他国际货币数据可获得性和可靠性基础上进行的，考虑较为充分且数据来源清晰可靠。

表4-1　人民币国际化指数（RII）指标体系构成

一级指标	二级指标	三级指标
国际计价 支付功能	贸易	世界贸易总额中人民币结算比重
	金融	全球信贷总额中人民币信贷比重 全球国际债券和票据发行额中人民币债券和票据比重 全球国际债券和票据余额中人民币债券和票据比重 全球直接投资中人民币直接投资比重
国际储备功能	官方外汇储备	全球外汇储备中人民币储备比重

数据来源：《人民币国际化报告2012》。

在具体指标权重的计算上，由于所选择的三级指标都是比值，因此不存在数量级差距，可直接采用加权平均的方法，加总六个指标来编制RII，具体的计算公式如下：

$$RII_t = \frac{\sum_{j=1}^{6} w_j X_{j,t}}{\sum_{j=1}^{6} w_j} \times 100 \tag{4.1}$$

其中，RII_t 表示 t 时期的人民币国际化指数，$X_{j,t}$ 表示第 j 个指标在 t 时期的值，w_j 表示 j 指标的权重数值。

作为衡量人民币国际化程度的权威指数模型，RII 选取的指标涵盖了国际货币的三大职能，既有流量指标，也有存量指标，具有全面性。在数据的选择上，充分考量了数据来源的可靠性和可对比性，指数计算方法也十分简单清晰，并可用于计算世界主要国际货币的国际化指数，因此是一个兼具全面性、可靠性、可对比性的系统化指数模型，在研究人民币国际化问题，特别是研究其国际化程度方面，是目前权威的指数模型，具有很好的参考价值。中国人民大学国际货币研究所每年都会发布《人民币国际化报告》，形成了有影响力的关于人民币国际化问题的持续性研究。

然而，我们认为该指标存在以下几点有待改进的地方。（1）指标的选择可以更加全面，仅用 6 个指标涵盖国际货币的三大职能相对较少，现有的数据可支持更多的指标选择，越多的指标代表越全面的人民币国际化程度分析。（2）在衡量国际储备功能时，由于缺少相关的官方数据，将此项设定为 0。这样的设定会导致货币三大职能缺少一环，造成了衡量国际储备功能指标的缺失。这样做有客观上无法获取准确数据的考量，但事实上有很多学者采用了间接估计的办法测度了全球外汇储备中人民币储备比重，加之 IMF 已经开始正式公布全球外汇储备中的人民币份额，因此可以考虑对这方面的数据进行添加。（3）在各项指标权重的确定方面缺乏一个比较明确的标准，多个指标对人民币国际化程度的影响并不相同，但在指标权重的计算上统一设定，这样就会导致标准的缺失。（4）存量指标与流量指标具有不同的属性特征，存量指标相对于流量指标波动性较小，需要对两者进行区别对待，以得到更为细致和全面的人民币国际化程度结果。

二 人民币环球指数（RMB Globalisation Index，RGI）

渣打银行构建了人民币环球指数（RGI），这是一个以人民币在主要离岸市场的表现来衡量人民币国际化程度的指数模型。其指标的选择严格依据人民币在离岸市场的主要业务形态来进行，同时选取特定时期为起始和标的，根据后续人民币相对于标的时期的发展，计算人民币国际化程度结果，在内容和方法论方面具有较大的参考价值。人民币环球指数（RGI）指标体系构成如表4-2所示。该指标主要涵盖中国香港、伦敦、新加坡、中国台湾和纽约这五个最大的人民币离岸市场，在具体离岸人民币业务指标的选择上，都具有较好的代表性，能综合反映人民币在海外市场的主要业务和具体表现，范围也较为全面。

表4-2　人民币环球指数（RGI）指标体系构成

离岸市场	指数参数
中国香港（HK）	
新加坡（SG）	境外人民币存款
伦敦（LDN）	点心债券和存款证
纽约（NK）	贸易结算和其他国际付款
中国台湾（TWN）	外汇交易量

数据来源：渣打银行（https：//www.sc.com/en/trade-beyond-borders/renminbi-globalisation-index/）。

将2010年12月的人民币环球指数设置为基准100，根据这个基准值，后续具体的人民币环球指数计算方法如下：

$$RGI_t = RGI_{t-1} \times \left\{ WD \times \frac{DEPO_t}{DEPO_{t-1}} + WT \times \frac{TSIP_t}{TSIP_{t-1}} + WS \times \frac{DSCD_t}{DSCD_{t-1}} + WF \times \frac{FXTO_t}{FXTO_{t-1}} \right\}$$

$$(4.2)$$

其中 $DEPO_t$、$TSIP_t$、$DSCD_t$、$FXTO_t$ 分别代表五个离岸市场境外人民币存款、贸易结算和其他国际付款、点心债券和存款证、外汇交易量平均值，四个权重值（WD、WT、WS、WF）与各自的方差成反比。

根据环球银行金融电信协会的人民币追踪（SWIFT RMB Traker）近几年的数据，中国香港、伦敦、新加坡、纽约以及中国台湾一直是人民币最重要的五大离岸市场，占整个离岸市场的比重稳定在 90% 左右。人民币环球指数（RGI）以最大的五个离岸人民币市场为依托，综合考虑了数据的可获得性和稳定性，合理地测度了人民币在五大离岸市场的国际化程度，为从离岸市场的角度度量人民币国际化程度提供了标准化的借鉴，同时该指数模型为月度数据，是为数不多的高频人民币国际化指数模型，至今依旧在按时发布，具有很强的持续性和较大的参考价值。然而我们认为该指数模型也存在一些有待改进的地方。（1）在权重的计算方法上还应更加精细化。根据"SWIFT RMB Traker"的统计，香港是最为重要的人民币离岸市场，其占比常年超过 70%，其他海外市场的比例仍旧不高，呈现香港"独大"的形式，对此，应该加以更加精细的区分和识别，对五大离岸市场的权重不应简单地采取平均数法。（2）聚焦五大离岸市场人民币的表现，已经涵盖了整个人民币离岸市场的 90% 以上，然而缺少更多更广的分析维度，即缺少从区域、地理的角度解析人民币的国际化程度，也缺少与其他主要国际货币的横向对比。（3）该指数仅仅局限于离岸市场，应该注意到人民币国际化程度是一个更加全面和广泛的概念，因此以五大离岸市场的表现衡定整体的人民币国际化程度，难免会出现以偏概全，对人民币国际化整体和空间的把握都相对不足，有很大的提升空间。

三　跨境人民币指数（Cross-border RMB Index，CRI）与离岸人民币指数（Off-shore RMB Index，ORI）

跨境人民币指数（CRI）与离岸人民币指数（ORI）均由中国银行向全球发布，反映人民币在跨境交易和离岸市场的国际化水平，这两个指数无论是在指标的全面性还是在数据的权威性方面，都是值得参考与借鉴的，其真实描述了人民币在跨境交易和国际金融市场的表现，间接反映了人民币国际化程度，在跨境交易和离岸人民币方面是绝对权威的指数模型。然而同渣打银行的人民币环球指数一样，仍存在一定的局限性，人民币国际化程度是一个更为宽泛的概念，对人民币国际化程度的测度应包含多个市场、多个指标，单一的跨境和离岸交易，仅仅是人民币国际化的一个方面。在这些方面，跨境人民币指数与离岸人民币指数是很好的参考。但是对整体的人民币国际化程度测度，仍需在此基础上进行一定的拓展，以真实反映人民币国际化现状。

四　文献中的人民币国际化指数模型

人民币国际化是一项长期的战略，也是中国的政策热点，受到了学术界的广泛关注，大量学者针对人民币国际化问题进行了广泛、深入的研究。目前已有文献也构建了很多人民币国际化指数模型，并以模型为基础测度了人民币国际化程度，我们可以看到无论是在指标的选择还是在权重的计算方法上，这些文献中的人民币国际化指数模型都有了一些变化和创新，以如下两个发表在权威期刊的文献为例。

（一）中国人民银行上海总部跨境人民币业务部课题组和施玥娅（2015）

中国人民银行上海总部跨境人民币业务部课题组和施玥娅（2015）编制了包括人民币国际化发展指数、人民币国际化动态指数和人民币国际化信心指数的人民币国际化指数体系，多层次、全方位地衡量人民币国际化进程。人民币国际化发展指数主要使用了外汇储备中的人民币份额、外汇市场交易中的人民币份额、人民币外汇衍生品市场份额以及人民币利率衍生品市场份额这四个指标，在指标权重计算上使用简单的加权平均法。人民币国际化动态指数从国际货币三大职能视角，选取三个一级指标，反映跨境人民币结算、交易和国际货币储备等功能。二级指标中用跨境人民币结算量、境外主体之间的资金划转量衡量结算功能；用债券发行量和境外主体同业往来账户之间的资金划转量衡量交易功能；用人民币离岸存款、非居民账户、同业往来账户的余额衡量货币储备功能，并根据"最能反映人民币国际化进程"的重要性次序主观决定各指标权重。最后使用主成分分析法构建了综合测量指标，并与上述指数结果进行了比较分析。

（二）彭红枫和谭小玉（2017）基于主成分分析法的指标体系

权重计算是货币国际化指数模型构建的关键环节，但权重计算并没有统一客观的标准。主成分分析法通过对变量进行线性变换的方法，得到新的线性无关变量，并利用这些线性无关变量实现对数据的降维，从而研究变量之间的结构性特征，获得有一定理论依据的权重计算结果，因此受到了广泛的使用。彭红枫和谭小玉（2017）构建了基于主成分分析法的货币国际化总量指数。其假设具有 k 个反映货币国际化使用的指标，时间长度为 T，构成的数据集为矩阵 $X_{T \setminus timesk}$，$R_{k \setminus timesk}$ 为 k 个指标序列的协方差矩阵，令 $\lambda_i (i=1, \cdots, k)$ 表示矩阵 $R_{k \setminus timesk}$ 的第 i 个特征值，$\alpha^i_{k \times 1}$ 表示矩阵 $R_{k \setminus timesk}$ 的第 i 个特征向量。第 i 个主成分可以表示为 $PC_i = X\alpha^i$，并且 $\lambda_i Var = (PC_i)$。根据所有的主成分及其相对重要性，总量指数计算如下：

$$Index = \frac{\sum_{i=1}^{k} \lambda_i PC_i}{\sum_{i=1}^{k} \lambda_i} = \sum_{j=1}^{k} \omega_j x_j \qquad (4.3)$$

其中，x_j 为矩阵 $X_{T \times k}$ 的第 j 列，权重 $\omega_j = \dfrac{\sum_{i=1}^{k} \lambda_i \alpha_j^i}{\sum_{i=1}^{k} \lambda_i}$。

对指标的选择也是从国际货币的三大职能出发，考察货币在国际计价结算、投资交易和贮藏手段方面的使用情况（见表4-3）。

表4-3 彭红枫和谭小玉（2017）基于主成分分析法的指标体系构成

一级指标	二级指标	三级指标
交易媒介职能	官方外汇市场干预私人外汇市场交易	全球外汇交易的货币份额
	私人结算货币	国际贸易结算的货币份额全球直接投资的货币份额
记账单位职能	官方钉住货币	汇率钉住的国家数量
	私人计价货币	国际债券和票据的货币份额
价值贮藏职能	官方外汇储备	央行外汇储备的货币份额
	私人货币代替和投资	全球对外信贷的货币份额

数据来源：彭红枫和谭小玉（2017）。

综上所述，现有研究从多个角度对人民币国际化程度进行了广泛的研究，尤其是可以定量分析人民币国际化程度的指数模型在近几年有了长足的发展。不少官方机构和学者都构建了人民币国际化指数模型，实现了对人民币国际化程度的测度，其测度结果简单、直接地定量反映了人民币国际化程度的变化以及与其他主要国际货币的差距。已有的人民币国际化指数模型为定量研究人民币国际化程度提供了极其重要且极具启发的参考。

总结现有的人民币国际化指数模型相关研究，本书认为存在以下几点不足。第一，指标的选择不够全面。多数研究选取的指标仅包含国际货币三大职能的部分方面，也未能涵盖多个离岸市场，不能全面地反映人民币国际化程度。基于大数据的应用和发展，目前在指标的选择上可以做到更加的全面，数据的来源、长度和广度都有了较高的提升。第二，权重的计算方法过于简单。在各项指标权重计算方面缺乏比较明确的标准，多个指标对人民币国际化程度的影响并不相同，对数据也没有区分流量和存量的不同特点。由于不同的指标所体现的国际货币职能发挥情况和对货币国际化程度影响的大小都存在差别，科学合理的权重计算方法对获得可靠的指数模型结果至关重要，不同的权重设定方法将产生不同的结果。第三，尚未有研究从区域地理角度测度人民币国际化程度。货币区域化是货币国际化的重要路径之一，不同的国际货币在不同区域的国际化程度也各有差异，其中包含的区域地理因素也是反映货币国际化程度的要素之一。人民币国际化程度在不同区域体现了哪些异质性？造成这些区域异质性的原因是什么？如何针对这种区域异质性，提出一套针对性策略，实现整体人民币国际化程度的攀升？这些都是值得研究的问题，也是本书尝试解答的问题。

第五章　新型人民币国际化
指数模型

通过上一章的分析，可以发现当前人民币国际化指数模型在指标选择、权重计算和解读角度方面存在一定的改进空间。为完善人民币国际化指数模型，合理测度人民币国际化程度，本章构建了新型人民币国际化指数模型——人民币国际化空间地理分布指数模型（Spatial and Geographical Distribution Index Model of RMB Internationalization, SGDIRI），从纵向、横向、空间地理分布三个维度解读人民币国际化数据，并对人民币国际化程度进行直观的测度和分析。

第一节　新型人民币国际化指数
模型构建的原则

新型人民币国际化指数模型的构建，特点在于新。我们将在现有人民币国际化指数模型的基础上进行一定程度的创新，从空间地理的角度深度解读人民币国际化程度的区域空间差异，使之能够与主要国际货币形成对比，得到直观的主要国际货币国际化程度指数结果，并保有一定的改进空间，可持续追踪货币国际化程度并可以不断改进已有模型。因此，构建新型人民币国际化指数模型既应该遵循普遍的模型构建原则，又应该根据新型人民币国际化指数模型的特点和目标，设定一些特有的原则，以保证可以正确构建模型，完成既定目标。新型人民币国际化指数模型的构建主要遵循以下几点原则。

一　坚持模型创新性原则

新型人民币国际化指数模型要体现"新"的特点，其构建的初衷旨在改进现有模型的不足，拟从模型的指标选取、权重计算和结果解读三个层面进行创新，建立一套综合、直观、多维度的指标评价体系，纵向反映人民币国际化程度的动态变化过程，同时可应用于其他主要国际货币以进行横向对比。针对人民币国际化程度这一问题，新型人民币国际化指数模型将从更多的角度进行回答。首先，根据已有数据进行可视化处理，从而清楚地呈现人民币在空间地理层面的分布差异，这是定性分析的一种。其次，根据新型人民币国际化指数模型计算的主要国际货币国际化指数，我们可以进行对比分析，这是一种对货币国际化程度的定量分析。这样从多个角度，我们可以得到人民币国际化的真实分布情况以及与主要国际货币的现有差距，更好地对人民币国际化程度进行把握，从而为后续人民币国际化问题的研究提供启发和基础。因此在构建新型人民币国际化指数模型时，必须坚持模型创新性原则，提供测度人民币国际化程度的新模型和新结果，启发关于人民币国际化问题的新研究方向和角度。

二　坚持科学性与系统性的设计原则

同已有研究相一致，新型人民币国际化指数模型作为可系统衡量人民币国际化程度的模型，理应坚持系统性的设计原则，力求从全面客观的角度构架起模型的主体结构，在合理的模型框架下测度人民币国际化程度。新型人民币国际化指数模型的建立，必须从人民币国际化的内涵与外延出发，以货币国际化理论为依据，结合人民币国际化的具体实践进行科学系统的设计。与其他货币的国际化相比，人民币国际化在背景、目标及实现方式等方面，均有其独有的一面。这就要求新型人民币国际化指数模型既要符合国际货币的客观规律，又要反映人民币国际化的中国特色。同时，人民币国际化程度是多个指标体系的集成结果，构建新型人民币国际化指数模型，既要注重单个指标的内涵和作用，也要注重整个指标体系的全面性，对权重的计算更应该科学地反映单个指标的重要程度。因此新型人民币国际化指数模型必须坚持科学性与系统性的设计原则，使得测度的结果科学可靠，可正确反映人民币国际化程度的变化过程，实现构建新型人民币国际化模型的既定目标。

三 综合考虑可操作性和可比性

新型人民币国际化指数模型是一个系统性的模型，内部包含多个反映货币国际化程度的具体指标，同时由于设计之初，希望在客观反映人民币国际化程度的同时，也可与其他主要国际货币进行横向对比，这就要求从国际视角看待具体指标的选择。指标的选择既要能够全面反映货币国际化程度，又要考虑主要国际货币在该指标上的数据可获得性。数据是货币国际化指数模型的构建基础，因此必须考虑数据的可获得性，若数据无法获得，可根据已有权威研究数据进行估算，但应当保证估算的合理性。因此，构建新型人民币国际化指数模型必须在充分考虑实际可操作性的基础上（数据的可获得性和权重计算方法的适用性），尽可能考虑与国际主要货币的可比性，在可操作性和可比性的原则下，选择可全面反映货币国际化程度的具体指标，挖掘或估算指标背后的时间序列数据，选择合适的权重计算方法得到最后的指数计算结果，以此反映真实的人民币国际化程度。

四 指数编制方法科学、透明

新型人民币国际化指数模型是一套复杂系统，是对多个指标的加权结果。从指标来看，人民币作为国际货币的使用几乎涵盖了贸易、经济、金融等方方面面，因此人民币国际化是一个极具包容性和复杂性的表现形式集合，在选择反映人民币国际化程度的指标时，尽可能做到全面，否则就会出现以偏概全的问题。由于新型人民币国际化指数模型包含多个指标，对每个指标的内涵，应进行明确的界定，不应产生歧义，做到条理分明；对每一个指标背后的数据，必须做到准确记载、来源清楚、有据可查。在选定指标获得具体指标数据时间序列后，权重计算方法一定要坚持科学性原则，否则会导致结果的失真。权重计算是构建新型人民币国际化指数模型中的重要一环，不同的指标在整个人民币国际化指数系统中的权重并不相同，如何赋予权重是一个核心问题，权重计算必须尊重事实、遵循客观科学的原则。完成上述这些步骤后即可得到新型人民币国际化指数模型结果，并可以依据指数模型结果进行人民币国际化程度及相关问题的解读。值得强调的是，新型人民币国际化指数模型是一个开放的模型，应遵循一切透明的原则，以便政府机构和相关学者进行协同研究和友好交流，促进新型人民币国际化指数模型的应用和发展。同时，新型人民币国际化指数模型又是一个可以不断改善和发展的模型，可用于对主要国际货币国际化程度的动态测度。

五　兼顾结构稳定性与可变性

新型人民币国际化指数模型能够反映过去和现在人民币国际化程度的变化，但也应是一个可以应用到未来场景的模型。因此在结构上要求一定的稳定性，以便直接代入未来数据，动态反映人民币国际化的整个历程。同时，人民币国际化的发展和政策的变化也会导致指标体系一些内容和权重的变化，因此在设计时应预留一定的可变性操作空间，增加模型的张力。得益于大数据的发展与应用，未来可获得更加详细的时间序列，数据在可获得性上会有长远的进步。无论何种研究方法均处于动态的发展过程中，因此在设计人民币国际化指数模型之初，也要有一定的灵活性，坚持系统可灵活变化的原则，为未来进一步的完善打下基础。总之，在结构稳定性和可变性原则的影响之下，模型既符合当下的现实情况，又有足够的完善空间，达到长远监测人民币国际化程度的目的，成为人民币国际化问题的有益分析工具，并可进行进一步的应用。

第二节　新型人民币国际化指数
模型的构建

本节从指标选择、数据来源、权重计算和结果解读四个方面描述新型人民币国际化指数模型——人民币国际化空间地理分布指数模型的构建。

一　指标选择

在一级指标的选择上，我们遵循已有的研究，以国际货币的三大职能，即交易媒介职能、记账单位职能和价值贮藏职能为一级指标。在二级指标的选择上，根据具体的货币国际化模式，如"贸易结算+离岸市场""资本输出+跨国企业"（殷剑峰，2011），我们将二级指标设定为贸易结算、资本输出、官方外汇储备、私人货币代替和投资四大类，这样的设定既是对货币三大职能的进一步延伸，又系统性地体现了货币国际化模式中的关键特征。具体到三级指标，考虑到人民币及其他主要国际货币数据的可获得性和可对比性，我们设定了11个三级指标：全球外汇交易的货币份额、货币互换协议规模、汇率钉住的国家数量、国际贸易结算的货币份额、海外结算中心的数量、跨国公司的数量、全球直接投资的货币份额、国际债券和票据发行量的货币份额、国际债券和票据存量的货币份额、央行外汇储备的货币份额以及非本国投资者持有的一国货币计价资产的总量（见表5-1）。

表 5-1　新型人民币国际化指数模型指标体系构成

一级指标	二级指标	三级指标
交易媒介职能	贸易结算	全球外汇交易的货币份额
		货币互换协议规模
		汇率钉住的国家数量
		国际贸易结算的货币份额
记账单位职能	资本输出	海外结算中心的数量
		跨国公司的数量
		全球直接投资的货币份额
		国际债券和票据发行量的货币份额
		国际债券和票据存量的货币份额
价值贮藏职能	官方外汇储备	央行外汇储备的货币份额
	私人货币代替和投资	非本国投资者持有的一国货币计价资产的总量

二　数据来源

新型人民币国际化指数模型三级指标计算方法及数据来源如表 5-2
所示。数据来源尽可能选择了来源清晰的权威官方数据库，包括 BIS、
World Bank、IMF、SWIFT 等，同时对涉及人民币的相关数据，在参考
国外官方数据的同时，我们也利用本国权威机构网站数据进行了补充，
如中国人民银行、国家外汇管理局、国家统计局、证监会等。

表 5-2　新型人民币国际化指数模型三级指标计算方法及数据来源

三级指标	计算方法	数据来源
全球外汇交易的货币份额	全球外汇交易的币种结构（百分比）	BIS, World bank
货币互换协议规模	人民币货币互换协议规模/货币互换协议总量	BIS, World bank, 国家外汇管理局

续表

三级指标	计算方法	数据来源
汇率钉住的国家数量	汇率钉住人民币的国家数量/197	BIS, IMF, World bank, 国家外汇管理局
国际贸易结算的货币份额	人民币跨境贸易结算规模/世界进出口总额	SWIFT, 中国人民银行
海外结算中心的数量	海外人民币结算中心数量/标的物（美国）	中国人民银行
跨国公司的数量	中国跨国公司数量/标的物（美国）	中国国家统计局, 证监会, Wind
全球直接投资的货币份额	人民币直接投资/全球直接投资总额	中国人民银行, Wind
国际债券和票据发行量的货币份额	人民币国际债券和票据发行量/全球总发行量	BIS, World bank, 中国人民银行
国际债券和票据存量的货币份额	人民币国际债券和票据存量/全球总存量	BIS, World bank, 中国人民银行
央行外汇储备的货币份额	全球外汇储备的币种结构（百分比）	IMF
非本国投资者持有的一国货币计价资产的总量	非本国投资者持有的人民币计价资产的总量/资产总额	BIS, 吴舒钰和李稻葵（2018）

三 权重计算

由于三级指标均为比值数据，不存在数量级的差异，无须进行无量纲化处理，最后的新型人民币国际化指数模型结果 $SGDIRI_t$ 为各项指标的加权：

$$SGDIRI_t = \sum_{j=1}^{11} \omega_j \, share_{j,t} \tag{5.1}$$

对于具体权重 ω_j 的计算，首先我们参考吴舒钰和李稻葵（2018）区分具体的流量和存量指标，再使用主成分分析法进行最后的权重确定。主成分分析法通过将多个变量进行线性变换得到一组新的互不相关的变量，实现数据的降维，进而研究变量之间的内在结构。假设具有 k

个反映货币国际化使用的指标,时间长度为 T,构成的数据集为矩阵 $X_{T \setminus timesk}$,$R_{k \setminus timesk}$ 为 k 个指标序列的协方差矩阵,令 $\lambda_i (i=1,\cdots,k)$ 表示矩阵 $R_{k \setminus timesk}$ 的第 i 个特征值,$\alpha_{k \times 1}^i$ 表示矩阵 $R_{k \setminus timesk}$ 的第 i 个特征向量。第 i 个主成分可以表示为 $PC_i = X \alpha^i$,并且 $\lambda_i Var = (PC_i)$。根据所有的主成分及其相对重要性,构造综合指数如下:

$$Index = \frac{\sum_{i=1}^{k} \lambda_i PC_i}{\sum_{i=1}^{k} \lambda_i} = \sum_{j=1}^{k} \omega_j x_j \qquad (5.2)$$

其中,x_j 为矩阵 $X_{T \times k}$ 的第 j 列,权重 $\omega_j = \dfrac{\sum_{i=1}^{k} \lambda_i \alpha_j^i}{\sum_{i=1}^{k} \lambda_i}$。

四 结果解读

对人民币国际化空间地理分布指数模型结果的解读,可从以下三个维度展开。

(一) 境外人民币的空间地理可视化分布

对数据进行可视化处理,得到境外人民币的空间地理分布图,以直观地获得人民币国际化的空间形象。具体的可视化包含四个部分:境外人民币结算银行空间分布、人民币跨境支付系统参与者分布、离岸人民币市场分布、主要的人民币外汇市场分布。这些结算机构、离岸市场和外汇市场的空间地理分布可真实展现人民币国际化程度及其区域异质性特征。

(二) 新型人民币国际化指数模型结果分析

根据新型人民币国际化指数模型的计算结果,分析 2012～2021 年人民币国际化程度的动态变化过程,以国际化程度的变化反映其背后的经济起伏。结合境外人民币的空间地理分布,总结人民币的区域化经验、条件及差异，为人民币国际化路径的提出提供方向和借鉴。

（三）人民币国际化程度对比分析

根据计算得到的主要国际货币（美元、欧元、日元、英镑）的国际化指数，与人民币国际化指数形成鲜明对比，结合主要国际货币的空间地理分布，解读主要国际货币的区域特点及成因，为人民币国际化走出既定区域、实现深层次的国际化发展提供一定的帮助。

第三节　新型人民币国际化指数
模型的创新点

现有的人民币国际化指数模型在指标选择、权重计算和解读角度方面存在一定的改进空间。首先在指标选择上，现有的人民币国际化指数模型大多集中于人民币在部分离岸市场发挥部分国际货币职能的程度，以部分代表整体，难免会发生以偏概全的问题。其次在权重的计算方法上，已有的人民币国际化指数模型大多较为简单，未能区分和比较流量数据与存量数据的区别。大多数模型赋予三种货币职能同样的权重，不区分其内在的关联，只进行具体比值数据的简单加权处理，如 RII 仅使用存量和流量比例数据整体加权平均的方法。由于不同的职能、不同的指标所体现的国际货币职能的发挥情况和对货币国际化程度的影响存在差别，科学合理的权重计算方法对指数模型结果的可靠性至关重要，不同的权重设定方法将产生不同的结果。最后在解读角度上，尚未有研究从整个区域地理角度解析人民币国际化程度，对数据的解读存在角度过于单一的问题。从对数据的处理结果来看，已有的人民币国际化指数模型成功地获得了直观的数值结果，通过比较货币国际化程度数值的大小，从横向反映人民币国际化程度过往的动态发展过程，从纵向对比人民币与主要国际货币国际化程度的差异，是直观、简洁、有效的测度方法。然而值得注意的是，这种简单的指数结果难以提供全面的人民币国际化程度信息，尤其是人民币国际化在不同地理空间的国际化程度信息。货币国际化起点是货币的区域化使用，货币区域化是货币国际化的重要路径之一，不同的国际货币在不同区域的国际化程度也各有差异，其中包含的区域地理因素也是反映货币国际化程度的要素之一，值得进行深入的分析。

基于现有人民币国际化指数模型存在的不足，以完善人民币国际化指数模型、合理测度人民币国际化程度为目的，本节构建了新型人民币国际化指数模型——人民币国际化空间地理分布指数模型，从纵向、横向、空间地理分布三个维度解读人民币国际化数据，并对人民币国际化程度进行直观的测度和分析。在指标的选择上，基于大数据的应用和发展，尽可能多地收集了 2012~2021 年的人民币国际化数据，从而在指标的选择和数据的深度上更具有灵活性和全面性。在权重的计算方法上，针对流量数据波动性大的特点，参考吴舒钰和李稻葵（2018）使用主成分分析法进行权重确定。在数据的解读方面，首先，对所有的应用数据进行空间地理可视化处理，更加直观和全面地把握人民币国际化在空间地理分布上呈现的区域化特征及差异，这样更易于了解人民币国际化的现状。其次，根据主要国际货币的数据可获得性，测度了人民币、美元、欧元、英镑、日元的国际化程度，并进行了对比分析。人民币国际化空间地理分布指数模型可以直观地展现境外人民币的空间地理分布，并获得可纵向、横向对比的主要国际货币国际化程度指数结果，从数据可视化及指数模型两个方面来把握人民币的国际化程度，探索人民币国际化的发展路径。

第四节　新型人民币国际化指数模型
测度结果分析

针对测度人民币国际化程度这一目标，本节将从定性分析和定量分析两个角度对模型的测度结果进行分析。

一 人民币国际化的空间地理可视化分布

人民币国际化程度，即人民币作为国际货币，行使国际货币三大职能的程度。其具体可表现为跨境贸易中人民币的国际化程度（货物贸易、服务贸易、资本项目）、金融交易中人民币的国际化程度（对外人民币直接投资、以人民币结算的外商直接投资、人民币证券投资、人民币境外信贷、人民币外汇交易）、全球外汇储备中人民币的国际化程度。在空间地理层面，我们应该通过境外人民币清算银行的分布、人民币跨境支付系统（CIPS）参与者的分布、人民币主要的离岸市场分布以及人民币主要的外汇市场分布来衡量人民币国际化的空间地理分布。上述人民币国际化的具体表现形式多样化，既有流量又有存量的具体表现，但是归根结底货币的使用是一种由需求和结算产生的具体结果，同时货币的使用程度差异又表现为其结算手段和交易市场在空间分布上的结构差异。人民币国际化程度高的区域，对应的是境外人民币清算银行在该区域的设立及较多的 CIPS 参与者，由于人民币在该区域的广泛使用，这一区域必然又发展成为人民币主要的离岸市场和外汇交易市场。这些结算机构、离岸市场和外汇市场的空间地理分布可真实展现人民币国际化程度及其区域异质性，因此我们将从这个角度来定性分析人民币国际化程度的区域性特征。

从境外人民币清算银行的空间分布来看（见图 5-1），截至 2023 年 2 月，中国人民银行共授权 29 家国内银行及 2 家国外银行为境外人民币清算银行，其分布主要集中在亚洲，共有 15 家位于亚太地区，合计为 612 家参加行及其他机构开立了清算账户，占清算行开立清算账户的参加行及其他机构总数的 67.5%，2020 年人民币清算量合计为 354.29 万亿元，占所有清算行人民币清算总量的 95.9%。其中，中国香港和新加坡清算行占主导地位，2020 年人民币清算量合计为 336.42 万亿元，占亚太地区清算行人民币清算总量的 95.0%。目前有 7 家境外银行担任人民币清算银行，共为 225 家参加行及其他机构开立了清算账户，2020年人民币清算量合计为 15.02 万亿元，在人民币国际化进程中发挥了积极作用，拓展了人民币国际化的空间版图。①

图 5-1　境外人民币清算银行的空间分布（截至 2023 年 2 月）

从主要境外人民币清算银行的分布来看（见表 5-3），截至 2023 年 2 月，人民币国际化初具成效，其离岸化、区域化均形成了一定的规模。② 自 2009 年正式推进人民币国际化以来，作为国际货币，人民币的使用率得到了不断的提升，并于 2015 年加入 SDR，成了国际货币体系的重要一员。中国人民银行也进行了全球化的布局，在人民币跨境交易活动密集的区域，授权了多家境内外银行担任境外人民币清算银行。目前，亚洲和欧洲为人民币清算银行的主要分布区域，中国银行（香港）有限公司是人民币海外清算行的绝对主力，其离岸人民币资金池和清算体量约占全球的 70% 以上。2014 年和 2015 年为人民币国际化的高峰年

---

①　数据来源：中国人民银行。

②　数据来源：中国人民银行。

份，这两年设立了多达 16 家境外清算银行。这些人民币国际化在时间及空间地理分布上的特征，是人民币国际化区域特点的体现，与人民币本身的属性及我国的国际贸易与金融交易有着直接的联系。

表 5-3　主要境外人民币清算银行的分布（截至 2023 年 2 月）

授权境外人民币清算行	国家（地区）	时间	文件号
中国银行澳门分行	中国澳门（亚洲）	2007.09.13	人行【2007】第 18 号
中国银行（香港）有限公司	中国香港（亚洲）	2011.11.02	人行【2011】第 25 号
中国银行台北分行	中国台湾（亚洲）	2012.12.11	人行【2012】第 18 号
中国工商银行新加坡分行	新加坡（亚洲）	2013.02.08	人行【2013】第 3 号
中国建设银行（伦敦分行）有限公司	英国（欧洲）	2014.06.18	人行【2014】第 11 号
中国银行法兰克福分行	德国（欧洲）	2014.06.18	人行【2014】第 12 号
交通银行首尔分行	韩国（亚洲）	2014.07.04	人行【2014】第 14 号
中国银行巴黎分行	法国（欧洲）	2014.09.05	人行【2014】第 19 号
中国工商银行卢森堡分行	卢森堡（欧洲）	2014.09.05	人行【2014】第 20 号
中国工商银行多哈分行	卡塔尔（亚洲）	2014.11.02	人行【2014】第 25 号
中国工商银行（加拿大）有限公司	加拿大（北美洲）	2014.11.03	人行【2014】第 27 号
中国银行悉尼分行	澳大利亚（大洋洲）	2014.11.14	人行【2014】第 26 号
中国银行（马来西亚）有限公司	马来西亚（亚洲）	2015.01.05	人行【2015】第 1 号
中国工商银行（泰国）有限公司	泰国（亚洲）	2015.01.05	人行【2015】第 2 号
中国建设银行智利分行	智利（南美洲）	2015.05.25	人行【2015】第 10 号
匈牙利中国银行	匈牙利（欧洲）	2015.06.25	人行【2015】第 14 号
中国银行约翰内斯堡分行	南非（非洲）	2015.07.01	人行【2015】第 16 号
赞比亚中国银行	赞比亚（非洲）	2015.09.17	人行【2015】第 29 号
中国工商银行（阿根廷）股份有限公司	阿根廷（南美洲）	2015.09.17	人行【2015】第 27 号

授权境外人民币清算行	国家（地区）	时间	文件号
中国建设银行苏黎世分行	瑞士（欧洲）	2015.11.30	人行【2015】第38号
中国银行纽约分行	美国（北美洲）	2016.09.20	人行【2016】第23号
中国工商银行（莫斯科）股份有限公司	俄罗斯（欧洲）	2016.09.23	人行【2016】第24号
中国农业银行迪拜分行	阿联酋（亚洲）	2016.12.07	人行【2016】第30号
美国摩根大通银行	美国（北美洲）	2018.02.09	人行【2018】第1号
中国银行东京分行	日本（亚洲）	2018.10.22	人行【2018】第21号
日本三菱日联银行	日本（亚洲）	2019.06.27	人行【2019】第11号
中国银行马尼拉分行	菲律宾（亚洲）	2019.09.12	人行【2019】第18号
中国工商银行万象分行	老挝（亚洲）	2022.09.20	人行【2022】第10号
中国工商银行（阿拉木图）有限公司	哈萨克斯坦（亚洲）	2022.09.23	人行【2022】第11号
中国工商银行卡拉奇分行	巴基斯坦（亚洲）	2022.11.15	人行【2022】第15号
中国工商银行（巴西）股份有限公司	巴西（南美洲）	2023.02.16	人行【2023】第2号

　　从人民币跨境支付系统（CIPS）参与者的分布来看（见图5-2），截至2022年1月，境内外直接参与者总计75家，36家境外直接参与者全部是中资银行海外分行或者海外子行，因此所有的直接参与者均来自中国；间接参与者共有1205家，其中境内541家、亚洲（除境内）393家、欧洲159家、非洲43家、北美洲29家、大洋洲23家、南美洲17家。① 与境外人民币清算银行分布相一致，亚洲和欧洲为人民币跨境支付系统参与者的主要分布区域。

　　从主要的离岸人民币市场分布来看（见图5-3），截至2022年5月，中国香港成为人民币最大的离岸市场（74.39%），是人民币国际化程度最高的地区，起到连接内地与世界的桥梁作用，在人民币国际化进

---

　　① 数据来源：CIPS系统参与者公告（第七十三期）。

图 5-2　人民币跨境支付系统（CIPS）参与者的分布（截至 2022 年 1 月）

程中发挥着核心作用。英国、新加坡、美国紧随其后占据第 2~4 位，分别占比 6.26%、3.88%、2.73%。① 与境外人民币清算银行及人民币跨境支付系统参与者分布相一致，亚洲和欧洲是人民币最重要的离岸区域。

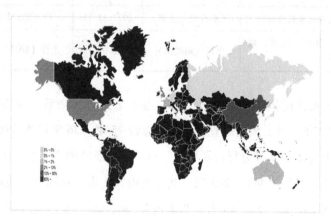

图 5-3　主要的离岸人民币市场分布（截至 2022 年 5 月）

从主要的人民币外汇交易市场分布来看（见图 5-4），截至 2022 年 5 月，伦敦外汇交易市场成为人民币最重要的外汇交易市场，对人民币国际化起着十分重要的作用。目前，世界上大约有 30 多个主要的外汇

---

①　数据来源：环球银行金融电信协会。

市场，伦敦外汇交易市场一直是世界最大的外汇交易中心，[①] 对世界外汇市场走势有着重要的影响，对人民币国际化来说，同样如此。欧洲是人民币国际化程度仅次于亚洲的地区，这里有规模较大的人民币外汇交易需求，而伦敦外汇交易市场在离岸人民币外汇交易中发挥着关键作用。

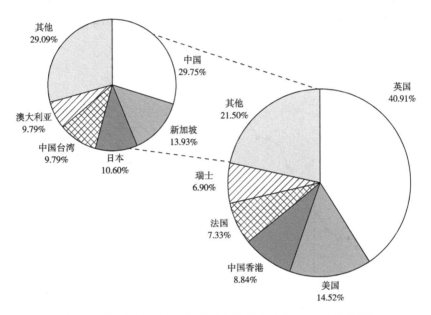

图 5-4　主要的人民币外汇交易市场分布（截至 2022 年 5 月）

二　新型人民币国际化指数分析

2012 年第三季度至 2021 年第一季度人民币国际化指数情况如图 5-5 所示。受限于指标数据的可获得性，本节使用新型人民币国际化指数模型测度了 2012 年第三季度至 2021 年第一季度人民币国际化指数，从纵向反映该时间段人民币国际化程度的动态变化过程。从整体来

---

① 数据来源：环球银行金融电信协会。

看，人民币国际化经历了从无到有、迅速发展的过程。人民币国际化指数从 2012 年第三季度的 0.51，发展到 2021 年第一季度的 2.38，增长了三倍有余。人民币国际化指数的最高值出现在 2015 年的第三季度，此后经历了多个季度的震荡回落，自 2018 年第二季度开始回升，并长期维持在较高的水平。指数模型的计算结果合理反映了人民币国际化程度的变化过程，可以看到人民币国际化已经有了一定的成果，人民币已经成为国际货币体系的重要一员，在国际贸易与金融交易中发挥着越来越重要的作用。

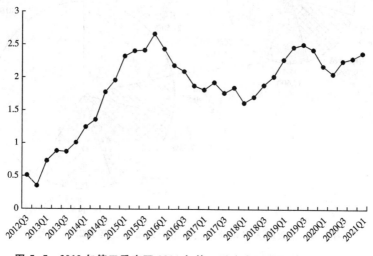

图 5-5　2012 年第三季度至 2021 年第一季度人民币国际化指数情况

三　主要国际货币国际化程度对比分析

使用新型人民币国际化指数模型对主要国际货币国际化指数进行测度，得出主要国际货币国际化指数如图 5-6 所示。美元是世界上最重要的国际货币，其国际化程度远高于其他货币，欧元的国际化程度排名第二，日元和英镑国际化指数较为接近。这四种主要国际货币早已完成了国际化进程，其货币国际化程度相对平稳，人民币国际化程度虽低于其他国际货币，但表现出了快速发展的态势。然而值得注意的是，人民币国际化自 2009 年正式启航，走过了短暂的路程，人民币已经快速跻身国际货币行列，成为现代货币体系的重要一环。人民币国际化是一个长期的战略，尚处于发展阶段，人民币国际化程度与英镑、日元的国际化程度差距并不大，其未来前景是值得期待的。

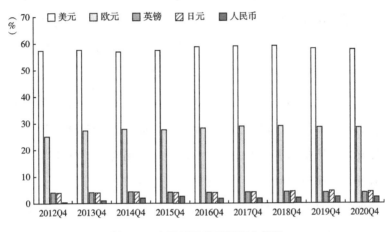

图 5-6　主要国际货币国际化指数

第五节　人民币国际化的战略成果评价

基于自身经济的快速发展与 2008 年金融危机的影响，我国于 2009 年正式开始推进人民币国际化进程，试图使人民币作为国际货币，在国际贸易与金融交易中得到更多的使用，并且使人民币作为外汇储备被越来越多的国家持有。人民币国际化的目标从来不是超越美元和欧元成为世界最重要的国际货币，而是促进人民币国际化程度的不断提升，使其成为国际货币体系的重要一员，进一步对中国的经济社会发展产生积极的影响。

2009 年以来，人民币国际化从无到有，取得了重要的阶段性成果。

从国际化程度来看，自 2009 年人民币国际化进入快车道，国际化程度不断提高，在 2015 年暂时达到了顶峰，人民币也于这一年末顺利加入 SDR，成为国际货币体系的重要组成部分，这标志着人民币国际化的基本目标已经实现。自 2016 年开始，随着美联储的加息与其他国际货币的走强，人民币国际化进入震荡调整阶段，国际化程度虽较 2015 年高峰时期有了一定程度的下降，仍然稳定维持在较高水平。自 2018 年开始，人民币国际化程度开始反弹，即便是外部环境恶化，依旧未能阻挡人民币国际化的良好发展态势，人民币国际化在逆境中依旧取得了喜人的成绩，人民币国际化成果得到了巩固与发展。

回望过去走过的历程，人民币国际化呈现了区域发展异质性特征，亚洲和欧洲成为人民币国际化的主要区域，境外人民币清算银行、人民币跨境支付系统参与者、人民币主要的离岸市场与外汇市场均集中在亚洲和欧洲。人民币国际化的区域发展异质性既符合国际货币区域化发展的客观规律，又同中国与欧亚国家之间密切的经贸往来事实相吻合。人民币国际化的区域异质性特征与"一带一路"倡议关键节点城市分布（见图 5-7）完全一致，形成了协同发展的良好态势。

图 5-7 "一带一路"倡议关键节点城市分布

　　近几年，逆全球化浪潮涌动，人民币国际化面临困难的外部环境，新形势下研究人民币国际化的未来路径具有重要意义。人民币国际化是一项长期重大战略，应重视人民币区域发展异质性的现状，充分发挥中国香港、新加坡、伦敦在人民币国际化中的重要作用，协同"一带一路"倡议，巩固现有人民币国际化战略成果，夯实人民币在欧亚地区的国际化使用基础，并积极推进人民币迈向更广的发展区域，达成人民币国际化的最终战略目标。

第六章　主要国际货币国际化的条件和路径分析

第一节　英镑国际化的条件和路径分析

英镑是世界货币史上第一个实现国际化的货币,英镑的国际化进程起始于 1816 年英国金本位制的确立,至 1944 年布雷顿森林体系的建立而终止(程鹏,2018)。英镑国际化打破了各国货币各自为政的局面,是初始建立世界国际货币体系的标志。在长达百年的时间中,英镑占据国际货币体系的核心地位,被世界各国广泛使用,在全球经贸活动中发挥着结算、计价和贮藏等国际货币的职能。英镑跨越国门,走向世界,成为首个由独立主权国家发行的通行全球的世界货币,为其他国家货币国际化开了先河,具有划时代的重要意义。

一　英镑国际化的条件

(一) 英镑国际化的经济条件

英国雄厚的经济实力是英镑长居国际货币体系主导地位的决定因素,其中自由国际贸易网络的建立和大规模的对外投资是英镑国际化的直接载体。

19 世纪英国的经济实力称霸全球,位居世界之首,强大的经济实力保障了英镑在国际货币体系中的地位，是英镑实现国际化的重要基础条件。英国爆发工业革命，成为世界头号工业强国；通过不断扩张殖民地掠夺他国经济，积累了大量的财富并向资本进行转化，进而霸权世界。英国在这两个历史机遇中，经济、政治和军事等综合国力得到了巨大的提升，在全球中的主导地位不断巩固，各国看好英镑，英镑的国际地位也随之上升，英国强大的经济水平为英镑的国际化道路保驾护航。

英镑可以成为国际货币的重要经济因素主要有两点：一是英国积极进行国际自由贸易，形成贸易垄断；二是大量增加对外投资，增加英镑在全球的流通。在强大的经济实力和国际地位下，以英国为中心的国际贸易体系和积极的对外投资策略进一步提高了英国的经济和科技实力，使得其他国家对英镑持乐观的预期，加强了其他国家持有英镑的意愿，进一步提升了英镑在国际的地位，使得英镑在国际经济活动中被频繁使用，走出英国国门并流通于全球。英国的贸易活动和对外投资在世界扩张得越大，英镑在国际的使用越频繁，流通的范围也越广，进而英镑的国际地位越高，逐渐称霸国际货币体系，成为国际货币。所以，英国的国际贸易水平和对外投资规模是英镑实现国际化最为重要的先决条件。

（二）英镑国际化的金融基础

英镑成为世界货币实现国际化的金融基础主要来源于两个方面：一是英格兰银行稳定的中央银行制度，二是伦敦发达的金融市场。英格兰银行利用发行货币的权利和货币政策工具调控货币的供给量，调整资金流向，从而达到保障英镑币值稳定和国际收支平衡的货币政策目标；通过再贴现、公开市场活动等灵活的市场调控措施使得英镑具有较高的稳定性和可自由兑换性，人们愿意持有英镑并在经济活动中使用，英镑得到公众认可。此外，英格兰银行积极与其他国家开展央行互换合作，签订金银互换协议和贷款协议以增强英镑的国际结算职能，推进对外贷款业务，扩大英镑的海外影响力。英格兰银行充当最后贷款人角色，向有困难的银行伸出援手，提供最后的资金支持，不仅取得了其他商业银行的信任，且有助于金融体系的稳定，有效降低了金融危机发生的概率，使英国的货币和金融体系更加稳定。英格兰银行具有巨大的国际影响力，英镑也因此在国际货币体系中更具权威性和安全性，成为英镑国际化的助推剂。在此基础上，英国不断进行金融市场改革，推出创新型金融产品，提高金融市场效率，吸引大量非居民进行投融资等经济活动，形成了以英格兰银行为中心的发达的金融市场，伦敦成了世界金融中心。英国完善的金融市场在国际上具有巨大的影响力，是最为活跃的金融交易平台，促进了英镑的国际化。

二 英镑国际化的路径

英镑的国际化是英国在殖民扩张和第一次工业革命的特殊历史背景下贸易霸权的产物。英镑在整个 19 世纪均处于关键地位，是所有国际货币中占据主导地位时间最长的货币，英镑国际化以特殊历史阶段的经济霸权为后盾，是金本位制下的货币国际化的代表。英镑的国际化路径可概括为以下三步。

（一）通过殖民地扩张战略成为世界霸主，助力英镑走出国门

英镑是随着英国的对外扩张和发展逐步走出国门成为国际货币的。为掠夺他国利益，16 世纪英国通过坚船利炮进行海上霸权，开始了殖民地扩张战略，为英国带来了先进的生产力、强大的军事实力和自由贸易基础。1588 年，英国击败了世界上第一个日不落帝国——西班牙，一战成名，获得了制海权，控制了海上贸易航线，自此开启了英国的殖民地侵占之路；17 世纪，英国通过三次战争击败"海上马车夫"荷兰，控制了欧洲海权；16 世纪至 18 世纪，英国在大洋洲和北美洲占领大片领土；18 世纪，英国加入欧洲殖民地掠夺之战，通过七年战争击败欧洲老牌海上霸主——法国，法国在《巴黎条约》中被迫割让加拿大给

英国，第一次向世界自称为"日不落帝国"，正式成为"世界警察"，开始殖民全球；18世纪至19世纪中后期，英国在亚非等地区进行殖民地扩张，1921年，英国占领全球四分之一的陆地，遍及24个时区，成了当之无愧的"日不落帝国"。

殖民地战略下积累的强大的综合国力和当时积极推行的自由贸易政策是英镑走出国门实现国际化的重要原因。殖民地的开拓为英国提供了大量的原材料，带来了先进的生产力和源源不断的金钱。英国通过充足的资金和技术，加工高附加值的产成品出口给世界各国，获得了巨大的贸易利益，完成了资本的原始积累，提高了经济实力和国际地位，成为世界霸主。英国以殖民地为依托积极开展对外贸易，甚至采取军事手段暴力清除自由贸易政策的一切障碍，使得英镑自然而然地在殖民地广泛流通，并在殖民地建立货币发行局，使得英镑成为各殖民地的主权货币。在此基础上，英国大规模开拓海外市场进行对外投资，形成贸易垄断，英镑在海外贸易、对外投资和殖民活动中源源不断地流向世界各地，英镑的国际地位不断提升，逐步成为通行全球的国际货币。

（二）利用工业革命优势建立自由贸易网络，提升英镑的国际贸易结算需求

18世纪40年代开始的第一次工业革命也是推动英镑国际化的重要因素。英国率先完成工业革命，最早建立了工业体系，开创了机器代替手工的时代，英国的科技水平和生产效率得到了突飞猛进的发展，成了全球第一代"世界工厂"。巨大的生产能力需要海外市场和自由贸易来消化，英国政府极力推行自由贸易，以殖民体系为基础开拓海外市场，从世界各国购买原材料，是当时的原材料进口大国；向世界各国输出高附加值的工业产品，在强大的军事保护下，成为世界各国工业品的供给国，贸易收支处于超额顺差状态。据统计，在19世纪60年代之后的半个多世纪中，英国的出口额占全球贸易比重的20%~30%，且60%是用英镑来计价结算的（Eichengreen，2005）。同时，英国通过大量的对外投资和适当的贸易顺差将英镑输出到世界各国。随着国际贸易的发展及英国商品向全球流通，英镑流通于世界各国，以英国为核心的自由贸易体系的建立是英镑成为国际货币、被世界各国认可的基础。

（三）实施金本位制和可自由兑换的体制，建立以英镑为核心的国际货币体系

英国率先实行金本位制，建立了以英格兰银行为中心的完善的金融体系，保障了英镑的币值稳定与可自由兑换，形成了以英镑为核心的国际货币体系。

首先，英国率先实施金本位制和可自由兑换的体制，使得英镑成为国际货币体系中的关键货币。1694 年英国国会设立了世界上第一个中央银行——英格兰银行，自此开始发行纸币英镑的前身——银行券。但当时英国主要流通的依旧是黄金和白银，银行券只作为记账单位，没有实际价值，此时英格兰银行的主要职能是发行政府债券，目的是为政府的战争提供融资。17 世纪至 18 世纪英国实施金银复本位制，但该种货币体制极不稳定，会出现劣币驱逐良币现象：银贱时则银币充当劣币充斥市场，出现银币急剧短缺，导致金币退出市场；金贱时金币则充斥市场，造成金银币的币值剧烈波动，货币体系陷于极度混乱的处境。当时英国海上霸权和工业革命造成的超额贸易顺差积累了大量的黄金，该种贸易局势难以适应金银复本位制。

1816 年，英国率先通过《金本位制度法案》，在法律上确定了金本位制，并于 1821 年开始正式实施，英格兰银行发行的银行券可以兑换金条，1823 年可兑换金币，开始进入真正的金本位制时代。所谓金本位制即黄金作为衡量货币的基准，在法律上规定每单位货币价值的含金量，在贸易活动中不仅可以使用黄金进行交易，亦可以使用被普遍认可的货币。英国是世界上第一个实施金本位制的国家，在法律上规

定 1 英镑 = 7.32238 克黄金，英镑价值与黄金挂钩，并取消了黄金的出口限制。金本位制下英镑的价值更为稳定，并且由于当时英国的综合实力最为强大，国际公信力高，在频繁的国际贸易往来和经济活动中，黄金高额的保管和结算成本使得各国更愿意持有英镑并进行国际结算，越来越多国际贸易活动的输入、输出与英镑发生关联，英镑成为关键货币。

其次，英格兰银行是世界上第一个可以进行货币发行的具有中央银行性质的银行，以英格兰银行为核心的完善的金融体系推进了英镑国际化。1844 年英国国会通过了《英格兰银行条例》，英格兰银行由商业银行转型，开始行使中央银行职能，并逐渐垄断全国的纸币发行权，成为唯一一家可以发行英镑的银行。英格兰银行利用发行货币的权利和货币政策工具调控货币的供给量，调整资金流向，从而达到保障英镑币值稳定和国际收支平衡的货币政策目标。例如，其他商业银行需要在英格兰银行存有一定的存款准备金，因为其仅能在英格兰银行提取所需的银行券，存款准备金政策通过控制商业银行的信贷规模进而控制整个社会的货币供给量，从而稳定利率、稳定通货，保持英镑币值的稳定。此外，再贴现、公开市场活动等灵活的市场调控措施均使得英镑具有较高的稳定性和可自由兑换性，人们愿意持有英镑并在经济活动中使用，英镑得到公众认可。并且英格兰银行积极与其他国家展开央行互换合作，签订金银互换协议和贷款协议以增加英镑的国际结算职能，推进对外贷款业务，扩大英镑的海外影响力。

英格兰银行随着国际地位的上升，逐渐开始承担越来越多的业务，加速了英镑的国际化进程。英格兰银行开始负责商业银行业的票据交换、债权债务划拨等业务，并扮演最后贷款人的角色，成为发行的银行、银行的银行和政府的银行，英国的货币和金融体系更加稳定，英镑也因此在国际货币体系中更具权威性和安全性。

最后，建立以英镑为核心的国际金本位制货币体系，英镑成为世界各国经济活动普遍接受的国际货币。英国积极推行金本位制为其他国家作出榜样，世界各国开始纷纷效仿英国，直至 19 世纪末，世界各国均完成了金本位制的转变，建立了国际金本位货币体系，各国货币所含黄金分量的比值即为世界各国之间的汇率。金本位制下的货币体系具有相对稳定性，一是黄金可以自由熔化和铸造，各国均可以本位制的含金量为标准将金块铸造为金币，本位币的面值与所含黄金的实际价值一致，保障了币值的稳定性，不会出现金银复本位制下"劣币驱逐良币"的现象；二是各国货币可以和金币自由兑换从而代表金币流通，流通中的货币价值始终与金币价值保持一致，不会发生货币贬值，并且保障了始终具有足够数量的货币满足流通，货币流通稳定；三是黄金可以在各国自由的输入输出，保证了世界市场的统一和外汇行市的相对稳定，为国家间的经济活动往来提供了便利。但是，当时英国在国际经济体系中占据主导地位，在殖民扩张和工业革命中积累了大量的黄金储备，具有强大的经济实力和对外贸易体系，英镑流通广泛且国际地位高，加之在以英格兰银行为核心的发达的金融体系及国际金融中心——伦敦的保障下，英国成为全球经济和金融活动的中心，进一步强化了英镑的国际影响力，英镑的国际地位几乎等同于黄金，具有同样的公信力和国际本位币职能，成为世界公认的国际储备，充当国际结算中的硬通货。所以，当时的国际货币体系实质上是以黄金为基础，以英镑为核心的国际金本位制货币体系，英镑称霸世界，成了世界上第一个国际化程度最高的信用货币。

综上，英镑的国际化路径可以概括为英国在特殊历史时期，抓住了殖民扩张和工业革命的历史机遇，通过世界霸权增强自身军事、政治及经济实力，扩大国际影响力，借此积极开展对外投资和国际自由贸易，以此为载体增加了英镑的国际流通，英镑实现国际化。在此过程中，英国的金本位制货币体制及以英格兰银行为核心的发达金融体系发挥着重要的助推作用，保障了英镑币值的稳定和可自由兑换；国际各央行的货币互换合作，促进了英镑的国际使用；英镑国际影响力的扩大，成为英镑国际化的重要推手。

第二节 美元国际化的条件和路径分析

一 美元国际化的条件

两次世界大战对美元走向全球起了重要的作用，而美国强大的经济实力和贸易影响力、货币体系的建立、金融市场的完善以及美国政府在适宜时期推出正确的政策是美元实现国际化的基础保障和决定因素。

（一）美元国际化的经济基础

1894 年至今，美国经济规模一直位于全球第 1，雄厚的经济基础反映了美国在国际中的地位，决定着美元的影响力。直至 20 世纪 40 年代，美国工业产值高达世界总产值的 1/2（林珏，1995）。同时需要关注的是，庞大的贸易规模也是美元成为国际货币的根本条件。19 世纪末到 20 世纪初，美国在工业化进程的推进过程中积极与其他各国开展国际贸易往来，其国际贸易出口总额于 1915 年达到最大，位居全球首位。两次世界大战期间，美国凭借其特殊的地理位置远离战场，其经济、政治、军事实力几乎未受到战争带来的负面影响，反而抓住了战争带来的商机，顺势开展战争贸易。1937～1945 年美国出口贸易额从 33.1 亿美元增加到 99 亿美元，而世界霸主英国则在战争中遭受重创，经济规模和贸易水平大幅下降，出口贸易额由 263 亿美元大大减少至 18.2 亿美元。1948 年，美国出口总额高达英国的 2 倍（孟刚，2017）。虽然美国的经贸规模早于 1894 年就遥遥领先于英国，但由于国际货币惯性的存在，美元直到 50 年后（1944 年）才取代英镑成为国际货币体系中的主要储备货币。

（二）美元国际化的金融基础

第一，美联储是美元走出美国国门的重要保障，为其提供了有力的支撑。美联储成立后发挥中央银行的职能并启动"美元战略"，主要为美元币值稳定和可兑换性提供保障，并且通过拓展美元贸易信贷市场，激励其他国家将美元作为主要储备货币。在世界第一次大战的消极影响下，美联储采取有效的政策手段助力美元地位的提升，美元仅用了10年时间便成为重要官方外汇储备货币。

第二，美元成功国际化离不开美国发达的金融市场。美国具有世界一流的金融市场，其投融资效率、对外开放程度、基础建设均处于全球领先地位，完善的金融体制可以满足不同需求投资者的投资意愿，为其交易活动提供便利，保障资金的安全性和收益性，对境外投资者具有极大的吸引力。"二战"期间很多欧洲国家缺少资金购买军火，此时美国积极推进战争贸易，提供短期美元贷款，扩大了美元跨境流动的范围。并且美国积极进行金融市场创新、完善金融市场规则，纽约金融市场日益发达，为全球投资者提供了投资便利，吸引了越来越多的投资者持有美元并将其作为储备货币，美元的影响力随之大幅提升，成了覆盖全球的国际货币。由于美国资本市场积极放松管制，开放程度较高，其他国家均将美元债券作为官方外汇储备，且在私人储备中也有相当比例以美元证券形式持有，美元在国际货币体系中具有重大影响力。

（三）美国政府在美元国际化中的助推作用

美元称霸世界成为全球主要国际货币，离不开美国政府的推动，美国政府在美元国际化进程中的战略思维加速了美元国际化进程。美国在20世纪初期，设立了推进美元国际化的专属机构——"国际货币委员会"。第一，美国凭借地缘优势首次实现美元"区域化"。美国政府与周边20多个拉美国家建立密切联系，成立了美洲经济共同体，积极展开经济、货币合作，确立了美元在经济共同体中的货币地位。美元走出国门，发挥货币职能的范围进一步扩大。第二，借助美元霸权的世界货币格局推动美元国际化。为了进一步扩大美元的流通范围，使其成为全球主要储备货币，美国政府依靠美元在布雷顿森林体系和关贸总协定下的优势，制定了促进资本和外汇自由流动的相关政策，并积极推进世界贸易自由化，这是美元走向国际市场的重要因素。第三，美国对其他国家进行经济援助计划，增强了美元的公信力，强化了美元的国际地位。美国在欧洲地区启动"马歇尔计划"，一方面为其战后经济的复苏提供援助，另一方面大规模地增加了美元需求。欧洲国家在战后的进口需求较大，但其经济重创导致国家支付能力薄弱，美国向欧洲地区提供经济援助和美元贷款，欧洲市场对美元的持有规模不断扩张，美元在欧洲地区经贸活动中占据主导地位，逐渐向国际储备货币的角色发展。第四，美国政府出台了一系列美元国际化保障措施，巩固美元的国际地位。例如，在亚洲地区建立自由贸易网络，在中东地区推动石油输出国组织将美元作为石油贸易计价货币等。

二　美元国际化的路径

美国抓住两次世界大战的机遇，经济迅猛发展，国际贸易规模大幅提升，推动实现美元国际化。1944 年，美元替代英镑成为世界各国的主要储备货币，其标志性事件是布雷顿森林体系的建立。其后，虽然先后经历了废除美元金本位、国内滞胀、石油危机及 2009 年国际金融危机，美国的经济和金融受到了一定程度上的负面影响，但美元凭借自身优势和货币惯性，始终保持举足轻重的国际地位。美元的国际化路径可概括为以下三步。

（一）构建以美元为核心的金本位制体系和自由贸易圈

独立战争和南北战争后资本主义工业在美国得到了全面的发展。

1899 年美国开始进入以金本位制为核心的国际货币体系，将黄金作为本位币，美元正式开始与黄金挂钩。但此时，美元的国际影响力仍赶不上英、法、德等国家的货币。两次世界大战的爆发是美元成为世界霸主的主导因素，美国通过战争剥削了其他国家的经济基础，开始一家独大，美元的国际地位也随之上升。两次世界大战清除了美元国际化进程中的阻碍，美元跃居国际货币的主导地位。第一次世界大战给英、法、德等国家的经济带来了重创，经济水平急速下降，但是美国本质上几乎未受到影响，反而在战争中获得了红利。美国成为其他国家的产品供给国，向欧洲等国家输送军火，从中获利，并在军火贸易中积累了大量的黄金。

此外，美国政府通过实施"美元外交政策"，为境外的美国企业提供资金支持和经济保障，形成了以美国为核心的自由经贸圈。第一次世界大战的爆发让全球意识到了欧洲政局是剧烈波动的，持有欧洲国家货币的意愿和信心不足，此时美国站出来为闲置资金提供存放平台，美国将获得的资金用于强化美国经济建设，美国经济得以迅猛发展。而英、法、德等国家在战争中受挫，经济水平暴跌，失去了本国人民的支持。随之而来的第二次世界大战，使欧洲及亚洲各国经济再次受创，而美国却是唯一的胜利者，从中积累了大量的财富，经济规模居世界首位，美元的国际地位也随之上升，对比之下，美国霸主级的综合实力为美元的坚挺提供保障，增加了美元的吸引力，各国纷纷将其作为主要储备货币，美元走向国际化。

（二）确立美元"一家独大"地位的布雷顿森林体系

美国在两次世界大战中获得红利，一跃成为世界第一大经济体，其利用霸主地位对国际货币体系进行广泛的干预，促使美元在国际市场占据主导地位。联合国货币金融会议于 1944 年召开，该会议的目的是商讨和设计战后国际货币体系的布局，参会人员为 44 个国家代表。英、美均以其自身利益为重，提出了国际货币体系的设立方案，但最终以美国"怀特计划"内容为主的货币体系通过，确立了黄金与美元挂钩，其他国家货币与美元挂钩的世界货币体系——布雷顿森林体系，该体系决定了美元的国际地位领先于其他货币，与黄金并驾齐驱，美元成了国际货币霸主。

布雷顿森林体系不对外汇和国际资本转移进行管制，为国际贸易往来提供了便利，推进了各国间的经贸合作。布雷顿森林体系的建立标志着美元正式替代英镑，成为全球的主要国际货币。但是，单一地将美元作为国际储备货币存在的最大问题是"特里芬难题"，一方面要保持足够数量的美元满足国际市场的流动性需求，另一方面数量较多的美元在国内市场上意味着美元贬值。第二次世界大战后美元危机发生，出现了"美元荒"和"美元灾"现象，全球金融市场和货币体系面临系统性风险，最终布雷顿森林体系瓦解，但美元具有大量的存量，仍在国际具有重大影响力。

（三）通过信用货币体系使美元成为国际关键储备货币

由于美元的存量优势，真正的美元本位制时代开始于布雷顿森林体系瓦解后。布雷顿森林体系瓦解之后，国际经济环境和货币体系处于极度混乱的局面中，为了解决这一问题，国际货币基金组织国际货币临时委员会确立了以牙买加协定为基础的牙买加体系。该体系主要特点在于：一是黄金与美元脱钩，退出国际清算的舞台，货币的发行保持独立，不再依赖黄金；二是特别提款权（SDR）作为国际储备货币，国际储备货币多元化，不再以美元为主，对"特里芬难题"起到了一定的缓解作用；三是实施有管理的浮动汇率制度，更具灵活性；四是可采用汇率制度、利率机制、外汇储备等多种国际收支调节机制，对国际收支平衡起到一定的调节作用。然而现行牙买加货币体系并不稳定，其仍存在许多根本的问题。一是仍存在"特里芬难题"。当前的货币体系虽然对特别提款权国际储备货币的地位有一定的提升作用，但美元仍然是国际贸易结算中的主要计价和结算货币，且在其他国家的外汇储备中占较大比重，若美国发行足够的美元满足其在国际市场中国际贸易不断扩大的需求，则其国内市场将面临美元币值的短期下降，即"特里芬难题"。二是浮动利率制度加剧了汇率波动风险，该种汇率制度不受约束，可以自由对汇率进行调节，美国可能为了自身利益最大化采取利于美国国内发展的货币政策。20世纪90年代，美国经济表现抢眼，各国对美元的依存度高，美元真正成为建立在信用货币体系基础上的国际货币。

第三节　日元国际化的条件和路径分析

一　日元国际化的条件

（一）日元国际化的经济基础

日本世界第二大经济体的地位对日元的国际地位提出了要求，即需要与日本在全球经济中的地位相匹配。"二战"结束后，日本成了美国重要的军事基地，为了发展壮大，美国努力培养日本的造血能力，日本也借助美国的力量进行经济建设，积极采取相关措施进行经济复苏，在不到20年的时间内日本经济飞速发展，国际地位一跃超越德国，仅次于美国，为日元在国际市场立足提供了坚实的经济基础。

"二战"后，日本为了经济复苏实施贸易立国战略，重视国际贸易的发展，扩大国际贸易规模，并在此过程中积极学习管理经验，引入先进的技术，日本成了当时最大的贸易顺差国，经济实力持续攀升，日元的国际地位也不断升高。日元预期升值引起资本大量流入，为日本带来了巨额贸易顺差，日本积极开展对外投资，并成了取缔美国之后的全球范围内最大的贷款国和债权国家，日元的流通范围越来越广，国际需求日益增强。直至 1968 年，日本的 GDP 排在世界第二。日元在此期间一直保持坚挺，虽然历经两次美元危机，但其币值并没有出现大幅波动，所以日本具有发达国家中最低的通胀率，物价水平稳定，日元的稳定性吸引了投资者，非居民更愿意持有日元。布雷顿森林体系瓦解后，日本开始实施浮动汇率制度，日元升值带来了巨大的吸引力，国际市场上对日元的需求日益增加。20 世纪 80~90 年代，日本经济达到了鼎盛时期。之后，日本的经济泡沫破碎，发生了金融危机，日本经济持续低迷，通货紧缩现象存在了多年，日元在全球贸易结算中的比重和外部市场份额均出现大幅度下降，日元的国际地位随着日本经济国际地位的下降而下降。然而，东亚各国和地区仍持有一定比重的日元作为储备货币。总体来看，日元的国际地位与日本的经济基础相对一致。

（二）日元国际化的金融基础

日元的国际化给日本的金融体制改革带来了一定的经验。虽然日元的国际化没有成功，但仍具有一定的借鉴意义。一方面，日元在国际货币体系中的地位与日本的经济地位是相适应的；另一方面，日本找到了金融体制改革的突破口，随着日元国际化进程的推进，日本的金融体制开始向着市场化和自由化进行改革，使得日本放松其严格的金融管制，逐步提高了金融市场的开放程度，对日本的金融体系发展产生了深远的影响。

日本的金融体系随着日元国际化的推进逐渐走向自由化和市场化。20 世纪 70 年代中期，日本积极进行金融改革，开始逐步放松管制。为了使日元成为国际投资和储备货币，日本在金融发展方面做出了如下改革。一是利率市场化改革。日本的市场化改革于 1979 年启动，直至 1994 年完成，历时 15 年，基本按照从大额到小额、从贷款利率到存款利率的顺序进行。二是金融市场化改革。日本金融体制市场化和自由化改革不断深入，金融市场日益活跃，具有更加丰富的市场层次，为人们持有日元的投融资活动提供了具有保障性的平台，增强了各国对日元投资的信心。

（三）日元国际化中的政府作用

日元国际化的不彻底与日本政府的战略性失误存在着一定的关联。第一，日本推动日元国际化时已不是最佳时机。在决定开始推进日元国际化的最初阶段，日本政府的态度一直是消极负面的，在相关措施上主要以日本国内的经济发展为主，并没有把日元国际化作为战略目标。1978 年起，日本政府逐步开始重视日元国际化。1983 年，日本开始进行金融改革，1984 年，日本政府正式提出日元国际化的目标，并开始了金融自由化改革，实现了资本项目下日元的可自由兑换，推动了日元国际化进程的快速发展。虽然在之后的不同经济形势下，日本政府对日元的国际化发展策略进行了相应的调整，但是日本繁荣时期的经济基础已经成为过去式，之后日本的经济由顶端开始逐步走下坡路，日本政府的保守策略使日元错过了如愿进行国际化的最佳时机，日元国际化始终未能实现预期目标。第二，在实现日元国际化的路径选择上本末倒置，选择了先难后易的路径，日本越过日元区域化，直接进军国际化，当国际化受阻时才进行了反思，该种做法使日元原本在国际上被广为推广的地位受到动摇。之后日元重返亚洲，积极在亚洲地区展开贸易合作和基础设施建设，开展货币及金融合作，在亚洲地区的日元区域化，为日元走向全球奠定了基础。

二 日元国际化的路径

（一）起步于日元国际贸易结算制度的设立

20 世纪六七十年代，日本经济崛起，成了世界第二大经济体，为匹配其经济地位开始启动日元国际化，着力于外汇宽松措施，提高日元在国际贸易结算中的地位。虽然该阶段日本政府并未将日元国际化作为国家重点战略，对日元的国际化主要持被动消极的态度，但日元在国际贸易结算方面的进展比较亮眼，为日元的国际化进程奠定了一定的基础。早有日本经济学家发现，要像英镑和美元那样称霸国际货币体系，在全球范围内广泛流通，成为世界储备货币，对于日元而言并非易事，但可以将着力点放在日元在贸易和资本交易中的结算作用上。第二次世界大战给日本经济带来了重创，战后日本的对外贸易业务受到了以美国为首的占领军总司令部极大的制约，日本需要得到其批准后才可进行外汇交易，给日本的经济复苏带来了阻力。日本开始将外汇作为实现经济复苏和摆脱占领军控制取得独立的重要手段，相继出台了《外汇及外国贸易法》，和48个国家签署了《旧金山对日和平条约》，加入了国际货币基金组织（IMF）和世界银行，逐步恢复了民间对外贸易，为日元进入国际社会开辟了道路。

随着日本的独立，其经济也开始蓬勃发展，对外贸易的国际竞争力不断提升，日元在国际市场上的需求也逐渐提升，日本积极探索外汇制度改革，试图通过日元国际化进一步推进经济发展。1960年，非居民日元存款自由结算制度的设立开放了日本国内外居民所持日元的相互自由兑换；1964年，日本履行第八条款国的义务，日元实现了经常项目下的可自由兑换，自此日元的国际化进程正式启动，日本经济持续繁荣。

进入20世纪70年代后，日本进一步采取宽松政策措施放宽资本项目管制，日元在国际市场的使用规模持续扩大。日本相继实施自由对外证券投资战略（1970年）、废除外汇集中管理制度（1972年）、修改外汇管理法。一系列的外汇宽松措施活跃了日本的经济市场，提升了使用日元进行结算的吸引力，越来越多的人在经贸活动中使用日元进行结算，参与东京金融市场投资日元的吸引力也逐渐增加，扩展了日元跨境流动的广度。但是，该时期日本经济发展的战略重点在于扩大对外贸易规模，而宽松的外汇政策增加了日元的流动性，容易导致日元币值波动，进而容易对日本的金融市场秩序和国际贸易业务产生负面影响，所以，此阶段日元国际化虽然启动了，但日本政府对其持有消极态度。

（二）推进于日本持续的金融改革

在美元的外加压力下，日本积极开放金融市场、进行金融体系改革，推进日元的国际化进程。20 世纪 80 年代，日本与美国之间出现了贸易摩擦，日元升值的压力随着摩擦的加剧而增加。为了防范日元升值给国内经济发展和金融系统稳定带来的剧烈波动和风险，日本提起了对日元国际化问题的重视。1980 年，日本放松了对日元在资本交易上的限制，实现了资本项目下的日元可自由兑换，日元可获得性和可兑换性的提升有利于增强日元在国际经贸市场的地位。1984 年，日本政策倾向于金融体系自由化，当年日本外汇期货交易不受任何限制，实现自由化，企业持有的外币可自由兑换日元；1985 年，为消除美元升值产生的不利影响，签订广场协议，使得日元飞速升值；1986 年，进一步放宽对外国金融机构进入日本的限制，建立了东京离岸市场，方便了非居民的日元投融资业务，实现非居民的日元债券发行、日元贷款、欧洲日元业务的自由化；随后，相继开放了日元商业票据市场和外汇市场。

日本金融市场的不断开放，给非居民持有日元带来了便利和收益，国际市场中日元的使用比重持续增加，日元在世界货币体系中的地位日益升高。由于日本的货币主权并未取得完全的独立，为了进一步促进日本国内经济繁荣，日本政府对日元国际化的态度转变为积极推进，日元国际化进程得以快速推进。但由于日本金融市场相对滞后，其外汇体系存在波动，大量日元的进出增加了大量的金融风险，超出了日本金融市场的承受能力，扰乱了金融市场秩序，严重影响日本的经济发展。

（三）重新定位于日元亚洲化

日本通过与亚洲国家积极开展金融和经济合作，为日元国际化开辟新道路。受亚洲金融危机的影响，日元大幅贬值，投资者均不愿意继续持有日元，纷纷进行抛售，日元币值进一步降低，日元国际化进程出现衰退，日本经济陷入僵局。日本政府意识到了日元国际化的重要性，开始探索日元国际化的新路径，将视野放到了亚洲地区。

日元此前直接将国际市场作为发挥其货币职能的主阵地，一味地追求日元在全球范围内的使用，但是由于日本的经济地位和相对滞后的金融市场无法支撑其野心，日元直接对标国际市场的货币国际化路径以失败告终。之后，通过探讨和反思，日本将日元国际化的重心放在了亚洲地区，试图通过与周边亚洲国家的货币和金融合作助推日元国际化。日本利用亚洲金融危机给亚洲各地区的经济造成重创、资本支持需求激增的历史机遇，推动亚洲地区的经济、金融合作。日本以日元流通最为广泛的东亚地区为入手点，积极探索东亚自由贸易区对日元国际化的助推作用，设立日元经济圈，推进日元从亚洲化到国际化的发展路径。2002年，中日韩三国与东盟十国就合作问题召开会议，会议确定了中日韩三国与东盟十国的双边货币互换机制，强化了日元在东亚地区的流通，有利于推进日元亚洲化。日元国际化策略的改变为其带来了新的机遇，日元国际化进程面临新的突破。

综上，日元国际化历经了三个阶段：一是起步阶段，采取的措施包括国际贸易结算货币、建立欧洲日元市场、实行完全浮动汇率、修订外汇法；二是发展阶段，该阶段日本采取资本项目下日元的可自由兑换、签署广场协议取得货币独立性、建立东京离岸市场使得金融体系进一步自由化、欧洲日元业务全面自由化等措施推进日元国际化；三是重新定位阶段，该阶段日本资产泡沫破灭，实施金融体系改革，将日元国际化的重心放在亚洲地区。日元的国际化进程随着日本经济的腾飞发展迅速推进，但由于日元国际化进程中日元的主权并未独立，依附于美元，日本政府推进日元国际化基本是被动、消极的，日元国际化之路总体上来看并未成功。

第四节　欧元国际化的条件和路径分析

一　欧元国际化的条件

（一）欧元国际化的经济基础

欧元区具有强大的经济实力，为欧元国际化提供了物质支持。欧元区各国家的政治和经济利益几乎一致，各成员国让渡货币主权并不会受到严重的不利影响，反而会为其贸易往来和经济活动提供一定的便利，有利于欧洲货币体系的稳定，对各国产生积极的影响。欧元区经济规模十分强大，可以和美国相媲美，各成员国具有密切的贸易关系。欧元凭借欧元区强大的经济实力以及德国马克良好的国际化基础，一诞生便在国际舞台上具有重要影响力，吸引力极高，成为国际上广为接受的关键货币。

（二）欧元国际化的金融基础

早在1979年，欧共体国家为了在频繁的贸易活动中维持币值稳定，在汇率制度和货币政策方面积极进行合作，建立了欧洲货币体系，稳定了欧洲市场的汇率波动风险，形成了统一的货币机制。欧元区具有足够规模的金融体系，1999年欧洲中央银行成立，2002年欧元正式成为区域内12个国家唯一合法的货币。欧元区形成了具有深度和广度，且流动性较高的发达的金融市场，并且具有法兰克福和卢森堡两个世界金融中心，各成员国的金融市场普遍发达，金融开放程度较高，为欧元的国际化奠定了坚实的金融基础。

（三）欧元国际化中的政府作用

政府力量推动是欧元国际化实现的决定因素。欧元区各成员国构建区域性货币合作机制，积极与以美元为核心的不平衡的国际货币体系做斗争，通过区域合作的路径让经济和货币在区域内实现主导，占据有利地位。但是，在货币国际化问题的探讨中，欧元区各成员国表现出两难立场，持谨慎中立态度，认为欧元国际化源于市场的驱动，或是货币联盟的副产品。

二　欧元国际化的路径

不同于其他单个国家货币的国际化路径，欧元国际化是通过欧元区各成员国的国际贸易合作而逐渐展开的，是欧元区各成员政治、经济合作的成果，其国际化路径分为以下三个阶段。

（一）建立欧洲共同体，统一欧洲自由贸易市场

第二次世界大战结束后，形成了美国霸权世界的新局面，欧洲各国为了自保开始合作，使得欧洲各国之间的经贸活动更加高效和便利。1965 年 4 月，欧洲 6 国签署了《布鲁塞尔条约》，欧洲经济开始走统一路线，意味着欧洲共同体（以下简称"欧共体"）的形成。《单一欧洲文件》的签订使得欧共体经济更加快速地实现一体化。欧共体的形成使得本就发达的自由贸易区经济活动更加活跃，迎来了繁荣鼎盛时期。欧共体的建立不仅统一了欧洲的自由贸易市场，使得贸易往来更加便利，同时为欧元的诞生奠定了基础。

（二）创立统一的欧洲货币体系，实现欧洲货币一体化

欧共体的贸易往来十分频繁，多种货币汇兑具有极大的交易成本，所以，欧共体之间实现贸易一体化十分必要。1978 年欧共体各国开展

会议商议货币和汇率机制一体化事宜，各国首脑在布鲁塞尔达成协议，欧洲货币体系的建设之路正式开启。欧共体各成员国愿意让渡货币主权，欧洲货币体系于1979年正式形成，同时，形成了新的欧洲货币单位——埃居，新货币单位的出现标志着新的货币也即将诞生，为欧元的出现奠定基础。欧洲货币体系使得各成员国的汇率更加稳定，有效防范了外部冲击给欧洲带来的系统性风险，促进各成员国之间形成经济趋同。

（三）设立欧洲中央银行开始发行欧元

1992年2月，欧共体各成员国签署《欧洲联盟条约》，欧盟作为欧洲共同体的更高级形式正式形成。《欧洲联盟条约》统一了各成员国的经济和货币政策，各成员国的生产要素和资本要素在欧盟区域实现了自由流通，进一步强化了欧洲的贸易交流。1997年，欧洲中央银行的基本框架形成，并于一年后建成。1995年欧元诞生，1999年欧元作为欧元区的统一法定货币，开始在欧洲地区流通使用。2002年其他主权货币退出欧洲货币体系，欧元成为有形货币，迅速成为欧元区唯一的合法货币。因为欧洲各大经济体经济的支撑，欧元自诞生之日起，就具有较高的国际地位，在经贸活动中被广泛使用，在国际金融交易中具有重要影响力，在全球交易市场广为流通。

综上，欧元的诞生打破了单一货币通过自我强化逐步实现国际化的模式，形成了多元货币国际化的新途径。

第五节　主要国际货币国际化条件及路径对比

一　主要国际货币国际化的共同点

第一，具备强大的经济实力。从英镑、美元、日元和欧元四种货币的国际化路径可以看出，经济基础为货币成功国际化提供保障。英国的强大经济实力源于第一次工业革命的爆发，其生产方式和效率发生质的转变，经济遥遥领先于其他国家，进而积累了大量的财富；美国则在第二次世界大战的历史机遇下，经济水平迅猛发展，成为全球第一大经济强国，国际地位居世界首位；欧盟从其成员国获得经济支持，其经济实力是各大经济体经济实力的综合体现，欧盟经济规模较大，可以与美国相媲美，且在国际贸易方面遥遥领先于美国，经济实力十分强大；日本在1968年成为世界上第二大经济体，经济实力仅次于美国。综上可知，一国货币在国际货币体系中的地位与该国在全球经济中的影响力密切相关，本章中的四个发达国家和经济体货币的国际化都离不开其强大的经济实力和在世界经济发展中巨大的影响力，都依靠提高本国或地区的经济实力来确立其货币在全球经济中的核心地位。

第二，具备完善、发达的金融市场。完善、发达的金融市场具有较多的市场参与者，交易规模较大，投融资机制较为成熟，金融市场效率较高，有效降低了交易成本。发达的金融市场可以提供多样化的金融产品，有利于满足投资者多样化的投资需求，对对外贸易和对外投资活动中产生的风险进行有效防范。英国不断推动金融改革以完善本国金融体系，形成了高效率的投融资机制，使得英镑可以自由兑换，且具有较为稳定的币值，增加了英镑的吸引力，英镑得到了越来越多境外居民的接受，人们投资英镑的意愿增强，愿意将其作为主要储备货币，这决定了英镑国际化基础。美国纽约金融中心高度集中和一体化，有利于强化美元在国际货币体系的主导地位。欧洲的金融市场并不是特别发达，相对而言比不上美国的纽约金融市场，但欧盟积极进行金融体制改革，制定金融法规、市场惯例等相关措施，为欧元区各成员国的金融市场一体化做出了巨大的贡献。日本则不断开放金融市场，放松资本管制，为境外金融机构进入日本市场提供了便利，促进了东京市场发展，对日元国际化起到了促进作用。

二 主要国际货币国际化的差异

本章所述的四种主要国际货币国际化所经历的历史时期和所具备的条件不同，其国际化模式也体现出不同的特点。

第一，英镑的国际化是在英国殖民扩张和第一次工业革命的特殊历史背景下贸易霸权的产物，其路径可以概括为以下三步：首先，成为世界霸主，助力英镑走出国门；其次，建立自由贸易网络，提升英镑的国际贸易结算需求；最后，通过率先实施金本位制，建立以英格兰银行为核心的金融体系，并积极推动自由贸易政策，加强英镑在全球的流通及使用，确立了英镑的国际地位。第二，美元的国际化得益于两次世界大战的历史机遇，其国际化路径可以概括为以下三步：首先，在两次世界大战中获利，提高了美国的综合实力，引入了金本位制国际货币体系，并基于此积极推进自由贸易圈的建设，扩大美元的国际流通范围；其次，凭借其世界霸主的地位干预货币体系，建立了布雷顿森林体系，美元在国际中占主导地位；最后，凭借美元的存量优势，建立以美元为核心的信用货币体系，美元成为真正的国际货币。第三，日元的国际化路径分为三个阶段：首先，起步于日元国际贸易结算制度；其次，推进设立开放的金融市场；最后，重新定位于建立亚洲化战略。第四，欧元的国际化是欧元区各成员国经济合作的结果，主要路径可以概括为以下三步：首先，通过建立欧洲共同体，统一欧洲自由贸易市场；其次，创立统一的欧洲货币体系，实现欧洲货币一体化；最后，设立欧洲中央银行开始发行欧元。

综上所述，英镑和美元的国际化都是在特殊历史时期，随着国家经济实力壮大、称霸世界而完成的；欧元的国际化是各成员国的经济、金融合作的结果；日元国际化则是在新的世界货币格局中，迫于美元的压力，提升自身国际地位而被动进行的。通过比较可知，欧元国际化主要得益于欧元区各大经济体的经济金融合作，通过区域联合设立区域统一货币实现本区域货币国际化，人民币国际化可借鉴此路径；日元国际化虽然未完全实现，但日元的国际地位与日本的经济地位大致保持均衡，日本积极的金融开放和体制改革为人民币国际化提供了可借鉴的经验。由于历史不可复制，英镑和美元的国际化模式对大多数国家来说借鉴意义不大，但这两种货币国际化进程中的经济实力的提高、金融市场的完善以及贸易往来的繁荣等现象具有很大的借鉴意义。

第七章 人民币国际化的条件和障碍分析

第一节 货币国际化的共性条件

英镑、美元、日元和欧元国际化发展的历程不同，但在条件上具有共性。其中，经济基础、金融基础、货币的币值稳定和离岸市场的建立是货币国际化道路上不可或缺的基础保障，这为人民币国际化提供有力的经验借鉴。在新的发展阶段下，人民币的国际化应结合新格局下中国的基本国情，走一条适合中国发展的路径。经济的平稳增长、发达的金融市场是保障人民币国际化的基本条件；在此基础上实现人民币币值的稳定，是人民币充当储备货币的必要条件；离岸金融市场在货币国际化进程中十分重要，只有完善的离岸市场才能保障货币的自由跨境流动。总结主要国际货币的国际化条件，可以得出货币国际化具有如下共性条件。

一 强大的经济实力尤其是贸易影响力是货币国际化的基础

一国货币的国际化水平往往是该国经济实力的反映，决定了该国货币在国际货币体系中的地位，而其中贸易的国际影响力，决定着该国货币在世界经济中的定价权。根据历史经验，一个国家的经济总量占全球经济总量的比例接近或超过10%，那该国货币就具备成为国际货币的可能（宗良和李建军，2011）。英国就是一个非常典型的例子。1870 年是英国经济成绩最好的一年，当时全球经济总量的 9.1% 是由英国创造的，英镑在国际金融体系中的地位也达到了峰值。这个时间段，发达国家出口贸易总额中只有 60% 是由英国以外的国家创造的。英国经济体量较大，导致其在外贸领域的国际影响力日益提升，在此背景之下，英镑成为在国际贸易中拥有定价权的货币。

第二次世界大战结束之后，美国在经济领域异军突起，其经济总量占到了世界经济总量的一半。当时世界上 3/4 的黄金存储在美国。全球 21% 的进口总额和 12% 的出口总额都是由美国创造的。在美国成为世界上实力最强大的国家之后，以美元为主体的布雷顿森林体系逐渐建立起来。国家总体实力的更迭，让美国在经济领域取代了原本英国在国际上的地位，美方主导的怀特方案也最终战胜英方主导的凯恩斯方案。国际定价权的波动，有一部分是美国作为世界贸易逆差大国造成的。1984 年美国的贸易逆差第一次超过了 1000 亿美元，2004 年该数据为 6000 亿美元，2005 年该数据为 7000 亿美元，2006 年该数据为 7533 亿美元。在 2007 年和 2008 年，美国的贸易逆差分别为 7003 亿美元和 6811 亿美元。[①] 贸易逆差给美国带来了极大的正面影响，使其成为世界最终消费市场的控制者。在全球经济体系中，没有任何因素能够抵消美国的绝对定价权。

欧元和日元的国际化同样依赖欧盟和日本强大的经济实力和对外贸易的强大影响力。1913 年，马克的国际地位随着德国经济实力的走强而不断向主导地位靠近，在欧盟的组建过程中，德、法两国发挥了重要作用，欧盟的经济总量超越美国，为欧元国际化奠定了坚实的基础。日本在第二次世界大战后得到了美国的支援，以贸易出口为导向，经济实力迅速提升，在 1968 年超越德国成为世界第二大经济体，日元开始在国际货币体系中占有一席之地。

---

① 数据来源：国际货币基金组织。

二 发达且完善的金融市场是货币国际化的重要保障

发达的金融市场是一国货币实现国际化的重要保障，有利于向全球提供本币流动性，实现货币的自由流通。金融市场开放程度越高，受到的相关管制越少，货币的兑换和流通越自由。金融市场的发达表现在以下两点：一是金融产品更具多样性，可以有效满足不同投资者需求，有利于规避金融风险，提高货币的吸引力；二是二级市场越发活跃，可以很好地满足国际市场对该货币的需求。面临金融风险时，发达的金融市场可以发挥有效的避险功能，在促进该货币国际化方面发挥举足轻重的作用。

纽约和伦敦是国际上十分发达的金融市场，在美元和英镑的国际化进程中扮演着重要角色，而日本的金融体制改革存在缺陷，东京的金融市场未发展成为发达的国际金融市场。英镑之所以能够在 19 世纪代替法郎成为国际货币，主要是因为英国的金融市场在先进性方面远超过法国。英国的银行业在 19 世纪中期得到了很大的发展，是当时世界上规模最大的境外投资方。当时，英国的所有殖民地资产和负债都由英格兰银行进行管理和把控。有关银行做出的所有贷款，其借款人都是英国。虽然在美元成为国际货币之后，整个国际金融市场遭遇了多次金融危机，但是美元的地位并没有受到很大的影响。这是因为美国的经济总量仍然是世界第一，世界上规模最大的金融市场也坐落于美国，很多国外的中央银行和政府都是美国国库券的投资者。

20 世纪 80 年代，日本金融市场没有及时地进行改革，导致其与资本市场的开放进度出现了差异。在国内外的冲击下，日本出现了严重的资产泡沫现象。在泡沫破裂之后，衰退期正式开始并且持续了十几年之久，在此期间日元的国际化也一度被搁置。

三 货币币值的稳定是国际货币发挥储备货币职能的必要条件

货币币值稳定对内主要表现为国内物价的稳定，对外则主要表现为汇率的稳定，有利于国内及周边地区的经济和金融稳定，从而提高货币在国际市场上的话语权和吸引力。总体而言，通货膨胀水平和货币国际化程度之间是负向相关的关系。在金本位时期英镑的国际货币地位确保了英国的进出口贸易保持一种相对平衡的状态。美元的国际化其实就是取代英镑的国际地位的过程，在这段时间，美国的通胀水平一直保持着低于英国的状态，同时美元的整体币值也没有出现太大的波动。2008年国际金融危机爆发之后，很多发达经济体相继修改了货币政策，开始对货币进行"松绑"，宽松政策的陆续出台最终导致国际金融市场呈现一种前所未有的宽松状态。在这种情况下，货币国际化的条件自然也有了一定的变化。从理论角度看，这为其他货币的国际化提供了一个难得的机遇。

四 正确的政策选择是货币国际化的助推器

除了客观存在的市场力量的助推，政府的政策在推进货币国际化方面亦具有重大影响。当美元处于国际化进程的初级阶段时，美国为了进一步加速美元承兑市场的成立，美联储发布购买承兑汇票的相关政策为其助力。1945年第二次世界大战结束至20世纪50年代中后期，美国通过实施一系列有助于加强美元国际地位、助力其成为全球主要储备货币的政策，使其在国际货币体系中掌握主要话语权，成为全球流通的世界货币。美元危机后，日元的国际化进程在相关政策的助力下提质增速。1985年日本成立了自由的离岸金融市场，加速了日元的国际化进程，至1990年经历了五年的时间，日元的国际地位迅速上升，成了世界上第三大世界货币。需要强调的是，政府政策发挥助推器、稳定器、润滑剂的作用，确保货币国际化的平稳推进。货币的国际化遵循基本的市场规律，既是一国综合实力的体现，也反映了市场主体对货币的接受和认可，货币国际化的结果并不会受到政策选择的影响而产生颠覆性变化，政策推进只是市场力量的辅助工具，其决定性作用并不是很大。同时，货币的国际地位与经济实力、金融实力的提升并不同步，政府可以利用"看得见的手"熨平波动，加快挖掘货币国际化的潜力，确保货币国际化的持续发展。美国和日本政府的积极作为，加快了其货币国际化进程，使得货币的国际地位更快地达到与实体经济和市场需求相匹配的理想状态。

五 离岸金融市场是货币国际化的重要载体

离岸金融市场是货币国际化的重要载体，其使得各金融市场跨越地理障碍实现互通，为海外贸易和跨境投资提供了便利，加速了货币国际化进程。从历史角度看，美元的国际化主要依托于两个方面，一是欧洲美元市场的不断扩增；二是美国银行海外业务覆盖面的不断增大。美元在国际货币市场上的霸主地位持续了很长时间。欧洲美元离岸金融市场的发展并非各国有意推动的，而是当时国际政治和经济状况发生改变之后所产生的一种必然结果。20世纪60年代，马歇尔计划导致大量美元涌入欧洲，东欧地区为了保证其资产安全，把所持有的美元存入欧洲银行，这让欧洲成了美元的另一个供应地。此外，美国对于金融市场的监督及风险管控十分严格，一些境外企业为了不受美国严格的市场监管条件的制约，在其需要美元融资时，将视线转移到欧洲美元市场，从欧洲获得美元需求，美元开始在境外金融市场循环，形成了美元离岸金融市场，为全球经济活动的美元需求提供资金支持，是美元国际化的重要推手，对推动美元被外国官方和私人部门广泛接受和使用起到了重要作用。1986年东京离岸金融市场建立，扩大了日元跨境流动的规模，但是日元流出日本的主要目的在于拓展日本企业的融资渠道，所以大多数又通过国际贸易回流到了日本，没有在境外金融市场上循环，在推进日元国际化进程方面作用甚微。

第二节　人民币国际化的内部条件分析

一　稳定的经济发展水平是人民币国际化的重要支撑

一国稳定的经济发展水平是该国货币在国际货币体系中地位得以提升的重要支撑，也是推动货币实现国际化的一个重要的基础。当一国有强大的经济基础并且经济发展的态势呈现上升趋势时，才能更好地抵御外部冲击，进而为该国货币在国际市场中提供保障，提高其在国际交易中的认可度，使其计价和结算功能得以充分发挥。因此一国的经济发展水平对该国货币国际化起到了决定性作用，为其提供了一个强力的护盾。

我国 GDP 增长迅速，从 2000 年的 1.2 万亿美元到 2009 年突破 5 万亿美元，2010 年我国以 6.1 万亿美元的 GDP 超越日本成为世界第二大经济体，2014 年突破 10 万亿美元，2020 年突破 100 万亿元大关，2022 年达到了 121 万亿元。我国 GDP 占世界的份额已经从 1978 年的 1.7% 提升到 2020 年的 17.37%，与欧盟水平相差无几。[①] 即使在充满不确定性的国际环境下，我国经济一直呈现稳中向好、不断增长的局面，有助于提升国际社会对人民币的良好预期和信心，为人民币国际化创造强有力的经济支撑（见图 7-1）。

稳定的经济增长率增强了境外对人民币的预期和信心。强大的经济基础让人民币具备国际化的能力，而稳定的经济增长率则有助于增加境外非居民持有人民币的意愿。近十年来我国的经济呈现稳定增长的态势。2002~2008 年我国的 GDP 增长率一直维持在 10% 左右，中国经济

---

① 数据来源：同花顺数据库。

图 7-1　2013~2022 年中国国内生产总值变化趋势

呈现高速发展。尽管在 2008 年之后受到金融危机以及中国经济发展结构调整的影响，中国 GDP 增长率仍维持在 6%~8%。2020 年全球经济不断萎缩，中国 GDP 仍维持了 2.2% 的增长率，并在 2021 年恢复到了 8.1%（见图 7-2）。[①]

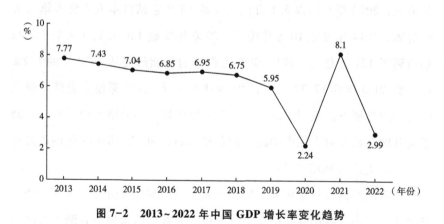

图 7-2　2013~2022 年中国 GDP 增长率变化趋势

人均 GDP 同样会影响非居民对于持有人民币的预期，进而对人民

---

① 数据来源：同花顺数据库。

币国际化进程产生影响。人均 GDP 和人们的生活水平呈正相关关系，人均 GDP 越高，说明生活水平越高。我国人均 GDP 正在逐年增长，2002 年为 9506 元，2007 年突破 2 万元大关，2010 年人均 GDP 上升到30808 元，之后一路高速增长，到 2022 年人均 GDP 已经达到了 85698元，成功突破 8 万元大关。[①] 由于我国人口基数大以及存在地区发展不均衡，我国人均 GDP 在世界的排名并不是很高，但是人均 GDP 逐年增长，为境外非居民持有人民币减少了不确定性，为人民币国际化提供了助力（见图 7-3）。

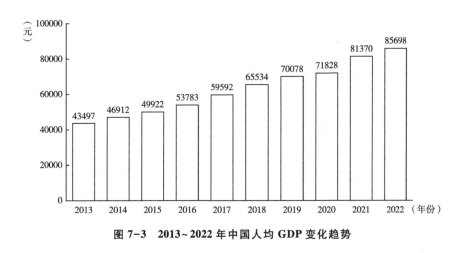

图 7-3　2013~2022 年中国人均 GDP 变化趋势

二　不断扩张的对外贸易为人民币发挥国际货币职能提供途径

货币最重要的一个功能是结算，作为国际货币则更要满足这一货币基本功能。国际货币的结算功能更多表现在国际贸易当中，因此贸易规模的不断扩大成为货币国际化的重要条件。随着经济全球化的不断推进，各国的贸易壁垒都在一定程度上进行了削减，自由贸易的理念正在深入世界各地，进而各国之间的贸易往来越发密切。因此，一国对外贸

---

① 数据来源：同花顺数据库。

易不断扩张是当今时代的一个主要特征和标志。一国的对外贸易主要包括商品和服务两种形式，并且一国的对外贸易水平对货币国际化产生直接影响。一国强大的对外贸易水平能够增加世界各国之间的贸易依存度，为推进经济全球化和构建以该国为中心的全球市场打下基础，让该国货币在国际市场上能够得到大规模的使用和大众性的认可。此外，一国的贸易扩张会推动国内经济发展，产生经济的良性循环，并且会带动技术和方法的进步，从而提高一国的社会劳动生产率，让该国在国际贸易当中拥有更大的价格优势，处于交易双方中的主动地位，进而提高该国在国际贸易中的出口量，使世界各国对该国货币持乐观预期，在国际贸易中更倾向于使用该国货币进行贸易结算。总体来说，一国贸易扩张会加快该国货币国际化的进程。

改革开放以来，我国的对外贸易水平不断提升，逐渐用贸易大国的身份参与到世界的贸易经济活动中。1978 年我国的进出口总额仅仅为 206.4 亿美元，到 1988 年我国的进出口总额达到了 1027.9 亿美元，突破了 1000 亿美元大关。2001 年在加入世界贸易组织（WTO）之后，我国进出口总额在当年达到了 5097 亿美元，在此之后我国的进出口规模进入了高速发展阶段，并且出口质量也有了提升，服务出口在这一阶段有了明显增加。2004 年我国贸易总额达到了 11545.5 亿美元，比刚加入世界贸易组织时增加了两倍多。随着经济全球化的不断发展，2007 年我国对外贸易达到 21737.3 亿美元，顺利突破 2 万亿美元。到 2013 年，我国超越美国成为全球货物贸易第一大国。2022 年我国货物进出口总额跃升至 63096 亿美元，比 1978 年增长约 305 倍。自 2001 年起，我国的服务贸易规模持续扩大，从 2001 年的 784.5 亿美元增至 2022 年的 5980.19 亿美元。同时，我国服务贸易在国际上的影响力也越来越大。2014 年我国服务进出口总额首次超越德国，居于全世界第 2 位。①

跨境人民币结算作为人民币国际化在对外贸易上的一个外在表现，

---

① 数据来源：CSMAR 数据库。

也是人民币国际化的一个重要测度指标。2009 年以来，跨境人民币结算额逐年增长，从 2010 年的 183.5 亿元增长到 2015 年的 20892 亿元。2016 年国际政治格局发生了一些变动，使得跨境人民币从 2009 年以来的迅速发展转变为平稳过渡阶段。2017 年跨境人民币结算额达到 4.36 万亿元，2018 年达到了 5.11 万亿元，跨境人民币结算进入平稳增长阶段。2019 年跨境人民币结算额上升到 6.04 万亿元。到 2021 年跨境人民币结算有了进一步发展，主要国际支付货币中人民币排在第 5 位，人民币支付金额占所有货币支付金额的 3.71%。① 在复杂的国际环境以及经济不断下行的压力下，跨境人民币结算呈现平稳增长的趋势，这代表着国际贸易扩张给人民币国际化带来了机遇。

我国在国际经济贸易中的地位不断上升，人民币在国际市场中的规模呈现长期扩张趋势，这使得人民币在国际贸易结算中地位跃升，为人民币国际化进程打下了坚实的基础。并且随着我国对外开放程度的不断深化和"一带一路"进程的加快，人民币在国际社会中的话语权进一步凸显，这也成为人民币国际化的重要内部条件。

三　开放且完善的金融市场为人民币国际化提供可靠的内部环境

当一国货币真正实现国际化后，将会有数量庞大的货币在境外市场上进行流通。货币职能不断扩大，意味着需要有足够发达和开放的金融市场，使得各国以及国际市场提供货币流通服务的能力得到保障，促使本国货币在全球流动。一方面，实现货币国际化需要开放程度较高的金融市场，这样资金在流动时才能突破时空的限制，以及制度和政治的局限，从而确保交易的自由；另一方面，金融市场发展程度较高，在减少货币转换成本的同时，也能够使得金融市场在面对金融风险时能够很好地做出反应，这也是实现货币国际化的前提。因此，自由、完善和稳定

---

① 数据来源：CSMAR 数据库。

的金融市场在货币国际化进程中起到关键作用。

开放和稳定的信贷市场代表着金融市场在面对内外部冲击时有较高的调节和接受水平。首先在债券市场上，我国交易量巨大，2022 年债券市场共发行各类债券 61.9 万亿元，其中银行间债券市场发行债券 56 万亿元，同比增长 5.4%，交易所市场发行 5.8 万亿元。2022 年，国债发行 9.6 万亿元，地方政府债券发行 7.4 万亿元，金融债券发行 9.8 万亿元，公司信用类债券发行 13.8 万亿元，信贷资产支持证券发行 3345.4 亿元，同业存单发行 20.5 万亿元。其次在股票市场上，我国表现稳中有进，2021 年末，上证指数收于 3639.8 点，较 2020 年末上涨 116.7 点，涨幅为 4.8%；深证成指收于 148574 点，较 2020 年末上涨 368.7 点，涨幅为 2.7%。两市全年成交额 258.0 万亿元，同比增长 24.7%。2022 年 A 股首发上市企业达 428 家，合计募资额为 5868.86 亿元，创下历史新高，比 2020 年多出 1075.92 亿元、比 2021 年多出 442.43 亿元，A 股市场 IPO 募资额呈现逐年上涨的趋势。[①]

我国债券市场对外开放程度不断加深，正逐步呈现多元化的发展趋势。截至 2022 年末，境外机构在中国债券市场的托管余额为 3.5 万亿元，占中国债券市场托管余额的比重为 2.4%。其中，境外机构持有国债 2.3 万亿元，占比超六成。截至 2022 年末，境外主体持有人民币股票达到 3.2 万亿元，债券 3.39 万亿元，同比分别减少 5.8%、增长 2.7%。截至 2021 年末，境外机构和个人持有境内人民币金融资产近 10.83 万亿元，同比增长 20.5%。

货币市场反映了一国对于货币的供需情况，发达的货币市场为银行在短期内弥补流动性、中央银行宏观政策的实行提供了工具，保证了金融市场的正常运行，同时也是人民币国际化的一个支撑因素。一方面，人民币国际化后，有巨量的人民币在国内外活动，一个发达的货币市场为中央银行实施宏观政策提供了很好的帮助，避免大量货币流动导致的

---

① 数据来源：wind 数据库。

宏观政策失效，减少人民币国际化付出的成本。另一方面，发达而完善的货币市场为境外人民币的持有者提供众多的交易主体以及交易品种，从而增强人民币资产的吸引力。我国银行间交易量不断上升，2022 年，银行间货币市场成交共计 1527.0 万亿元，同比增长 31.2%。其中，质押式回购成交 1374.6 万亿元，同比增长 32.1%；买断式回购成交 5.6 万亿元，同比增长 17.4%；同业拆借成交 146.8 万亿元，同比增长 23.6%。交易所标准券回购成交 403.6 万亿元，同比增长 15.2%。从货币市场的融资主体来看，进行质押式回购、买断式回购、同业拆借的主体多为大型商业银行、股份制商业银行、城市商业银行等。货币市场利率呈现平稳态势，没有太大的波动。2022 年第一季度，我国的同业拆借加权平均率基本维持在 2% 左右，货币市场利率运行稳定。[①] 2022 年我国流通中现金（M0）供应量为 10.47 万亿元，同比增长 15.3%，货币（M1）供应量为 67.17 万亿元，同比增长 3.7%，货币和准货币（M2）供应量为 266.43 万亿元，同比增长 11.8%，底蕴强大的货币供应量也为人民币国际化提供了可靠的支撑。[②]

随着金融改革的不断实践，我国金融市场的开放水平正在逐步提升。2019 年末获得 RQFII 投资额度达 1.99 万亿元，[③] 进行备案或申请投资的境外机构有 233 家，申请额度达 6941 亿元。2019 年 9 月，我国取消了关于 RQFII 投资额度的限制。2020 年 3 月，中共中央、国务院颁布《关于构建更加完善的要素市场化配置体制机制的意见》，拓宽并畅通人民币跨境使用渠道。截至 2020 年末，境外机构和个人持有境内人民币金融资产近 9 万亿元。

信贷市场和货币市场的不断开放和完善代表着我国金融市场向着自由化和稳定化不断转变，为人民币实现国际化提供了厚实的土壤以及强

---

① 数据来源：中国银行间市场交易商协会官网。
② 数据来源：中国人民银行。
③ 数据来源：世界银行（World Bank）。

大的支撑，能够在一定程度上抵御人民币在国际化进程中会遭遇的风险。

四　人民币币值的稳定是人民币实现国际化的保障

币值稳定的内涵包括对内币值稳定和对外币值稳定两个方面。货币对内币值稳定是指国内物价的稳定，对外币值稳定是指汇率的稳定。币值稳定是促进货币国际化的一个重要因素。

对内的币值稳定主要表现在国内物价的稳定程度上，一般对内币值稳定通过通货膨胀进行衡量。过高的通货膨胀率最直观的表现是在短期内货币的购买力下降，而货币的持有者会减少对该货币的继续持有或者使用。加之过高的通货膨胀在短期内会导致出口商品的相对价格上升，与国际其他商品相比会失去竞争力，从而导致出口规模减小，进一步减少该国货币在国际结算上的使用规模。因此过高的通货膨胀率会影响一国货币在国际贸易中交易媒介作用的发挥，从而不利于一国货币国际化的进程。根据国家统计局有关数据，我国 2013~2022 年居民消费价格的上涨幅度都在 3% 以内，2021 年全国居民消费价格对比 2020 年仅上涨了 0.9%。我国近十年居民消费价格指数的稳定，表明了物价调控效果较好，维持着一个较低的通货膨胀率（见图 7-4）。

对外币值的稳定主要体现为汇率制度的选择以及对外汇率的稳定。站在币值稳定角度上，传统的固定汇率制度可以使得一国的汇率更加稳定，但在实际购买力上并不能实时并且完整地反映币值的变动，可能为国际投资者提供错误的信号，由此产生资源的错配。当实行浮动汇率制度时，对外汇率可以在较大程度上反映国内物价的变动，在面对国际冲击时能够更好地做出应对措施，但是在实践中也会存在一定的风险。我国在 2005 年实行以市场供求为基础、参考一篮子货币进行调节、有管理的浮动汇率制度，这是一种具有弹性的汇率制度，同时吸收了固定汇率制度和浮动汇率制度的优点，对人民币币值的稳定起到了很好的引导

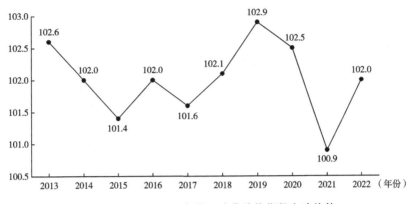

图 7-4　2013~2022 年居民消费价格指数变动趋势

作用。在国际交易当中，国际市场为了避免汇率波动带来的不确定性，更加喜欢使用汇率稳定的货币来担任国际贸易计价结算货币。2005 年以来，人民币对外汇率基本呈现平稳的趋势。以人民币对美元汇率为例，从 2013 年的 6.20 到 2022 年的 6.74，① 在这十年里，人民币对美元汇率呈现波动上升的趋势（见图 7-5）。2022 年末 CFETS 人民币汇率指数、参考 BIS 货币篮子和 SDR 货币篮子的人民币汇率指数分别为98.67、103.67、96.08，较 2020 年末分别贬值 8%、8.1% 和 6.5%。②根据国际清算银行（BIS）数据，2021 年人民币名义有效汇率累计升值8.0%，扣除通货膨胀因素的实际有效汇率累计升值 4.5%。从我国的国际储备来看，截至 2022 年 5 月，我国外汇储备 31277.8 亿美元，基金组织储备头寸 101.26 亿美元，特别提款权（SDR）524.98 亿美元，黄金 6264 万盎司折算为 1151.83 亿美元，可见我国国际储备充足且结构较为合理，能很好地应对国际冲击对人民币币值稳定的影响，从而加快人民币国际化进程。

---

① 数据来源：国家统计局。
② 数据来源：CSMAR 数据库。

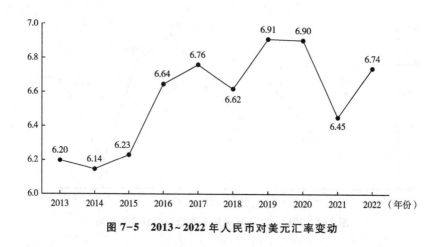

图7-5 2013～2022年人民币对美元汇率变动

五 数字经济的发展加快了人民币国际化进程

我国的数字经济规模在如今已跃居世界第二位，以数字贸易、跨境电商为代表的新业态、新模式正在不断兴起和发展，在充分抓住信息化的浪潮后，跨境贸易更具竞争力。《中国互联网发展报告2022》指出2021年我国数字经济规模达到45.5万亿元，占GDP的比重达到39.8%，并保持16.2%的增长速度。2020年数字经济成为世界各国加快经济结构转型的重要抉择。在这样的数字经济大浪潮下，我国移动支付需求人数不断激增，2013年移动支付业务笔数为54.51亿笔，交易金额为10.83万亿元。到了2022年，移动支付业务笔数增长至11412.97亿笔，交易金额增长至816.95万亿元。[①] 根据中国支付清算协会发布的《中国支付清算行业运行报告》，2022年我国第三方支付市场规模已经达到182.2万亿元。相较于中国移动支付的迅速发展，国外很多国家还停留在银行卡支付，这些国家在线上支付领域的空缺，使我国数字经济的发展拥有较大的海外市场，从而为人民币国际化提供助力。

---

① 数据来源：中国支付清算协会。

随着数字经济的迅速发展，我国推出了主权数字货币。我国的主权数字货币是数字经济下的产物，与发行的人民币纸币有着相同的效应并且可以等价交换，国家为其信誉进行承诺和保证。中国版数字货币项目（DCEP）即数字货币和电子支付工具具有较高的合法性，和其他货币相比有着更高的信用程度，并且在功能上更为完善和成熟，支持在无网络的环境下进行支付，有着很强的便捷性，适应数字经济发展的需求。在实名认证上，DCEP可以为用户提供匿名支付的服务，从而更好地满足境外使用者隐私保护的需求。在安全性方面，DCEP设置额度分级制度，对于一些异常操作能够很好地进行检测，从而使数字人民币的安全性得到了保障。数字货币作为在数字经济下诞生的新产物，对金融格局以及金融的生态影响是巨大的。面对这样的新产物，处于领先地位的国家可能会成为该行业的国际标准，能够在未来的国际竞争格局中获得更多主动地位。在数字经济的浪潮下，货币交易流动的方式正逐渐由实物现金向虚拟数字转换，而中国人民银行在这一背景下推出的数字货币将抢占市场，增加人民币的国际竞争力。

2012年中国人民银行为了满足境外进行人民币业务的需要，决定组织建设人民币跨境支付系统（CIPS）。2015年我国CIPS一期正式上线，为了让境外人民币持有者结算更加便捷，CIPS一期采用全额结算的模式。2018年，CIPS二期投产试运行，有多家中外资的商业银行积极响应并参与到试点当中，使得人民币跨境结算的效率在一期的基础上得到了进一步提升。CIPS一期首批参与者共有19家，之后CIPS参与者不断增加，覆盖面不断扩大，截止到2022年10月末，CIPS共有参与者1353家，其中直接参与者77家，间接参与者1276家，覆盖六大洲，并在"一带一路"沿线地区实现了全面覆盖。在未来的发展中，CIPS可以利用高效率的结算、低成本的交易来不断吸引境外用户，从而在跨境交易中扩大数字人民币的应用范围。随着中国人民银行数字货币的发展和完善，数字人民币以及数字货币区的应用规模不断扩大，可以在此基础上不断利用数字经济的优势，进一步增强数字人民币的国际影响力，从而加快人民币的国际化进程。

第三节　人民币国际化的外部条件分析

一　错综复杂的国际经济环境为人民币国际化提供机遇

当前，复杂的国际经济环境为人民币国际化创造了相对有利的外部环境。虽然在 20 世纪 70 年代布雷顿森林体系崩溃之后，美元不再与黄金进行直接挂钩，但是美元在当今国际上仍是处于支配地位的国际货币，并且借助量化宽松货币政策，增加货币供给量，导致了全球通货膨胀，加剧了国际金融市场的不稳定性，汇率制度呈现多样化的趋势，使得在现行国际货币体系下各国面临较大的汇率风险。因此，目前国际货币体系存在结构性缺陷，在当前不确定性的大背景下，人民币国际化进程拥有了更大的机会。

2008 年美国爆发次贷危机，在一定程度上动摇了世界各国对美元的信心，纷纷减少国际储备资产中的美元比例，并且对于其他货币国际化起到了一定的促进作用。次贷危机爆发前，"金砖五国"总体货币国际化程度为 11.75%，虽然在金融危机爆发后的 2010 年货币国际化水平下降到 11.57%，国际化水平较低，但是在之后的 2013 年，"金砖五国"的货币国际化水平上升到 16.3%。在此阶段，各国在不同程度上受到金融危机的冲击，外汇储备贬值。但人民币在这一次金融危机中表现稳定，基本上在金融危机爆发后，能迅速进行调整，自此世界各国对于人民币的预期持乐观态度，人民币在外汇储备中的比重增加。在次贷危机和欧债危机之后，人民币的使用范围不断扩大，受欢迎程度直线上升，为人民币国际化奠定了基础和提供了机遇。

二 稳中有变的国际政治环境为人民币国际化提供良好的外部环境

近年来，国际政治环境瞬息万变，随着经济全球化的深化，逆全球化趋势也逐渐加剧，世界经济面临深度调整。在这样的国际政治格局下，我国提出了"一带一路"倡议，这是为世界提供的探索全球化的新方案。这一倡议给搭建互联互通网络、创造国际合作新局面以及达成人类命运共同体创造了机会。

目前，随着"一带一路"倡议的不断推广，"一带一路"从形式和内容方面得到了不断丰富。同时，我国在推动"一带一路"建设中，积极同各国挖掘全方位、多层次的合作潜力，创建合作共赢的全球化格局。在"一带一路"倡议的影响下，我国和世界各国在一个更加开放、更加紧密的架构下进一步实现了联动发展，并在此基础上构建起人类命运共同体，实现世界各国的互利共赢。"一带一路"倡议的持续推进，也让我国在国际货币体系中掌握更多的话语权，从被动地位逐渐转为主动地位，这为人民币国际化带来了契机。"一带一路"倡议和人民币国际化是相互依存、相互促进的关系，扩大人民币在共建"一带一路"国家的使用范围，能够很好地发挥"一带一路"倡议在人民币国际化进程中推动的作用，为人民币国际化之路添砖加瓦。

此外，一些国际事件也为人民币国际化带来了机遇。比如中美贸易摩擦在某种程度上为中国打破美元主导的国际货币体系提供了契机。由于国际上对美元的使用惯性，国际贸易中用美元计价已是司空见惯，同时这也代表了美元在国际市场上所具备的垄断地位。在中美贸易摩擦的背景下，我国积极对人民币国际化方案进行调整，削减处于垄断地位的美元对人民币国际化所带来的负面影响，为推进人民币国际化进程提供了极大的帮助。与此同时，世界各国也掀起了一股"去美元化"的浪潮，美元的国际货币地位可能会被削弱，这无疑增加了人民币在国际货币体系中的话语权，并且助力人民币国际储备货币职能的发挥。国际货币基金组织（IMF）于 2016 年 10 月 1 日正式将人民币加入特别提款权（SDR），同时在《官方外汇储备币种构成报告》（COFER）中对人民币进行单列统计。被纳入 SDR 的人民币权重排在美元与欧元之后的第 3 名，为 10.92%。根据《2021 年人民币国际化报告》，2021 年一季度，在国际货币基金组织（IMF）官方外汇储备货币构成中人民币排在第 5 位，人民币在全球外汇储备中的占比为 2.5%，较 2016 年人民币刚加入 SDR 时上升 1.4 个百分点。2022 年 5 月，国际货币基金组织（IMF）执董会完成了 5 年一次的 SDR 定值审查，在审查后决定维持现有 SDR 货币构成不变，即仍由美元、欧元、人民币、日元和英镑构成，并将人民币权重由 10.92% 上调至 12.28%，将美元权重由 41.73% 上调至 43.38%，将欧元、日元和英镑权重分别由 30.93%、8.33% 和 8.09% 下调至 29.31%、7.59% 和 7.44%，人民币权重仍保持第 3 位。① 这一系列的国际事件为人民币国际化提供了契机，人民币在世界各国中央银行外汇储备资产中所占的比重不断增加，境外对于人民币持有乐观预期。

第四节　人民币国际化的主要障碍

一　人民币国际化外部阻碍

当前，世界的政治和经济环境呈现复杂趋势，为人民币国际化带来了一系列的阻碍和冲击。

（一）逆全球化思潮的兴起

当今世界处于政治经济格局不断重构的过程中，出现了一系列全球治理难题。随着国际化进程的不断加快以及经济全球化的发展，世界各

---

① 数据来源：国际货币基金组织。

国之间形成了一条纽带，使得世界各国之间的联系不断紧密，让许多"后发国家"加入这一全球化的浪潮之中。但随着国际化进程的不断推进，发展中国家具有成本优势，使得一些劳动密集型产业从发达国家流向发展中国家，发达国家经济实力不断下降，并在零和博弈以及新自由主义的引导下，与国际化进程背道而驰的新一轮逆全球化思潮产生。逆全球化是在次贷危机之后国际格局深刻调整的产物，并且也从另一个角度反映了全球化进程中存在的不足，是全球化进程出现的一股暂时的逆流。逆全球化主要在贸易保护主义中得以体现。2008 年金融危机之后，新一轮的逆全球化思潮逐渐兴起。2016 年英国脱欧、德国右翼选择党崛起、美国特朗普当选等一系列"黑天鹅"事件发生，逆全球化思想不断凸显。欧债危机是在 2008 年金融危机的影响下，起始于希腊后影响范围扩大到整个欧盟的一场信用危机，在让欧盟各国关系紧张的同时也助长了逆全球化思潮，之后发生的欧洲难民危机、乌克兰危机等一系列事件无疑加剧了逆全球化思潮。

石淇玮（2013）对其他国家货币的国际化进行研究发现，弱势货币实现国际化的途径是依靠国际贸易的需求，体现国际贸易对于一国货币国际化的重要性。而逆全球化无疑是对全球化下各国相互依存、彼此融合的利益共同体的破坏，让单边主义、贸易保护主义等极端思想充斥在国际贸易中，无疑破坏了世界经济贸易体系和全球价值链，同时这对于一国货币国际化进程会产生重大影响。在新一轮的逆全球化思潮下，人民币国际化的进程也受到了阻碍，面临更多不确定因素。

1. 英国"脱欧"

2016 年 6 月，英国全民公投决定"脱欧"，短时间内引起了全球避险情绪的上升，在当天英镑和欧元下降 10%，当日我国股市沪深指数也下降了 1.3%。[①] 在公投决定"脱欧"之后，英镑对人民币汇率不断波动，并且总体汇率呈现下降趋势。中国作为欧盟第二大贸易伙伴，也是

———————————

① 数据来源：wind 数据库。

英国第四大贸易伙伴，英国"脱欧"使得不确定因素对于双方的冲击也将会变得更大。英国作为中国在欧盟的密切伙伴、中国和欧盟的重要纽带，其"脱欧"除了削弱伦敦金融中心地位，同时也收窄了中国进入欧洲的渠道，减少了人民币进入欧洲市场的途径，从而在一定程度上对我国的国际贸易产生影响，进一步为人民币国际化的进程带来了更多的不确定性。

2. 中美贸易摩擦

美国从特朗普上台之后，就开始推行"美国优先"的政治战略，构建贸易壁垒，从而实现对美国市场的保护并促进美国工业的发展，而中国作为一个贸易大国，首先成为这一贸易保护主义政策的打击对象。2017年8月开始，美国对我国企业发动了"301调查"，2018年3月23日，美国根据"301调查"发布了对于中国商品的征税清单，征税金额高达500亿美元。自此，新一轮的中美贸易摩擦拉开了序幕。

中美贸易摩擦的发生使得我国对外出口受到阻碍，出口减少抑制了人民币跨境结算的需求，并且进一步对经常账户的余额产生影响，使得经常账户的顺差不断减少，造成人民币贬值，从而滞缓人民币国际化进程。一旦贸易制裁上升到金融领域，我国将面对更为严峻的形势。在这样的情况下，其他各国在权衡之下会重新考虑对我国的一些金融政策，会导致人民币汇率的不稳定，对人民币币值稳定产生不确定因素。因此，美国在逆全球化思潮下对我国的贸易制裁，对人民币国际化进程产生了很多不确定因素。

（二）美元霸权以及美元惯性的影响

美元在布雷顿森林体系建立实行美元和黄金挂钩、各国货币和美元挂钩的"双挂钩"的固定汇率制度，确立以美元为中心的国际货币体系时，就已经确立了霸权地位。受到"特里芬难题"的影响，美国宣布美元与黄金脱钩，至此布雷顿森林体系崩溃。之后在由国际货币基金组织（IMF）建立的牙买加体系中，虽然特别提款权能在一定程度上削弱美元的霸权地位，但是仅仅停留在理论层面，实际上美元在特别提款权中占据了很大的分量。并且在与黄金脱钩后，美国通过第四次中东战争，让石油贸易必须以美元计价，从此美元寻找到了新的价值担保物，美元的霸权地位得到了进一步的巩固。美元霸权的一个重要表现就是对于国际铸币税的垄断，并且实行"量化宽松"政策，尽享铸币税实行带来的巨额利润，但是这样致使美国经常项目处于长期逆差的状态，美国便使用一些方式使得美元贬值从而加大对外出口，比如著名的"广场协议"，从而进一步加剧了全国的通货膨胀。而人民币国际化不可避免地会直面美元的霸权地位，在美国看来这无疑是对于其美元霸权实力的挑战，美国会从各方面对人民币加以限制，阻碍人民币的国际化进程。

美元长时间处于主导地位，虽然2008年次贷危机让其地位有所下滑，但是现在在国际结算当中仍具有很大的货币惯性。现如今在外汇市场中美元以及其为标的衍生产品交易量巨大，占据绝对主导地位。并且美元在全球的外汇储备中也占据了绝大部分，2022年外汇储备中的美元总量达到了6.36万亿美元，占世界外汇市场的比例为58.36%，是1995年以来的最低纪录。① 而我国的外汇储备体系中美元也占据了较大分量，因此美元的价值波动会直接影响我国外汇储备价值，对人民币国际化道路产生影响。

二　人民币国际化内部阻碍

（一）对外出口竞争优势不足，国际贸易处于弱势地位

2022年我国进出口商品总额达到了42万亿元，WTO的数据显示我国2022年的进出口商品总额排名世界第1。虽然我国的贸易总额遥遥领

---

① 数据来源：中国人民银行、国际货币基金组织。

先，但在产品差异、产品竞争方面仍有很大的不足。受技术及其他因素的影响，我国对外出口的产品多为劳动密集型产品，附加值较低，处于全球价值链和生产链的中低端。在这种情形下，我国出口商品掌握的核心技术较少，产品差异性小、产品竞争不够，以至于出口商品的需求价格弹性较大，出口的商品对于价格的变动更加敏感，我国作为出口方受到需求方即进口方的裹挟更大，对于企业商品的议价能力较弱，导致人民币国际结算的职能发挥受限。

我国是一个"贸易大国"而非"贸易强国"，在进行出口时主要对象为发达的欧美资本主义国家，出口贸易对于欧美市场的依存度较高。由于我国出口的商品可替代性强，受到国外市场的影响较大，其他国家的经济政策会对我国的对外贸易产生较大的影响。中国出口贸易对于国外市场的依存度较高不仅会让人民币的国际结算职能受到影响，而且会对人民币币值的稳定造成一系列的不确定影响。随着全球化的不断发展，我国也逐渐意识到了这一经济发展模式的弊端。为了增加我国在对外贸易中的话语权，在全球价值链重塑以及产业分工格局重塑的重要的历史时刻，我国需要根据自身的具体情况，通过实施创新驱动发展战略等一系列相关战略，使我国产业向价值链中高端不断攀升，但需要长时间的努力。

（二）资本账户未完全开放

根据蒙代尔的三元悖论，固定汇率制度、资本自由流动和独立的货币政策三个经济目标中只能有两个在一个国家存在，目前我国的汇率制度是以市场供求为基础、参考一篮子货币进行调节、有管理的浮动汇率制度，在本质上更偏向于一种固定汇率制度，因此我国对于资本的自由流动加以限制，保留了固定汇率制度和独立的货币政策。虽然蒙代尔的三元悖论在现实中并不是完全有效和正确的，但考虑到我国金融市场的发展程度有许多方面存在不足，我国对于资本账户的开放保持谨慎的态度，而资本账户未完全开放，这无疑是人民币国际化的一个很大的障碍。资本账户未完全开放意味着资本不能自由的流动，导致人民币的循环机制存在缺陷，使得资本在一系列对外活动之后不能充分流回到国内。

资本账户的开放程度会影响货币国际化的进程。当一国资本账户没有完全开放时，其他国家会因为获得该国货币的途径太少、限制过多以及成本过高，而放弃使用该国货币进行国际贸易的结算。而当该国的资本账户完全开放时，资本可以在国内外自由流动，获得该国货币的成本大大降低，并且该国货币的不确定性较小，其他国家在进行国际贸易时往往更愿意使用该国货币进行计价和结算，这恰恰发挥了货币的结算功能，对于货币国际化起到了推动作用。并且资本账户会对货币的使用规模、储备意愿产生重大的影响。当一国资本账户不开放时，其他国家使用该国货币的途径受限，将会影响该国货币的使用意愿，该国货币的使用规模会变得极小，基本只在国内流动。在使用规模狭窄的情况下，其他国家会降低或者没有对该国货币的储备意愿，自此该国货币在国际上的使用和储备职能大打折扣。因此，资本账户的开放程度会对货币的国际化产生影响。

对于中国而言，资本账户的开放程度与人民币国际化的需求不协调，对人民币国际化的进程产生不利影响。资本账户的逐步开放在跨境交易、对外贸易上，有利于扩大人民币的使用范围以及影响力，增加境外对人民币的储备意愿，更好地发挥人民币的贸易结算功能。资本账户的开放会强化人民币的回流机制，完善人民币的循环机制，进而推进人民币国际化的进程。近年来，我国也意识到了资本账户开放的重要性，并且逐步放开了对经常项目的管制。中国人民银行在 2021 年中国货币政策执行报告中也提到了要开展跨境贸易投资高水平开放试点，提高人民币在跨境贸易和投资使用中的便利化程度，稳步推进人民币资本项目可兑换。这也表明了我国在资本账户开放上的不断尝试。虽然我国资本账户没有完全开放，可能会使得人民币国际化进程变得缓慢，但我国对资本账户开放的不断尝试，会消弭这种不利影响，加速人民币国际化的进程。

（三）金融市场不完善

在前文中我们可以知道发达和完善的金融市场是一国货币国际化进程中必不可少的一环。虽然如今我国的金融市场总体上满足货币国际化的条件，可以为人民币国际化提供强有力的支持，但是中间仍然存在一些问题需要去完善和解决，进而加快人民币国际化的进程速度。

我国的金融市场虽然发展迅速，但同早已迈入国际化的资本主义国家而言，金融市场仍然呈现落后。从金融市场的广度和深度而言我国金融市场还需要进一步地完善。金融市场的广度主要是通过市场参与者的复杂程度来体现的，市场的价格能充分反映当时参与者的供求情况以及对于未来预期情况，我国金融市场主要以机构为主体，其中银行占据主体，并且由于出于审慎性，设立了一定的准入门槛，金融市场参与主体较为单一，而由于金融市场产生的风险容易集中产生巨大的影响，因此我国的金融市场广度还是需要进一步扩展。就我国金融市场的深度而言，由于我国金融监察制度的不完善，以及准入门槛的限制，我国在金融市场上的投资产品相较于发达的欧美金融市场还是欠缺，金融创新需要进一步加强，并且由于资本项目没有完全放开，我国金融市场与国际金融市场的交流受到一定的限制，使得金融市场的深度不够。

我国的金融监管体系仍存在欠缺，特别是对于宏观审慎监管体系而言。虽然我国的宏观审慎监管体系推进了我国金融体制的改革，通过即时识别风险，使得我国金融体系得到了健康稳定的发展，但是由于其起步较晚，存在覆盖面不够广的问题，以及对于政府过分依赖的问题。为更好地推进人民币国际化，我国金融监管体系要满足金融创新、对外开放、金融安全的要求。

总的来说，我国金融市场由于开放发展较晚，与美国、欧洲等发达完善的金融市场存在一定的差距，我国的金融体系还存在不足。面对这样的情况我国应积极完善我国的金融体系，突破由美国等西方国家主导的金融秩序，构建更完善和强大的金融市场为人民币国际化保驾护航。

（四）国内经济结构不平衡

我国从 20 世纪到如今一直都面临着经济结构失衡的困境，经济结构的平稳协调发展是一个国家经济实现稳定、健康增长的一个前提条件，在前文中强调一国的经济实力对于货币国际化的重要影响，因此我国的经济产业结构失调同样会对人民币国际化进程产生阻碍。

从建国 1949 年以来，再到 20 世纪 70 年代的改革开放，经济结构失衡一直贯穿着中国经济发展的历史。由于受到历史的原因，我国在很长一段时间都处于第二产业主导的地步。2001 年我国加入世界贸易组织之后，2002 年我国的三次产业占比分别为第一产业 13.3%、第二产业 44.5%、第三产业 42.2%，[①] 第二产业占据的比重过高会对我国出口贸易结构产生影响，会导致低附加值的工业产品大量流出，国际大量货币涌入国内市场，人民币在这一因素的影响下会有升值的压力，从而对我国出口规模和数量产生不利影响。这种第二产业占据主导地位的局面，一直到 2012 年之后才有所缓解，2012 年我国三次产业的结构分别为：第一产业占比 9.1%、第二产业占比 45.4%、第三产业占比 45.5%，我国的第三产业增加值首次超过第二产业，也标志着我国经济向着全面协调发展的道路上前进。到 2022 年我国三次产业的增加值分别为：8.8 万亿元、48 万亿元、64 万亿元，虽然我国的第一产业也就是农业比上一年度 2020 年的 7.8 万亿元有所增长，但是我国的第一产业对比第二、第三产业而言发展仍旧缓慢，这也造成了我国城乡二元结

---

① 数据来源：国家统计局。

构的失衡的局面。① 我国经济改革已经走入深水区，国内经济下行压力不断增大，并且我国经济结构失衡，城乡二元结构还存在一系列问题，这也间接导致了我国经济结构转型缓慢，在一定程度上延缓了人民币国际化进程的脚步。我国也逐渐意识到存在的不足，把重心转移到如何解决这些问题上。2020 年 5 月首次提出了构建以国内大循环为主体、国内国际双循环相互促进的新发展格局，这也推动我国开放型经济的不断发展，能够在某种程度上缓解国内经济结构失衡的问题，从而在不远的将来为人民币国际化进程扫除阻碍。

---

① 数据来源：国家统计局。

第八章　人民币国际化的路径选择

人民币国际化的路径分析重要而又复杂，总体而言，人民币国际化采用的是周边化—区域化—国际化路径。人民币首先在我国港澳台地区及周边国家和地区实现自由流通和使用，再发挥国际货币的职能，成为周边国家广泛接受的结算、计价、贮藏货币；在此基础上，进一步扩大人民币的跨境使用范围，利用"一带一路"的政策优势、"中国—东盟自由贸易区"的合作便利，盯准亚洲地区，实现人民币亚洲区域化；最终，在人民币周边化和亚洲区域化的基础上，随着我国经济发展水平和人民币在国际经济贸易中结算数量的稳步提升，人民币的国际地位逐渐升高，逐步成为全球广为接受和使用的国际货币，在世界货币体系内实现人民币国际化。本章将对人民币周边化、区域化、国际化的发展路径进行剖析，并针对每一阶段进行详细分析，提出可行的发展思路。

第一节　人民币周边化

人民币国际化进程中最基础的阶段是人民币在中国的周边国家实现一体化。人民币国际化的发展路径需要从实现人民币周边化起步，即人民币首先在中国的周边地区广泛流通，在周边国家的经济活动中逐步发挥计价单位、交易媒介和价值贮藏的职能。在中国与周边国家的双边贸易活动中作为结算货币，进而成为周边国家的投资货币，最终成为周边国家广为接受的主要储备货币，该过程即为人民币实现周边化的过程。

中国区域贸易实力强大，人民币具有良好的信用口碑，具有实现周边化的基础条件。人民币首先在周边国家发挥主要货币职能，为中国与周边国家的贸易往来和经济合作提供了便利，双边经济往来中无须进行货币兑换，节约了成本，防范了国际汇率波动风险。人民币周边化是推动人民币国际化的必要准备阶段。

人民币周边化进程不断深入，初步具备人民币从周边化向区域化转变的基础条件。人民币周边化起源于中国与周边国家的国际贸易活动。在2009年正式启动人民币国际化之前，基于边境贸易发展和经济开放，人民币已经在我国周边地区大范围流通和使用了，人民币周边化的主要事件总结如下：1993年我国陆续与俄罗斯、越南、蒙古国等八个周边国家签订了双边贸易本币结算协议，在一定程度上降低了双边贸易活动中的交易成本，有效增加了双方货币的外汇储备，双重防范外汇汇率风险，有利于货币体系的稳定，人民币在双边贸易和对外投资中受益；1994年人民币汇率制度正式实施；1996年中国成为IMF第八条款接受国，实现经常项目人民币可兑换；1997年人民币成了柬埔寨的储备货币，储备货币角色是一国货币实现国家化的最高级阶段；2001年中国加入WTO，按照WTO要求逐步实现货物贸易、服务贸易和贸易投资自由化；2002年中国开始实施QFII制度，随后逐步开始实行RQFII、QDII制度，进一步推进资本项目开放；2008年，人民币国际化的概念首次被提出。近些年，我国经济发展水平稳步提升，成为东亚地区经济实力最强大的国家，持续扩大与周边国家的贸易往来。人民币在我国周边地区具有重要影响，基本完成了人民币的周边化阶段。目前，随着双边本币互换协议的签署，人民币已经在越南、老挝、俄罗斯、印度尼西亚等共建"一带一路"国家广泛流通，为进一步实现人民币区域化奠定了坚实的基础。为深化人民币周边化程度，本节提出以下相关路径。

一 优化人民币跨境业务，加强经贸往来

我国实现周边化的过程与周边国家的贸易往来是密不可分的，应通过对人民币的跨境结算平台、服务质量、渠道和政策保障进行不断优化，消除跨国经济活动中使用人民币进行支付的操作层面上的制约，为进出口企业在跨境贸易中使用人民币直接进行结算提供保障和便利，提升人民币境外使用环境质量，更好地为境外经贸活动提供互联互通功能服务，进而在中国与周边国家的贸易交流的持续强化中，带动更多境外地区使用人民币，稳慎推进人民币国际化。具体措施包括以下几点。一是进一步放宽人民币现金出入标准，允许个人携带更大金额的人民币现金出入境。二是与其他国家签订双边支付结算协议，提高人民币在边境经济贸易中的使用频率。三是为边境贸易提供政策上的倾斜，提高边境贸易的贸易总量。四是与更多的国家和地区建立相关业务往来。以人民币银联卡为例，银联标识覆盖的国家越多，说明与我们建立双边经贸往来的国家和地区越多。可以从与我国接壤或者距离较近的国家入手，通过贸易合作或者直接投资的方式，提高人民币的使用率。五是通过立法的方式，让我国的边境贸易得到法律层面的规制，确保人民币的流通能够向着正规合法的方向持续发展。

二 推动人民币金融产品创新

人民币的离岸产品应该做到多样化，应对离岸人民币市场进行更加深入的挖掘。在金融产品方面要尽可能做到和既有产品有所区别，让跨境贸易和投资中的人民币计价比例得到有效的提升。

第一，确保人民币在离岸金融市场中能够保持活跃状态。协调在岸银行和离岸银行之间的关系，提高跨国公司对海内外资金的管控度，进一步降低资金周转所需要的时间，进一步扩大境外市场对人民币的需求，提高人民币在离岸金融市场中的活跃度。

第二，金融体系的改革创新和金融市场的发达是强化非居民持有人民币的信心的重要因素。首先，人民币的境外套期保值和套利需求随着外汇市场的发展不断增加，需要通过不断丰富和创新流动性、收益性和安全性较好的金融产品来满足境外人民币的投资理财需求。例如，为加强人民币在香港的使用和流通，商业银行可以加大人民币债券在香港的发行金额和发行数量，增强人民币投资的信心。其次，可以在一定的风险承受范围内，为加强人民币和更多大宗商品之间的联系，积极推进各品类大宗商品期货合约上市，进而扩大人民币在国际商品计价、结算中的地位。最后，中国需要不断地完善金融风险监管体制，人民币在周边国家经济活动中越发活跃的同时也带来了一定的金融风险，为了提供更为便利的外汇风险管理工具，降低外汇风险造成的损失，可以积极开展人民币远期交割和期权交易，有效防范金融风险，增强持有人民币的安全性。

三 加强人民币跨境结算基础设施建设

从三种人民币跨境结算方式出发稳步加强境内外人民币基础设施建设，提升人民币跨境结算的便利性、效率和安全性，进一步助力人民币国际化进程的发展。推进人民币境外使用的基础设施建设可以以人民币目前进行境外结算的方式为入手点，分别是人民币跨境支付系统（CIPS）、代理行以及人民币清算行，三种模式优势互补，满足不同的人民币支付需求，为人民币国际化提供重要支持。三种模式共同发力、统筹设计是强化人民币境外基础设施的根本路径。

具体而言，人民币清算行方面，加强对人民币清算行的重视程度，发挥清算行的独特优势。以国际经验来看，随着资本项目可兑换程度的提高，跨境支付系统对清算行模式存在一定的替代性，但仍有很多机构偏好清算行模式，原因包括：自身业务规模较小，没有参与跨境支付的长期需求，希望节约成本；交易对手方主要位于境外，离岸结算更加便利；对境外的法律、语言、制度规则更加熟悉和适应等。人民币跨境支付系统方面，其与人民币清算行面对的人民币结算支付业务不同，两者优势互补，进而可以满足不同市场主体的支付需求。所以，在对两者的布局进行设计时，要综合考虑两者的业务关系。通过在境外增加中国商业银行的网点数量，进一步扩大人民币金融服务覆盖面，积极鼓励更多周边国家银行加入 CIPS；加强人民币结算的平台建设和服务能力，构建稳定、便捷、高效的人民币跨境结算基础设施，为境外企业和个人结算提供更好的交易环境。

四　探索创新货币合作机制，完善人民币跨境流动的监督管理

基于各周边国家的具体情况出台不同的货币合作机制，深化人民币在中国周边地区的使用。近些年，国内外经济形势复杂多变，加之逆全球化势力的影响，世界出现百年未有之大变局，中国与周边地区的关系亦随之改变。在此形势下，中国更应该创新国际合作模式，深化货币合作机制，满足新形势下不同国家的发展需求，打造周边共同体，加强中国与周边国家的伙伴关系，实现互利共赢，为周边国家的多边合作提供新的范本。可以通过出台相关政策或签订相关协议，促进直接挂牌交易在人民币和其他货币之间的运用；支持周边国家将人民币作为主要外汇储备；强化与周边国家在反洗钱、反恐融资、金融稳定、宏观审慎管理等方面的合作。

在人民币国际化的进程中需要注重风险管理，建立健全人民币跨境循环监测体系。随着中国境外业务的不断扩张和深化，人民币跨境循环的情况影响着我国的经济稳定和金融发展。因此，对人民币跨境流动的统计和监管十分重要。但目前我国的人民币境外监管制度仍存在较大缺陷和盲区。例如，相关法律法规不完善，一些金融机构因为逐利动机，铤而走险钻法律漏洞，通过非正规手段使得一些境外流动资金不在监管范围内；或者使人民币外债流动情况不在中国人民银行的监管范围内。

所以，为了对跨境资金的异常流动进行监测、分析和预警，加强市场自律管理，切实防范相关金融风险，提出以下路径。

一是健全人民币跨境循环的相关法律法规，尤其要加强对我国商业银行跨境支付业务的财务指标的管理，防止其将一些资金流动放到境外而逃避监管的情况发生，有效防范监管盲区；二是加强各国监管机构的合作，完善各部门信息的交流和共享机制。人民币跨境流动需要各金融机构和部门从不同侧重点进行监管，各部门应该将自己所获取的信息和监管情况及时共享，从整体上实现有效监管，避免在某环节出现问题时存在信息不对称和交流障碍，造成重大的金融风险，对人民币国际化进程产生负面影响；三是完善资本项目跨境的双向流动机制，借助科技手段，整合现有资源，将各个子模块有机结合起来，最大限度地发挥其整体的效果。

第二节　人民币区域化

人民币区域化是人民币走向国际化的必经阶段，是指人民币成为一定地理区域内的关键货币，最终借助区域统一货币的建立实现人民币区域影响力最大化的过程。人民币在周边国家和地区成为主要货币后，需将其货币职能的作用范围进一步拓展到一定范围的地理区域内，但不是周边的简单加总，而是取决于一定区域内的相互关联关系。人民币替代美元成为世界货币体系的核心，意味着中国的整个经济和大宗商品市场都需要与美国做斗争，这是一个复杂而且缓慢的过程。所以，人民币走向全球实现国际化并不能一蹴而就，需要利用中国的地理优势和在亚洲经济中的重要影响力，将着力点首先放在周边地区乃至全亚洲区域，国际化前必须先达到人民币区域化才是更为现实的做法。人民币区域化是实现人民币国际化的关键重心。

目前，我国已具备人民币区域化的基础条件，正处于人民币区域化的积极推进阶段。第一，在人民币区域化的地理范围上，主要以"一带一路"沿线的六大区域为着力点，现阶段人民币区域化主要以我国香港及东南亚区域为主导，其中香港的人民币贸易结算业务占比最大。第二，人民币区域化的实现方式上，可以采取"签署多边或双边协议"和"设立区域货币联盟"两种方式实现人民币区域化，目前主要以前者为主。我国双边或多边货币互换协议的签订主要以 RCEP（《区域全面经济伙伴关系协定》）成员国为核心展开，人民币已成为世界上第一大互换货币，截止到 2023 年 12 月末，人民币互换规模高达 4.16 万亿元，互换范围遍及 40 多个国家。① 签署多边或双边协议有利于相关国家贸易往来，从而形成自由贸易区和经济圈。鼓励采用人民币进行进出口支付，以此为载体加强区域内货币合作机制，实现人民币区域化。参考欧盟，设立亚洲货币联盟，通过建立亚洲货币体系、基金、货币单位和汇率机制，不断提升人民币在亚洲区域内的影响力，提高其权重，逐步实现人民币亚洲化。第三，从货币职能角度看人民币区域化的成果，目前人民币在周边区域主要边境贸易、旅游和外汇交易中发挥计价和结算职能，在香港的某些人民币业务中发挥价值贮藏职能，而储备货币的角色仅存在于柬埔寨、尼泊尔等极少数的国家，与真正发挥国际货币职能还存在较大差距。总体而言，人民币已具备区域化的基本条件，但区域化进程并不深入，仍有较大的完善空间和很长的路要走。近些年，中国—东盟自由贸易区、"一带一路"倡议和 RCEP 的签订，进一步强化了人民币作为区域内交易货币的可行性，本节以此为基础，探析人民币区域化的实现路径。

一　强化人民币与东亚地区的金融合作

东亚金融危机爆发以后，东亚各国对国际货币的关注度得到了很大的提升。国际货币可以进行投资、融资和贸易结算，外部风险则正是通

---

① 数据来源：中国人民银行《2023 年第四季度中国货币政策执行报告》。

过这些渠道进入东亚地区，并对东亚地区的政治状况和金融市场产生影响的。目前东亚各国之间的金融合作一直处于不断加强的状态，但是缺乏一个具体且坚固的框架，这就导致金融合作并没有发挥出其预期的作用。人民币国际化是势不可挡的，所以中国必须和东亚区域内的其他国家进行更加深入的金融合作，确保人民币在合作框架内能够充分发挥作用，同时，为人民币国际化提供助力。

东亚地区的国家对金融合作的积极态度主要是为了推动本国的经济发展，以及实现其在金融领域的各种创新。唯有让各国的经济都能得到不同程度的发展，才能让国与国之间的经济差距得到有效缩小。金融合作的前提是要有足够的政治基础，这一特征在东亚有着较为明显的体现。中国是东亚地区的大国，所以必须为东亚地区的金融合作做出努力。人民币应该成为东亚地区的主导货币，让其自身价值在金融合作中得到更加充分的体现，这样才能够扫清人民币国际化的区域障碍和环境障碍。

《清迈倡议》是东亚各国进行金融合作得到的一个典型成果，这样做的目的是创建一个亚洲货币基金组织。在这个组织框架之下，东亚地区不同国家之间信息流动速度会进一步加快，政策上的矛盾冲突也会有效降低。各国可以在这一框架下建立一个兼具合理性和有效性的管理预警机制。东亚地区国家间的贸易往来是相对稳定的，整体贸易量也相对较大。这种情况下，东亚地区整体的汇率稳定，对于各国来说都是有利的。要实现这一目标必须将汇率的波动压制在一定范围之内，推动东亚内部贸易规模的进一步扩张。另外，东亚金融合作的范围正在逐渐扩大，并且开始涉足债券市场。要让各国都能够成为亚洲证券市场的交易方和建设者，推动亚洲证券市场的发展，确保其整体向着更加协调、更加有效的方向不断完善。亚洲债券市场的标准必须做到统一，内部债券的融资比例也要进一步提升。

中国必须在亚洲金融合作中主动承担更多的责任和义务，让人民币成为区域货币市场的压舱石，提高东亚地区对国际金融市场的抵御能力。人民币虽没有实现完全可自由兑换，但是在东亚地区，人民币已经逐步实现交换媒介和价值贮藏的货币职能。综上所述，在新发展阶段下，通过金融合作和金融创新打破人民币在东亚地区的双边货币互换协议的合作机制，为人民币国际化创造良好的区域环境。

二　以"一带一路"为主战场推动人民币区域化

"一带一路"倡议为人民币区域化进程提供了新的突破点。当前人民币境外使用面临一些外部制约因素，潜力尚未完全发挥。一是贸易联系对货币国际地位的影响下降，金融交易中本币的使用对货币国际地位的影响上升，而人民币在金融交易上存在短板。二是我国企业谈判和议价能力不强，推动对手方接受人民币计价结算存在难度。三是新兴市场尚未真正走出国际，新兴市场对货币的需求并不稳定。进一步推动人民币跨境使用不能平均用力，可以聚焦中国与共建"一带一路"国家的金融和贸易合作，推动人民币在共建"一带一路"国家和地区的跨境使用。

第一，贸易角度。一是人民币贸易计价方面，重点突破议价能力较强的大宗商品的贸易计价，比如，与乌克兰的玉米贸易、与东盟的天然橡胶贸易等。二是人民币贸易结算方面，以与我国签署本币结算协议的国家和地区为重点，进一步扩大贸易结算范围，降低部分国家使用人民币的限制，开放金融市场，创新金融产品，更好地满足"一带一路"项目的金融服务需求。

第二，投融资角度，人民币信贷、股权投资、债券融资要共同发力。一是扩大出口信贷中人民币的使用，要重点推动人民币买方信贷的发展，可鼓励有长期合作关系的境外企业更多地使用人民币买方信贷。二是将股权投资作为发展重点，让丝路基金等中长期股权投资机构能够充分发挥其价值，为人民币海外基金的发展提供动力。三是要为人民币债券市场的发展创造出更大的空间，让离岸市场中人民币企业债券的占比得到有效的提升。创造出更加优越的环境，使离岸人民币具有更强的流动性。境内熊猫债市场的规则制度需要进一步完善和优化，缩减在发行规则、信息披露规则等方面与国际通用规则的差异。资金服务市场金融机构的覆盖面是人民币跨境使用场景拓展的基础，服务网络和金融机构的是人民币跨境使用的载体。要以"一带一路"为基点，让这些机构在共建"一带一路"国家扎根并铺开，这样才能够继续推动人民币的跨境使用。要将开发性金融的价值充分发挥出来，吸引更多的社会资本和商业性金融成为实际参与者，共同为人民币跨境离岸使用提供助力。

三 助力人民币成为亚洲投资和储备货币

人民币在国际发挥投资货币和储备货币职能，是人民币成为世界货币的最终表现形式。从长远来看，人民币区域化的目标在于首先实现人民币亚洲化，在亚洲区域内发挥投资和储备职能。为实现人民币在亚洲区域内的投资职能，可以通过人民币的直接投资方式，设立亚洲基础设施投资银行，通过贷款、股权抵押等方式为区域内的基础设施提供投资服务。我国在劳动力输出和工程项目承包上具有相对优势，通过建立"跨国公司—项目承包—银行贷款"的链式服务，扩大人民币在亚洲区域内的投资，参与亚洲地区企业的发展。

人民币成为亚洲国家的储备货币意味着人民币既是个人的主要储备货币也是政府的干预资产。要想发挥储备货币的职能，一是要实现资本账户开放，目前我国多数资本项目实现了部分可自由兑换和完全可自由兑换，之后可以通过优先放松长期资本管制，对金融机构的限制优先于对非金融机构和个人的宽松管制等原则，再逐步放松对资本项目的投资准入制度和投资额度限制，允许东盟成员国政府、境外清算行和境外代理行投资我国银行间债券市场。二是强化人民跨境流动的法律法规，为其他国家持有人民币提供安全保障。三是我国能够向全球输出流动性。四是我国具有发达的金融市场可以有效防范金融风险。五是完善我国的银行业务，使其有能力接受来自外国央行的大规模存款流入，并愿意对外放贷。在新的发展阶段下，我国应保持冷静，走稳健的道路，加强国内制度改革，推进人民币的多边合作，整合亚洲市场，稳定人民币在亚洲的地位。

第三节　人民币国际化

人民币国际化的最终阶段是人民币成为全球范围内的储备货币，从人民币区域化到人民币国际化的转变是一个复杂且漫长的过程。2008年金融危机让各国意识到了一家货币独大的弊端，所以一直在积极开展国际货币体系的改革，探索多元化国际主权货币的发展模式。内外部形势的变化，对人民币国际化提出了更高的要求。从内部看，我国处于新的发展阶段，经济处于高质量发展阶段，对人民币国际化的发展提出新的要求；从外部看，中美严峻的关系倒逼人民币国际化，日本、欧洲货币国际化提速威胁人民币的国际地位，金融科技迅猛发展为人民币国际化带来新机遇。中国在人民币国际化的路上持续前进，取得了大量的成果。但是，人民币成为全球储备货币道阻且长，人民币的国际地位与中国在世界的地位存在较大差距，在世界中的国际影响力仍不及美元，且在金融交易中的使用十分匮乏。在新阶段下，中国应该抓住推进人民币国际化的重要机遇，突破现阶段人民币国际化进程中的障碍，积极探索人民币区域化到国际化的路径。

本书认为实现人民币国际化既要综合考虑国际货币体系的现状，又要结合新发展阶段下中国的具体情况，选择适合中国的人民币国际化路径。具体来看，可分为两步：首先，重新审视现有的国际货币体系，积极推进体制改革，强化人民币在国际货币体系中的地位；其次，侧重

"以内为本"，提高我国的综合实力，完善金融体制，促进国际金融支持、产业合作和信息共享。基于以上路径，充分利用离岸市场的中介作用，最终实现人民币区域化—离岸化—国际化的转变，促进金融市场和资本项目的对外开放。综上所述，在新的经济形势和发展阶段下，人民币国际化实现路径应该是既适应全球市场又符合中国国情的，朝着建立一个公平、公正、多元的新型国际货币体系不断前进。

一　重新审视和积极改革现有国际货币体系

充分认识现阶段下的国际货币体系，发现其存在的缺陷，有利于有针对性地对国际货币体系进行完善。当前的国际货币体系是以牙买加协定为基础的"牙买加体系"，其有如下特点。一是黄金与美元脱钩，退出国际清算的舞台，货币的发行保持独立不再依赖黄金。二是特别提款权（SDR）作为国际储备货币，国际储备货币多元化，不再仅以美元为主，对"特里芬难题"起到了一定的缓解作用。三是实施有管理的浮动汇率制度，更具灵活性。四是可采用汇率制度、利率机制、外汇储备等多种国际收支调节机制，对国际收支平衡起到一定的调节作用。

然而，现行牙买加货币体系并不稳定，其仍存在许多根本的问题。一是仍存在"特里芬难题"。当前的货币体系虽然对特别提款权的国际储备货币地位有一定的提升作用，但美元仍然是国际贸易结算中的主要计价和结算货币，且在其他国家的外汇储备中占较大比重。二是浮动利率制度加剧了汇率波动风险。这种汇率制度不受约束，可以自由对汇率进行调节。美国作为国际上的主要储备货币，可能为了自身利益最大化采取有利于美国国内发展的货币政策，而忽视对国际市场稳定性的影响，增加了金融危机发生的概率。三是发达国家和发展中国家的风险防范能力不同，为了抵御外部冲击、均衡国际收支逆差所持有的国际外汇储备也存在较大差异，所以该体系在国际收支条件上存在失衡和非对称性。

综上所述，现行的国际货币体系并不具备稳定性和对称性，无法有效保障国际汇率稳定和国际收支平衡，容易引发金融危机，所以改革势在必行。中国应在此变革中抓住机遇，提高人民币在国际货币体系中的地位，进而推进人民币成为国际货币。关于国际货币体系改革提出以下思路。一是为解决单一主权货币下的"特里芬难题"，构建多元国际储备货币结构。例如，发行国际货币，当前特别提款权（SDR）是国际货币的一种表现形式，可以对其进行更加公平和高效的制度改革；为保障国际货币币值的稳定性提出三元储备货币的概念，以美元、欧元、亚元为三大主要储备货币，相互制衡、相互竞争形成稳定的国际货币体系。二是改善现有国际货币基金组织的治理结构，使得国际货币体系更加公平合理。例如，增加发展中国家的基金份额和投票权，推动发达国家和发展中国家均衡发展；采取全球联动的多元监督管理机制，对各成员的货币流动及经济环境进行有效的监督管理，形成网络效应，防范国际金融风险。中国应抓住国际货币体系的变革，以国内和国外金融市场为载体，坚持三步走（人民币周边化—区域化—国际化）的现实路径，提升人民币在国际货币体系中的影响力，助力实现人民币国际化。

二 "以内为本"提高中国软实力

人民币的国际地位会随着中国经济实力的迅猛发展而不断提升。强大的经济基础对人民币的币值稳定和其他国家持有人民币的信心提供了保障，为人民币国际化奠定了基础。但是，我国经济的高增长主要依赖高投资和过度出口，此种增长方式对我国经济的持续增长及国际地位的提升产生了一定的抑制作用。因此，为了推进人民币国际化，提升我国的国际地位，需要进一步转变经济增长方式，调整经济结构，并通过加强国际分工与合作，提升我国的综合国际地位。

加快转变经济发展方式，调整经济结构。随着我国进入新常态，我国经济由高速增长向高质量发展转变，以前靠要素投入驱动的经济发展方式不能适应新阶段下经济持续增长的需求，要想实现经济的稳定增长，需要把促进发展的落脚点转移到提高质量和效益上来，这是实现经济持续健康发展的必然要求。

转变经济发展方式需要从以下几方面入手。一是将经济发展的着力点放在实体经济上。首先，我国必须重视和壮大实体经济，实体经济才可以真正满足新时代下人民日益增长的美好生活需要；其次，要加强金融服务实体经济的能力，例如深化改革，提高直接投资比重；创新多样化金融产品，适应不同企业的投融资需求；再次，拓展互联网+平台与金融体系的合作，节约交易成本；最后，制造业是实体经济的重心，要加大研发投入力度，重视研发创新，实现传统制造业向高端制造业的转变。二是通过优化相关政策积极鼓励企业创新，建设现代化经济体系，如政府补贴、税收优惠和创新奖励；重视研发人才的培养机制和体系，提高研发人员的能力；强化知识产权的法律保护机制，营造良好的创新环境。三是大力推进产业结构优化升级。努力加强农业基础设施建设，提高制造业水平，扩大服务业规模，促进三次产业在更高层次上协调发展。四是实施低碳和绿色经济，推动实现可持续发展。

第九章　人民币国际化的保障措施

第一节　有力夯实人民币国际化的保障基础

纵观现有国际货币（如美元、欧元和日元）的发展进程和路径演变，货币国际化的实现总体上具备五个条件：一是雄厚的经济实力；二是发达的金融体系；三是稳健的货币政策和积极的财政政策；四是充足的国际外汇储备；五是稳定强大的政治军事格局。

一　雄厚的经济硬实力

经济发展水平是体现一个国家综合实力的重要标志，具体可以考量该国 GDP 在世界的比重及该国对外贸易的份额占比情况。一国经济实力的强弱常常决定了该国货币国际地位的高低，该国货币的国际化程度也反映了该国的经济实力。我国于 2001 年加入世界贸易组织（WTO），此后，我国积极主动融入世界经济圈，参与国际分工与合作，在很大程度上促进了国内技术进步变革、传统产业转型升级和经济结构调整与优化，进而推动了社会主义市场经济的快速发展和人民生活水平的持续改善。就国内生产总值（GDP）而言，中国 GDP 在 2000 年才刚刚超过 10 万亿元，到 2022 年就已经超过了 120 万亿元（见图 9-1），由全球第 6 位挤入第 2 位，中国经济发展的变化是显而易见的。① 除总量优势以外，

---

① 数据来源：国家统计局。

中国的经济增长速度以庞大的体量基数一直稳居世界前列，也表明中国经济增长具有可持续和动力强劲的特征。

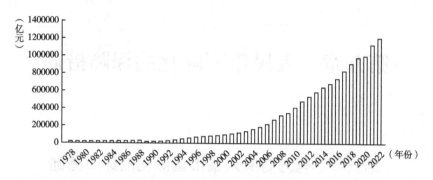

图9-1　中国国内生产总值趋势

资料来源：国家统计局。

党的十九大报告明确指出，"我国经济已由高速增长阶段转向高质量发展阶段"，新发展阶段的发展主题是实现高质量发展。近年来，新发展理念引领我国经济克难前行，通过在新科技、新材料和新工艺方面的持续投入和不懈努力，我国在5G、新能源汽车、高速铁路、航空航天和高性能复合材料等诸多领域取得了丰硕成果。当今时代想要实现高质量发展，需要获取新的增长动能，从要素驱动转向效率驱动、创新驱动，依靠技术创新和体制变革全面提高劳动生产率，在"卡脖子"领域潜心钻研，努力突破欧美国家的技术限制，保证经济增长动能源源不竭。

二　不断健全的金融体系

回顾全球主要货币的国际化进程，不难发现，其背后的主权国家或地区都有发达的金融体系，但又存在差异。世界上主要国家的金融体系包括直接融资方向的市场导向型，代表性国家有英国和美国；间接融资方向的银行导向型，代表性国家有德国和日本。中国是以国务院为领导，中国人民银行、银保监会（现组建为国家金融监督管理总局）、证监会为监管主体，多种金融机构并存和分工协作的金融体系。

　　货币政策方面，我国目前采取稳健的货币政策，这与经济学教科书上对货币政策宽松、中性、紧缩的表述是不一样的。"中国特色"稳健货币政策的含义是在币值稳定的条件下，妥善处理好防范金融风险和支持经济增长之间的关系，使货币供应量保持适度增加，同时提高贷款质量，扶持国民经济持续、快速、健康的发展。基于蒙代尔三元悖论，在人民币汇率体制不断改革与完善、资本账户有序放开的背景下，中国人民银行货币政策独立性势必得到显著提高，而人民币国际认可度的提高亦是保持货币政策独立性的重要保证。

　　企业组织方面，就目前来说，我国企业组织形式包括有限责任公司、股份有限公司、国有独资公司、个人独资企业、合伙企业、个体工商户、外商投资企业、全民所有制企业、集体所有制企业。代表企业包括贵州茅台酒厂（集团）习酒有限责任公司、中信证券股份有限公司、中国农业发展银行、索尼（中国）有限公司等，部分公司、企业的组织形式可以从名称上判断，而有些只能通过股权穿透图做进一步判断。作为经济活动的中心，企业组织是我国金融体系的重要参与者，也是金融市场运行的基础，在中国金融体系中占有举足轻重的地位。2022年1~4月，我国共出口69674亿元，增长10.3%；累计进口56125亿元，增长5.1%；贸易顺差13548亿元，增加38.9%。① 在当前国际国内形势错综复杂且日益严峻的背景下，我国的进出口总值仍然得以增长，表明外贸经济保持巨大韧性，对人民币的长期需求稳中有升，将稳步推动我国人民币国际化进程。

　　金融市场方面，据历史经验，在全球外汇市场中，高频交易和成交量通常是影响力较大的国际货币所具有的特征。美元作为全球范围内应用范围最广、发行数量最多的币种，深刻影响了国际货币金融格局。人民币要想发展成为国际货币，就必须抓住人民币外汇市场的巨大动能及发展潜力，两者是相互影响、相互促进的。通过构建和完善中国外汇市

---

　　① 数据来源：国家统计局。

场，人民币的流动性会得到极大提高，能较好地适应境内外企业结售汇需要，为风险对冲提供低成本工具，同时也能吸引外国资金，增加其在中国经济发展中的投入。

监管体制方面，我国的金融监管体制大体经历了四个时期，分别为统一监管时期（1984~1992年）、"一行两会"时期（1992~2003年）、"一行三会"时期（2003~2018年）、"一委一行两会"时期（2019~2022年）。①2023年中央将金融监管机构重构（见图9-2），从"一行两会"改革成"一行一会一局"，中国人民银行专注货币政策和宏观审慎监管，国家金融监督管理总局集机构监管与行为监管于一体，证监会则专司资本市场监管。一方面，现阶段的金融监管体制符合我国国情，有效规范了我国的金融秩序，降低和化解了重大金融风险，对稳定金融市场起到重要作用。另一方面，各类金融监管机构积极发挥指导监管职能，以中国人民银行为重要的业务窗口指导单位，进一步完善人民币跨境使用的政策支持框架，大力支持基础设施建设，提升人民币跨境使用的便利化水平；以政策性银行、商业银行和金融机构等单位为市场开展业务，持续丰富与创新市场中的人民币及其他衍生产品，为人民币跨境使用开辟新场景。

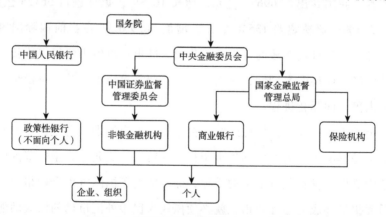

图9-2 我国现行的金融体系（2023年）

---

① 数据来源：《党和国家机构改革方案》。

三 稳健的货币政策和积极的财政政策相结合

2008 年全球金融危机的冲击影响巨大，我国为全面复苏和提振经济，提出实施适度宽松的货币政策。2010 年以后，中国一直实行稳健的货币政策。近年来，中国始终坚持稳健灵活的货币政策，以此引申出的相关提法"保持中性、松紧适度""灵活适度""灵活精准、合理适度"，核心含义是"稳而有力"，是中国国情下的特色表述。根据经济运行情况，中国人民银行适时调整政策方向，采用有效的中介工具，调节货币政策力度。货币政策的调控主要通过利率和汇率两大工具实现，通过央行的外汇管理和市场操作，平衡中国的国际收支，并建立以市场供求为基础、参考一篮子货币进行调节、有管理的浮动汇率制度，有效地维护了人民币汇率的合理稳定，促进了国内外经济活动的运行交流，防范和化解了重大国际金融风险的冲击。

在当前国际国内形势复杂多变、全球治理体系深刻变革下，适当有效的财政政策对稳定国家经济、引导市场预期的作用越来越凸显。我国长期保持积极的财政政策，保持适当支出强度，不断优化财政支出结构，着力保障和改善基本民生，积极落实减税降费政策，构建新发展格局，持续推动经济高质量发展。

总体来说，稳健的货币政策和积极的财政政策是人民币国际化强大的政策后盾。在货币政策上，利率和汇率是两大重要工具，央行通过灵活调整这两大工具，不断引导降低社会融资成本，为企业自身发展壮大、加强外贸往来等提供利率支持。此外，有管理的浮动汇率制度能够有效维护人民币汇率的稳定，增强企业的投资与贸易信心。财政政策上，稳健的财政状况有助于维持人民币币值的稳定，增强境外投资者持有我国国债的信心；同时，我国不断加大对金融基础设施的财政支出，提高了人民币在亚洲乃至全球的地位，推动人民币国际化进程。

四　充足的国际外汇储备

我国自 2001 年加入世界贸易组织（WTO）以来，对外贸易获得蓬勃发展，外汇储备平稳增长，主要原因有如下四点：一是外贸往来日趋频繁，企业增加外汇收入，在强制结售汇制度下，外汇收入转化成我国外汇储备的一部分；二是积极引进外商投资，境外资本大量涌入，设立总部、工厂和合资企业等；三是我国经济基本面长期向好，境外投资者信心和力度不断提高，通过资本市场和货币市场等吸引境外投资者新进和加大对华的投资；四是我国实行以市场供求为基础、参考一篮子货币、有管理的浮动汇率制度，收储了市场上多余的外汇现钞。诸多原因共同作用形成了人民币升值预期，在离岸人民币汇率不断攀升，人民币供不应求，央行必须介入干预并全额购进多余的外汇，从而导致外汇储备的持续增加。

从人民币国际化的角度看，巨额的外汇储备表明国家的强大经济实力与良好的国家信用，保证国际收支稳定，为人民币国际化提供了资本保障。随着外汇市场的发展与开放，投机套利和套期保值的需求不断上升，人民币国际化势在必行。市场逐渐活跃的同时可能伴有剧烈的波动风险，而充足的外汇储备对有效管理外汇风险、防范外部风险冲击和构建相对稳定的金融环境都起到重要作用。

五　稳定强大的政治军事格局

一国的政治安全稳定和军事实力强大是货币国际化的重要保障，但国际政治军事格局以及治理秩序的改变往往比经济贸易更有影响力。梳理当今主要国际货币的国际化路径，它们的国际化路径各不相同：美元国际化依靠美国强大的经济实力；欧元国际化依靠区域货币联盟发挥重要作用；英镑则依靠早期的殖民统治和海外贸易得以国际化；日元在贸易、资本与金融等自由化改革中获得良好国际化成效，但在挑战美元霸权地位的过程中遭遇冲击退回日元区域化进程。

我国的政治格局自新中国成立以来长期保持稳定，我国的军事实力已跃居世界第三，国内外都具备十分有利的条件为人民币国际化护航。从国际看，一方面，我国是联合国安理会常任理事国中唯一一个发展中国家，政府话语权不断提升；另一方面，我国是世界上最大的社会主义国家，奉行独立自主的和平外交政策，为构建人类和谐、世界和平环境做出了巨大贡献。从国内看，中国共产党领导的多党合作制度维护着国内政治社会的安宁与稳定，人民安居乐业，经济稳步发展；国防支出的稳定增长提升了中国的抵御能力，保证正常的经济建设，促进科学技术的发展。这些都将有力维护我国的国家主权与货币信用，营造优质高效的营商环境，增强全球投资者的投资信心，进一步吸引海内外资本的流入，为有效推进人民币国际化进程提供强力保障。

第二节 坚定支持人民币国际化的政策协定

一 "一带一路"下的人民币国际化

在全球经济复苏进程缓慢、国际形势复杂多变的大环境下，区域合作成为助推经济发展的重要动力和趋势。2013 年 9 月和 10 月，中国国家主席习近平在出访期间提出"一带一路"（The Belt and Road，B&R）合作倡议，提议开展更大范围、更高水平、更深层次的区域合作，受到国际社会的高度关注和周边国家的积极响应。"一带一路"建设立足于但不限于古代丝绸之路的范围，让世界各国和地区组织参与其中，利用自身优势加强经贸合作与商务往来，努力实现多赢的良好局面。截至2022 年 1 月 6 日，中国已同 151 个国家、30 多个国际组织签署了共建"一带一路"合作文件 200 余份。①

————

① 数据来源：国家发展和改革委员会。

"一带一路"倡议的提出不仅深化务实了共建国家的各领域合作，也为推进人民币国际化提供了良好契机，其建设将对人民币大规模应用于商品服务贸易、基础设施投资、产业基地建设、跨境电子商务和金融资源配置等方面起到至关重要的作用。

（一）积极推进多边贸易以人民币计价结算

据不完全统计，自 2011 年开通第一条重庆至杜伊斯堡的中欧班列以来，截至 2021 年底，中欧班列累计开行突破 4 万列，开通了 73 条线路，最终到达欧洲 20 多个国家的 160 多个城市。[①] 据海关统计，2022 年我国货物贸易进出口总值达 42.07 万亿元，比 2021 年增长 7.7%。其中，出口 23.97 万亿元，增长 10.5%；进口 18.1 万亿元，增长 4.3%。[②]

随着进出口规模日益增长，多边贸易若采用人民币计价结算，不仅可以刺激人民币需求，还能提升人民币在共建国家的市场地位。对于共建"一带一路"国家来说，面对庞大的贸易需求，以人民币为结算货币十分必要，可以提高共建国家贸易结算的便捷度，同时也可以有效避免外汇币值的剧烈波动带来的汇率风险，有利于双边和多边贸易的良好发展。今后，人民币将更多出现在各国贸易环节，为提高贸易结算的效率及保证贸易结算安全做出贡献。

（二）对外基础设施投资稳步增长

全球对"一带一路"倡议实施的投资继续保持较快增长。据商务部统计，2022 年，我国企业在共建"一带一路"国家非金融类直接投资 1410.5 亿元，较上年增长 7.7%（折合 209.7 亿美元，增长 3.3%）（见图 9-3），占同期总额的 17.9%，与上年同期持平，主要投向新加

---

① 数据来源：《推进"一带一路"建设工作领导小组办公室于 2021 年 6 月 20 日在京召开中欧班列统一品牌五周年工作座谈会》。

② 数据来源：中华人民共和国海关总署。

坡、印度尼西亚、马来西亚、泰国、越南、巴基斯坦、阿拉伯联合酋长国、柬埔寨、塞尔维亚和孟加拉国等国家。① 共建"一带一路"国家承包工程新签合同 5514 份，新签合同总额 8718.4 亿元，增长 0.8%，完成营业 5713.1 亿元，同期总额的 54.8%。②

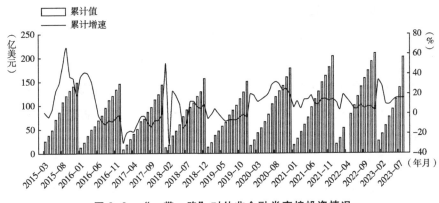

图 9-3　"一带一路"对外非金融类直接投资情况
资料来源：商务部。

当前，改善经济结构、提升发展水平、促进社会稳定是共建"一带一路"国家的主要发展目标，在基础设施、产业发展和民生领域具有巨大的投资需求。所以，中国应主动迎合这一需求，并以此宣传"中国基建"品牌，将人民币结算应用于这些方面的投资工程，扩大人民币的长远影响。

（三）不断发展跨境金融支持体系

我国金融机构和商业银行共同构建和完善了一个长期、稳定、可持续、风险可控的多元化融资体系，为共建"一带一路"国家的大型建设项目提供持续、充足、安全的资金支持。基于国际货币基金组织和世

---

① 数据来源：商务部。
② 数据来源：中国一带一路网。

界银行低收入国家债务可持续性分析框架，结合共建"一带一路"国家实际情况，2019 年 4 月 25 日，我国财政部发布《"一带一路"债务可持续性分析框架》，鼓励中国和沿线国家金融机构自愿使用，推进"一带一路"高质量发展。此外，我国还主导建立丝路基金、发起成立亚洲基础设施投资银行，引导国内政策性银行和金融机构为共建"一带一路"提供项目资金支持。

据国家开发银行披露，2021 年前两个季度共发放共建"一带一路"专项贷款 289 亿元的等值人民币，并设立第二期总额 150 亿美元稳外贸专项贷款。截至 2021 年末，"一带一路"贷款余额 1.95 万亿元，同比增长超 11%，支持共建"一带一路"国家绿色低碳转型和可持续发展，推动实施了一大批风电、水电、太阳能等清洁能源和生态保护项目。①

截至 2021 年末，中国与 22 个共建"一带一路"国家签署了双边本币互换协议，在 8 个共建"一带一路"国家建立了人民币清算机制安排。近年来，中资银行保险机构在支持"一带一路"建设方面取得了明显的进步。② 重点引导中资银行保险机构扎实拓展海外机构布局，截至 2020 年末，已有 11 家中资银行在"一带一路"沿线 29 个国家开设 80 个一级分支机构，3 家中资保险公司在新加坡、马来西亚和印度尼西亚拥有 7 个营业性机构。与此同时，共有来自 23 个国家 48 家银行的分支机构落户我国，其中新加坡的 1 家保险机构在华设立了合资公司。监管方面，我国已与 37 个国家和地区的金融监管当局签署了 122 份监管合作谅解备忘录（MOU）或监管合作协议。③

---

① 数据来源：国家开发银行。
② 数据来源：中国人民银行。
③ 数据来源：商务部。

二　人民币加入特别提款权货币篮子

（一）特别提款权构成及人民币发展情况

特别提款权（Special Drawing Right，SDR）于 1969 年首次发行，由国际货币基金组织（IMF）根据会员国认缴的份额分配，可用于偿还国际货币基金组织债务、弥补会员国政府之间国际收支逆差的一种账面资产。起初，SDR 的价值是通过美元、欧元、日元以及英镑等一篮子储备货币来确定的。IMF 总裁拉加德于 2015 年 1 月 30 日宣布人民币加入特别提款权货币篮子，该决议自 2016 年 1 月 10 日起生效。①

（二）人民币加入 SDR 将助推人民币国际化

人民币加入 SDR，标志着人民币进入世界主要货币行列，也是人民币迈向国际化的重要里程碑。2022 年人民币权重进一步增加，说明人民币与人民币资产在国际社会上的认可度和接受度提高，也说明人民币国际化正在稳步向前发展，体现了人民币在世界范围内影响力的不断增强以及我国金融开放所取得的丰硕成果。扩大 SDR 使用，不仅有利于实现人民币的计价和储备货币职能，同时也在一定程度上削弱美元霸权主义，为人民币国际化不断开辟全球空间。

根据 2017~2022 年的贸易和金融市场发展情况，国际货币基金组织执董会于 2022 年 5 月 1 日完成了五年一次的特别提款权（SDR）定值审查，保持现有 SDR 篮子货币构成不变，仍由美元、欧元、人民币、日元和英镑构成，并将人民币权重由 10.92% 上调至 12.28%，美元权重由 41.73% 上调至 43.38%，其他三种货币即欧元（29.31%）、日元（7.59%）和英镑（7.44%）的权重各有小幅度下降。② 人民币占 SDR

① 数据来源：国际货币基金组织。
② 数据来源：国际货币基金组织。

的权重增加，反映了人民币作为国际储备资产的需求数量不断增加，这将助推人民币国际化进程，提升人民币在境外的流通程度，增加国际贸易中以人民币结算的交易比重，减少人民币在外使用阻力。居民和企业在境外投资直接使用人民币，减少汇率波动的风险，提高人民币使用信心。

究其原因，一方面，我国的经济发展表现出了迅速和韧性，尤其是加入 WTO 以来，我国的贸易地位不断提高，经济实力大幅度提升，为国际市场的投资者注入了强心剂。此外，我国与周边地区频繁的贸易往来，加强了我国与周边东亚、南亚地区等新兴市场国家的交流联系，人民币在区域内的影响力与日俱增。其中，我国的汇率制度改革、金融产品推陈出新起到重要的保障和推动作用。另一方面，人民币入篮意味着国际货币基金组织对人民币的正式认可接受，是货币实力的权威体现。另外，我国发起"一带一路"倡议、中国—东盟自由贸易区、区域全面经济伙伴关系协定等区域经济一体化协议，建设亚洲基础设施投资银行、金砖国家新开发银行、人民币跨境支付系统等金融基础设施，展示了我国作为大国的强大实力和文化包容的崭新面貌，提升了人民币在周边区域甚至跨地区的接受度和使用度。总体来说，以人民币计价的金融市场规模将不断扩张，这有利于我国获得与人民币相关的铸币税收益，扩大我国金融市场的自由开放程度。

三 区域全面经济伙伴关系协定

（一）区域全面经济伙伴关系协定内容

《区域全面经济伙伴关系协定》（Regional Comprehensive Economic Partnership，RCEP）是由中国、日本、韩国、澳大利亚、新西兰和东盟十国共 15 方成员制定的协定。RCEP 的签订标志着全球人口最多、规模最大、潜力最强的自由贸易区正式成立，将促进亚太生产网络的整合与重构，挖掘贸易和投资的巨大增长潜力以及提高金融开放与金融合作水平，进而为推动人民币国际化进程创造广阔的需求和发展空间，进一步提升人民币在区域内乃至全球的国际货币地位。

（二）我国与 RCEP 成员国货币合作现状

根据中国人民银行披露，截至 2020 年底，中国已经与韩国、马来西亚、印度尼西亚、新加坡、新西兰、泰国、澳大利亚、日本 8 国签订了 26 笔货币互换协议，货币互换规模从 2009 年的 3600 亿元增长至 2020 年的 1.56 万亿元。除印度尼西亚外，其他 7 个国家的货币均在中国外汇交易中心挂牌交易。同时，马来西亚、新加坡、泰国、印度尼西亚、柬埔寨、菲律宾、韩国和澳大利亚 8 个国家已经将人民币纳入外汇储备。[①]

（三）实施 RCEP 对人民币国际化的推动作用

我国商务部等六部门于 2022 年 1 月 26 印发《关于高质量实施 RCEP 的指导意见》，提出提高人民币结算在贸易和投资发展的支撑作用，促进 RCEP 区域内贸易和投资活动更多采用人民币结算，有利于市场主体减少汇兑成本和避免汇率波动带来的风险。

RCEP 影响人民币国际化的作用机制包括如下三个方面。一是计价货币，我国对外提供的跨境商品服务多以人民币和美元同时计价，并在 RCEP 区域内铁矿石、铜矿石、农副产品等大宗商品上逐步使用人民币计价。由于我国的中小企业为经济增长做出巨大贡献，RCEP 为其单独设置了中小企业章，助力其开拓东南亚等重点海外市场。但中小企业在开拓海外市场中面临更大的外汇风险，使用人民币计价将有效减少汇率波动带来的汇兑损失，降低企业的财务成本并反哺企业经营。据海关统计，2022 年我国跨境电商进出口金额达 2.11 万亿元，同比增长 9.8%。由此看来，人民币在境外使用规模的拓展还有很大潜力。[②]

---

① 数据来源：中国人民银行。
② 数据来源：中华人民共和国海关总署。

二是交易结算，跨境电子商务的广泛应用为人民币的使用开辟众多场景，主要体现在批发与零售两大渠道上，人民币国际支付结算功能将得到进一步发挥。RCEP规定："各缔约方应当允许在其领土内设立的另一缔约方的金融机构进入由公共实体运营的支付和清算系统，并且以正常商业运行条件获得官方融资和再融资安排。"这将不断助力我国金融机构"走出去"，布局和拓展海外市场，同时将境外金融机构"引进来"，助力国内市场金融多元化发展。未来 RCEP 成员国间金融基础设施的日臻完善，不同币种的清算结算渠道畅通，为货币流通提供便利。

三是投资金融，RCEP 协定中的投资内容是我国首次在自由贸易协定项下以负面清单的形式对投资领域进行承诺的，这无疑进一步降低了市场门槛，吸引投资者参与到 RCEP 投资项目。

RCEP 生效后，区域内贸易顺畅度大大提高，巨大的贸易需求将作为重要动力，推动亚太地区经济增长，催生更多人民币结算需求。同时，密切的贸易往来将吸引 RCEP 成员国互设金融分支机构，满足双边贸易结算的金融需求，有力促进跨境金融沟通合作，为人民币国际化提供坚实的金融保障。

第三节　大力推进人民币国际化的设施建设

一　金砖国家新开发银行的设立

在国际金融危机背景下，中国、巴西、印度等发展中国家为了推动国际金融治理体系的变革，满足发展中国家基础设施建设的资金需求，提出设立金砖国家新开发银行（New Development Bank，NDB）。2014年7月15日，金砖国家领导人在会晤中达成共识，致力于推动南南合作的多边国际组织应运而生。2015年7月21日 NDB 在我国上海总部正式挂牌开业，标志着一个更加重视发展中国家需求和体现发展中国家理念的国际组织诞生，初始成员国有中国、俄罗斯、南非、印度、巴西，

2021 年 9 月 2 日迎来阿联酋、乌拉圭和孟加拉国的加入。埃及财政部部长马伊特于 2021 年 12 月 29 日发表声明称，埃及将成为金砖国家新开发银行的成员国之一。

新开发银行在运营过程中提出了四个"制度创新"，即平权治理机构、国别体系、本币投融资与可持续基础设施项目，倡导参与国家之间拥有平等地位，基础设施项目采用借款国的国家标准与发展模式进行融资，并且在本土货币市场投融资以避免货币错配。新开发银行的主要信贷对象为基础设施建设项目，包括可再生能源、数字基础设施、智慧城市、水资源卫生设施等，这在相当程度上缓解了发展中国家基础设施建设资金短缺的状况，对我国核心钢铁工业及重工业化产品的出口能够起到很好的拉动作用，通过使用人民币结算货款或信用贷款刺激出口的方式起到对人民币需求的促进作用。

同时，新开发银行的成员国有南非和巴西，这意味着我国的基础设施建设项目未来会更多投入这两个国家，从而促进人民币在非洲地区的使用，提升人民币的国际影响力。

二 人民币跨境支付系统的运行

人民币跨境支付系统（Cross-border Interbank Payment System，CIPS），是指专门办理人民币跨境支付清算业务的批发类支付系统，目的是整合当前国内外的人民币跨境支付结算的渠道资源，提高人民币跨境清算效率，适应全球不同时区的人民币业务发展需要，提高交易的安全性，构建公平的市场竞争环境。CIPS（一期）于 2012 年 4 月 12 日经中国人民银行立项建设，并于 2015 年 8 月 10 日上午上线运行。CIPS（二期）于 2018 年 3 月 6 日顺利投入试运行。

CIPS 的运行具有以下作用。效率方面，CIPS 运营时间延长至 5×24 小时+4 小时，已实现对全球各时区金融市场的全面覆盖，极大简化了境内外人民币的交易流程，提高了机构间的国际支付结算效率；费用方面，CIPS 直接参与者在系统内进行专线结算，节约了企业和个人的汇算费用；流动性方面，CIPS 与多种业务系统连接，机构参与者可以在各个账户间灵活地、自由地调动业务资金，以提高机构资金的流动性；国际化方面，CIPS 具有便利性、低成本性，并且其直接参与者对境外金融机构开放，使得各国企业、个人和金融机构的人民币使用意愿日益增强，扩大了 CIPS 的国际用户网络和社会影响，将在助力人民币国际化等方面发挥着重要作用。

跨境支付清算体系涉及主体众多，运行环节紧扣，清算机制复杂。为了解决目前存在的问题，中国人民银行与环球银行间金融电信协会（SWIFT）成立了一家合资公司，将开发一种用于银行跨境支付的信息系统，目的有两个：一是建立本地网络集中点，增强网络信息传输的稳定性和安全性，确保跨境金融信息服务持续提供；二是存储跨境金融报文信息，适应央行的内部控制和金融监管的需要，有效防范核心运行风险和跨境金融风险。

三 亚洲基础设施投资银行

亚洲基础设施投资银行（Asian Infrastructure Investment Bank，AIIB，以下简称"亚投行"）是由我国政府倡导成立的区域间政府的国际组织与多边金融机构，于 2015 年 12 月 25 日在北京正式成立。亚投行以基础设施建设为核心，增进我国与亚洲其他国家与地区的合作，推动亚洲区域建设互联互通化、经济一体化进程。截至 2022 年底，亚投行的朋友圈越来越大，成员数量增至 104 个，遍布亚洲、欧洲、南美洲、大洋洲、非洲等地区。

自 2015 年成立以来，亚投行一直按照多边开发银行的模式运营，始终坚持国际化、规范化、标准化的运营原则，致力于为能源、水利、交通、公共卫生等领域的基础设施项目提供资金支持，促进成员国共同健康发展。截至 2022 年 6 月底，亚投行已批准 178 个项目，融资 350.7

亿美元，覆盖 33 个成员国，绝大多数项目采用主权融资方式，占比 66%，远高于非主权融资方式（34%）。项目投资领域集中在能源（35%）、金融制度（17%）、交通运输（15%）、经济复苏（10%）和公共卫生（10%）。[①] 亚投行积极履行自身职责使命，帮助成员国推动基础设施建设，实现国民经济的稳定发展。同时，亚投行国际社会赞誉不断，三大国际信用评级机构——标准普尔、穆迪和惠普均给予其最高信用评级及稳定的评级展望，联合国大会也授予其永久观察员地位。显然，亚投行的共商共建共享理念已经被世界认可和接受，成为国际多边合作的新典范。

亚投行作为我国主导的国际性多边金融机构，应利用大国优势、平台优势、信用优势，通过发行长期人民币债券、设立专门基金，将亚洲乃至全球闲散资金吸引到亚投行，加大对亚洲地区基础设施建设的投资，提高人民币支付结算的比例，推进人民币国际化进程。

第四节 展望未来人民币国际化的发展方向

一 扩大经常项目的人民币跨境使用规模

尽管跨境贸易人民币结算规模近年来持续增长，但仍存在两大瓶颈问题：一是虽然目前我国港澳台地区与东南亚国家的企业对人民币的使用意愿较为明显，但其他地区的人民币结算使用比重有待提高，欧美非地区的外贸企业在使用人民币结算时仍面临较大的汇率风险；二是人民币结算范围多集中在与我国相关的经济活动，海外国家、企业间开展贸易服务结算仍主要使用美元、欧元和日元等国际化程度更高的货币，若采用人民币结算可能会加大海外企业间的财务成本，一定程度上削弱了对人民币的使用意愿。

---

① 数据来源：亚洲基础设施投资银行。

经常项目人民币的跨境使用作为人民币国际化的重要基础之一，借助"一带一路"倡议的推动、中国—东盟自由贸易区的开展和《区域全面经济伙伴关系协定》（RCEP）的签署等，大力促进亚太地区和亚欧地区经济贸易的发展，满足外向型企业对跨境人民币金融服务的庞大需求，提升人民币跨境使用的服务便利，着力扩大人民币在经常项目的跨境使用规模，丰富人民币的使用场景。

二　深化人民币跨境投融资功能

由于股票通常在本国的股票市场上以本国货币发行和交易，国际债券、跨境债权债务等领域是货币国际化中投融资功能的主要体现。国际市场对人民币跨境的投融资需求正在不断增长，投资群体不断丰富。2022 年熊猫债市场规模稳中有升，熊猫债合计发行 52 只，规模达850.7 亿元。

我国要加强深化人民币跨境投融资功能，持续优化跨境贸易投资人民币结算环境，不断提升跨境投融资便利化水平。在资本项目上，围绕自由贸易试验区、粤港澳大湾区及上海国际金融中心建设，启动符合条件的合格境外有限合伙人（QFLP）和合格境内有限合伙人（QDLP）试点工作，稳慎开放跨境资产转让业务，丰富汇率风险对冲手段，积极推动人民币跨境投融资业务创新发展。

三　继续开展双边本币互换合作

本币互换业务是提高外汇储备的重要手段之一，截至 2022 年 7 月 8日，中国人民银行已与 40 个国家和地区的中央银行或货币当局签署双边本币互换协议，累计金额超过 4 万亿元。① 在美联储多轮的宽松、加息进程中，美元霸权体系使得全球各国经济受到不同程度的影响，特别是由希腊引发的欧债危机，对欧洲国家造成持续数十年的重创。对此，

---

① 数据来源：中国人民银行。

已经有越来越多的国家和地区选择加入"去美元化"阵营，以色列、瑞士等国家开始纷纷抛售美债，俄罗斯、沙特阿拉伯等国家开始降低美元储备。据 IMF 公布的数据，截至 2022 年第一季度，美元在全球外汇储备中仍位居第 1，占全球外汇储备的比重为 58.81%，但近年来呈现持续下滑态势，而人民币外汇储备占比由 2021 年第三季度的 2.66% 升至 2022 年第一季度的 2.79%，为历史高点，位居全球第 5。

放眼未来，立足于周边国家，以"一带一路"倡议和 RCEP 协议等为契机，扎实推进双边本币互换，鼓励人民币作为贸易结算货币，避免汇率波动给当地外贸企业带来结算风险，也将有效增强人民币支付手段和储备货币职能的发挥，提升各国将人民币作为外汇储备的意愿。

四　完善人民币国际化基础设施

人民币跨境支付系统是我国最为重要的金融基础设施之一，为国内外金融机构和商业银行提供人民币跨境资金清算、结算业务服务，同时也是人民币国际化重要的设施保障。在"金融＋科技"的技术驱动创新下，充分发挥中外资金融机构的人民币清算行职能，提高人民币清算与结算的安全性和效率性，提升人民币清算与结算的服务便利性。

继续建设和完善人民币跨境收付信息管理系统（RCPMIS），完善跨境人民币购售、贸易融资、业务往来等信息，加强 RCPMIS 系统信息采集和统计分析功能，以实现对人民币跨境业务及时、准确、完整的监测和统计分析。

第十章　人民币国际化的先行先试：深圳探索

2019 年 8 月，以习近平同志为核心的党中央决定支持深圳建设中国特色社会主义先行示范区，并公布了《中共中央、国务院关于支持深圳建设中国特色社会主义先行示范区的意见》（以下简称《意见》）。根据《意见》，随着改革开放的深入和经济发展进入新的阶段，中共中央支持在深圳建设中国特色社会主义先行示范区。《意见》公布后，围绕深圳建设中国特色社会主义先行示范区，中共中央各部门、广东省及深圳市积极响应，纷纷出台大量的政策性支持文件，如：中共中央办公厅、国务院办公厅于 2020 年 10 月 11 日印发了《深圳建设中国特色社会主义先行示范区综合改革试点实施方案（2020-2025 年）》，以落实《意见》的具体要求，谋划布局五年的实施方案；国家发展改革委、商务部于 2022 年 1 月 24 日印发了《关于深圳建设中国特色社会主义先行示范区放宽市场准入若干特别措施的意见》，特别放宽深圳市场准入条款，支持深圳中国特色社会主义先行示范区的建设；中共广东省委、广东省人民政府于 2021 年 4 月 25 日印发了《关于支持实施深圳建设中国特色社会主义先行示范区综合改革试点的若干措施》，提出支持深圳中国特色社会主义先行示范区建设的 22 项具体事项，以响应党中央的要求并为改革试点的推进提供条件；深圳市委、市政府于 2019 年 12 月 11 日印发了《深圳市建设中国特色社会主义先行示范区的行动方案（2019-2025 年）》，及时跟进党中央意见，制定为期 6 年的具体行动方

案；深圳市地方金融监督管理局于 2023 年 1 月 9 日发布了《关于加快
建设深圳国际财富管理中心的意见》，从中国特色社会主义先行示范区
金融发展的视角，支持深圳扩大数字人民币的应用，加快建成具有国际
影响力的财富管理中心。

　　支持深圳建设中国特色社会主义先行示范区是一项最终目标，其本
身包含多个子目标，探索推进人民币国际化先行先试正是建设中国特色
社会主义先行示范区的一个方面。根据《意见》第五条，中共中央、
国务院明确支持深圳"在推进人民币国际化上先行先试，探索创新跨境
金融监管"。自《意见》发布之日起，围绕着推进人民币国际化先行先
试这一目标，深圳市各级政府全力以赴推进落地实施，有很多的举措，
也取得了一定的成果，明确了未来的探索方向。

　　那么，中共中央、国务院为什么会选择深圳探索推进人民币国际化
先行先试，深圳具备哪些推进人民币国际化先行先试的主客观条件？深
圳有哪些推进人民币国际化先行先试的举措，并取得了哪些成果，未来
有哪些进一步推进人民币国际化的方向？作为中国特色社会主义先行示
范区，有哪些探索推进人民币国际化先行先试的"深圳经验"？这些都
是本章要讨论的重点问题。

第一节　深圳探索推进人民币国际化
先行先试的条件和举措

　　在第七章，我们分析了人民币国际化的条件，认为强大的经济基
础、较高的外贸份额、完善的金融市场、发达的数字经济以及正确的政
策指引是人民币国际化的重要支撑。深圳作为改革开放的第一个经济特
区，对外开放程度很高，经过 40 余年的发展，已经在经济发展、金融
市场建设、数字经济发展等方面取得了瞩目的成就；同时喜迎粤港澳大
湾区、先行示范区"双区"驱动发展机遇，各项改革与发展政策落地，

着力打造社会主义标杆城市、"一带一路"重要枢纽，可以说深圳具备探索推进人民币国际化先行先试的条件。在深圳探索推进人民币国际化先行先试也是国家的战略选择，深圳探索推进人民币国际化的举措和经验也将为更多的城市提供参考。我们将从区位优势、经济发展、外贸规模、金融市场、数字经济、政策指引和主观意愿七个方面分析深圳探索推进人民币国际化先行先试的条件，并总结深圳探索推进人民币国际化先行先试的各类举措。

一 深圳探索推进人民币国际化先行先试的条件

（一）区位优势

深圳毗邻香港，区位优势明显。香港是国际金融中心、人民币最重要的离岸市场，也是连接在岸与离岸人民币市场的桥梁。目前，跨境贸易人民币结算、人民币投资、人民币融资、境外人民币存款等与人民币国际化息息相关的各项业务绝大部分在香港展开。根据 SWIFT 的统计，香港一直是人民币最重要的离岸市场，占据主导地位，承接超过 70%的离岸人民币业务。同时，作为著名国际金融中心，香港遍布世界级银行和金融机构，内接"沪港通"（2014 年 11 月）、"深港通"（2016 年 12 月）、"债券通"（2017 年 7 月）等互联互通机制，可极大丰富人民币国际化的渠道，拓展内地与世界的联通。国家重视香港的独特地位，期冀香港与内地深度融合发展，并于 2019 年 2 月 18 日印发《粤港澳大湾区发展规划纲要》，打造香港与内地深度合作示范区。作为粤港澳大湾区的另一个核心城市，深圳毗邻香港这一人民币最大的离岸市场，具备探索"深圳+香港"模式、推进人民币国际化先行先试的独特区位优势。深圳与香港实现了全天候的便捷通关和多类型的交通方式畅通互达，罗湖口岸、皇岗口岸、深圳湾口岸、福田口岸、蛇口码头、宝安国际机场等交通枢纽全天有多班次往返，最快可 1 小时内到达香港，这是其他城市无法比拟的。与香港互联互通，强化深港融合发展，共同推进人民币国际化进程，积极探索"深圳+香港"模式，可以说既符合国家的战略需求，也只有深圳可以做到。

深圳港口众多，枢纽作用凸显。从地理位置来看，深圳东临大亚湾和大鹏湾，西濒珠江口和伶仃洋，南隔深圳河与香港相连，拥有大量的港口，沿海加港口优势使得深圳远超内陆城市，枢纽作用凸显。深圳港拥有包括蛇口、福永、盐田、赤湾、妈湾、内河、东角头、下桐沙渔涌、大铲湾等在内的众多港口，截至 2022 年底，集装箱累计吞吐量首次超过 3000 万标箱，成为全球第四个（上海、新加坡、宁波之后）突破 3000 万标箱的港口。① 得益于港口的存在，深圳承载大量的国内外贸易，具备推广人民币结算的基础条件。同时，深圳地处祖国南北经济大动脉的最南端，在这里内陆经济走向结束，也是在这里对外经济走向开始，因此深圳枢纽作用凸显。作为改革开放后最耀眼的对外开放城市及"一带一路"的重要节点，深圳具备探索推进人民币国际化先行先试的区位优势。

（二）经济发展

1980 年 8 月，深圳经济特区正式设立，经过 40 余年的发展，深圳 GDP 高速增长，2022 年达到 32387.68 亿元，创造"深圳奇迹"。深圳经济的快速发展得益于我国对外开放制度的创新。从全国范围来看，2022 年深圳 GDP 位列上海、北京之后，排名第 3，其 GDP 名义增长率达到 3.3%，高于排名前两位的北京和上海（见表 10-1）。庞大的经济体量和良好的发展势头是推进人民币国际化的基础，作为改革开放的前沿、创新之都、头部城市的典范，深圳具备探索推进人民币国际化先行先试的经济基础。

---

① 数据来源：深圳市交通运输局。

表 10-1　2022 年国内 GDP 前十城市

单位：亿元，%

城市	排名	经济总量	名义增长率
上海	1	44652.8	-0.2
北京	2	41610.9	0.7
深圳	3	32387.68	3.3
重庆	4	29129.03	2.6
广州	5	28839	1.0
苏州	6	23958	2.0
成都	7	20817.5	2.8
武汉	8	18866.43	4.0
杭州	9	18753	1.5
南京	10	16907.85	2.1

资料来源：国家统计局、深圳市统计局。

（三）外贸规模

从整体的外贸数据来看，与经济发展水平一致，深圳的外贸规模自改革开放后快速扩大，2022 年进出口总额达到 36738 亿元，创历史新高，占同期广东省进出口总额的 44.2%，占粤港澳大湾区内地 9 市进出口总额的 46.3%。2022 年深圳机场口岸全年国际货运航班达 2.1 万架次，同比增长 26.7%；外贸货运吞吐量 77.6 万吨，同比增长 19.4%，连续 3 年实现增长。深圳港外贸航线近 300 条，进出口集装箱吞吐量近 2700 万标箱，同比增长 2.3%。2022 年，深圳对香港地区进出口 6509.2 亿元，占整体进出口总额的 17.7%，排名第 1。同时深圳对 RCEP 贸易伙伴及共建"一带一路"国家分别进出口 1.01 万亿元、8930.1 亿元，分别增长 7.8%、15.1%，拉动深圳整体进出口 3.9 个百分点。截至 2023 年 2 月底，深圳累计存续外资企业 71752 户，这些外资企业每年为深圳创造约 1/5 的 GDP、40% 的进出口贸易、近三成的税收。①

从全国范围来看，2022 年上海的进出口总额高达 41903 亿元，排名第 1，深圳紧随其后，排名第 2，然而深圳进出口同比增速领先上海。从出口来看，深圳 2022 年出口额达到 21944.8 亿元（见图 10-1），连续 30 年排在外贸城市首位，优势巨大。领先的外贸规模及外企数量，发达的航运体系和快捷的通关服务，与香港、RCEP 贸易伙伴及共建"一带一路"国家的深度贸易往来，这些都是深圳优于其他城市，适合探索推进人民币国际化先行先试的外贸基础。

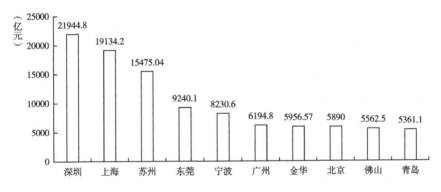

图 10-1　2022 年国内外贸出口前十城市

资料来源：中华人民共和国海关总署。

（四）金融市场

金融业是四大支柱产业之一，深圳的金融业发展水平一直处于全国领先的位置，金融实力强劲。2022 年深圳金融业增加值首次突破 5000 亿元大关，达到 5137.98 亿元，占全市生产总值的 15.9%，位居上海（8626.3 亿元）、北京（8196.7 亿元）之后，排名第 3。深圳市有健全的金融组织体系和丰富的银行资本，截至 2023 年 3 月末，深圳银行业

---

① 数据来源：中华人民共和国海关总署。

本外币资产总额 12.86 万亿元，本外币贷款余额 8.94 万亿元，实现多年快速增长，银行业本外币资产总额、存贷款规模位居北京（31.9 万亿元、30.4 万亿元）、上海（23.39 万亿元、22.38 万亿元）之后，位列全国大中城市第 3。各类型的金融机构管理着超过 26.6 万亿元的资产规模，约占全国总量的 1/5。深圳拥有全球领先的金融市场，提供多层次的资产配置，深交所 2022 年累计股票成交金额 128.25 万亿元，其中 IPO 融资额 2448 亿港元，排名全球第 2；2022 年底，上市公司总数达 535 家，其中 A 股上市公司 405 家，占全国的 1/8；A 股非国有上市公司 328 家，市值 7 万亿元，均居国内城市首位；2022 年深圳率先开展契约型私募基金商事登记试点，ETF 纳入互联互通机制正式开通，"深瑞通"正式启动，首批深市企业全球存托凭证在瑞士上市。在外资方面，2022 年深圳全年实际使用外资达 110 亿美元，再创历史新高，占全省的比重为 39%，规模持续位居第 1。[①] 在最新"全球金融中心指数（GFCI）"排名中，深圳位列第 9。[②] 健全的金融组织、丰富的金融资本、领先的金融市场、不断深化的对外开放和金融改革，都让深圳具备探索推进人民币国际化先行先试的金融基础。

（五）数字经济

作为创新之都、科技之城，深圳享有"中国硅谷"的美誉，重视科技水平的提高和数字经济的发展，在数字经济产业方面领先全国其他城市。2022 年，深圳数字经济核心产业增加值突破 9000 亿元，占全市生产总值的比重超过 30%，总量和比重均位居中国第 1。按照深圳"十四五"规划的预期，2025 年数字经济核心产业增加值预计将超 1.2 万亿元，不断步入新的台阶。[③] 深圳具备发展数字经济的基础和优势，信

---

① 数据来源：深圳市地方金融监督管理局。
② 数据来源：国家高端智库中国（深圳）综合开发研究院。
③ 数据来源：深圳市统计局。

息基础设施建设完善，数字产业集聚效应良好，数字经济生态企业竞争力强。深圳市内培育了以腾讯、中兴、华为、平安科技等为代表的大型数字生态企业，并构建了"大企业带动中小企业发展、中小企业为大企业注入活力"的数字经济发展格局，以数字经济赋能全市的高质量发展。

数字科技和数字经济的不断发展，不仅为经济创造了新的动能，也在结算方面有了更高的要求，数字人民币作为金融科技的代表性发展成果已经受到了广泛的重视。数字人民币的出现将对现有的国际货币体系造成深远影响，形成数字货币与主权货币相互交织的新格局。注入数字人民币元素的人民币国际化 2.0 版将为人民币国际化提供全新的机遇和路径，并成为中国国际竞争力提升的重要切入点。国家重视数字人民币的应用和发展，2020 年 8 月国务院同意在京津冀、长三角、粤港澳大湾区及中西部具备条件的地区开展数字人民币的试点工作，同时要求中国人民银行制定相关政策和保障措施，先由深圳、成都、苏州、雄安新区等地及未来冬奥场景相关部门协助推进，后续视情扩大到其他地区。深圳于 2020 年 10 月率先通过"摇号抽签"的方式向公众发放数字货币"红包"，这是数字人民币首次在公众层面进行的公开测试，同时深圳也一直在丰富数字人民币（跨境）使用场景和使用范围方面做出努力。数字经济的发展与数字人民币的应用使深圳在探索推进人民币国际化先行先试方面具备良好条件。

（六）政策指引

重大的战略离不开国家的统一部署和自上而下的政策指引，人民币国际化作为具有深远意义的发展战略同样如此。深圳在政策指引和执行方面，同样具备其他城市不具有的优势。深圳是一座特殊的城市，从立市到发展都是在国家改革开放各项政策的指引下完成的，可以说是我国政策正确和制度成功的典范。作为改革开放后设立的经济特区，深圳的发展具有鲜明的中国特色，各项事业取得显著成绩，已成为一座充满魅力、动力、活力、创新力的国际化创新型城市。新时代的深圳承接了新的发展使命，在 2019 年 8 月，以习近平同志为核心的党中央作出支持深圳建设中国特色社会主义先行示范区的重大决策，将深圳打造成中国特色社会主义标杆城市，对内示范、对外开放，探索在更高起点、更高层次、更高目标上推进改革开放，形成全面深化改革、全面扩大开放的新发展格局。围绕深圳建设中国特色社会主义先行示范区，中共中央各部门、广东省及深圳市均出台了大量的指引政策文件，给予深圳充分的指导和自主权，将发展目标具体化、阶段化、落实化。2019 年 12 月 11日，深圳市委、市政府印发《深圳市建设中国特色社会主义先行示范区的行动方案（2019—2025 年）》；为贯彻落实习近平总书记关于深圳改革发展的重要指示批示精神和《中共中央、国务院关于支持深圳建设中国特色社会主义先行示范区的意见》有关要求，积极稳妥做好综合授权改革试点工作，2020 年 10 月 11 日，中共中央办公厅、国务院办公厅印发《深圳建设中国特色社会主义先行示范区综合改革试点实施方案（2020-2025 年）》；2021 年 4 月 25 日，中共广东省委、广东省人民政府印发《关于支持实施深圳建设中国特色社会主义先行示范区综合改革试点的若干措施》；2022 年 1 月 24 日，国家发展改革委、商务部印发《关于深圳建设中国特色社会主义先行示范区放宽市场准入若干特别措施的意见》；2023 年 1 月 9 日，深圳市地方金融监督管理局发布《关于加快建设深圳国际财富管理中心的意见》等。围绕国家制定的深圳建设中国特色社会主义先行示范区这一重大发展目标，各级政府积极响应和充分落实，最后在深圳这片改革开放的热土上耕耘。在深圳探索推进人民币国际化先行先试是建设中国特色社会主义先行示范区的一个方面，也是国家重点支持的一个战略，同样也需要在各项政策的指引下完成。在政策指引和执行方面，深圳具备探索推进人民币国际化先行先试的良好条件。

（七）主观意愿

在深圳探索推进人民币国际化先行先试既是国家战略的考量和政策的选择，也是深圳的主观发展意愿。根据深圳市地方金融监督管理局在2022年1月发布的《深圳市金融业高质量发展"十四五"规划》，深圳金融业在市场规模、总部机构、资源聚集、开放程度等方面与国际一流金融中心相比还有较大差距。与国内头部城市相比，虽然深圳金融业增加值在2022年突破5000亿元大关，却只相当于北京、上海的约60%，外资法人银行数量只约为上海的1/4、北京的1/2，CFA持证人才数量只约为北京的1/2、上海的1/3；自2018年我国放宽金融业外资持股限制以来，全国8家外资控股证券公司均落户上海、北京，全国31家外商独资私募证券投资基金管理人有28家落户上海。① 目前深圳的金融行业处在一个较高的发展阶段，但距离"具有全球重要影响力的金融中心"这一发展目标还有差距。在"双区"驱动的机遇下，地处粤港澳大湾区核心位置的深圳，以人民币国际化为契机，落地各项开放政策，在外贸和金融等多领域深化改革，实现更高水平的开放和更高层次的发展目标，这样的主观意愿也是深圳探索推进人民币国际化先行先试的基础和条件。

二 深圳探索推进人民币国际化先行先试的举措

在明确了探索推进人民币国际化先行先试这一政策目标后，深圳政府及时跟进，围绕推动跨境人民币结算便利化、丰富人民币资产配置、促进大湾区融合发展、打造重点合作示范区及推进数字人民币应用五个方面，制定多项举措推进人民币国际化在深圳的发展。

---

① 数据来源：深圳市地方金融监督管理局。

（一）推动跨境人民币结算便利化

深圳推出"银行主导优质企业名单"的结算方式，推动跨境人民币结算便利化发展。作为改革开放的窗口，深圳一直践行我国对外开放政策，外贸规模发展迅速，出口更是自 1993 年开始连续 30 年居全国首位。外贸繁荣的背后是深圳政府对于推动跨境人民币结算便利化的不断探索。明确了探索推进人民币国际化先行先试这一政策目标后，深圳政府划前海蛇口自贸片区为试点区，于 2019 年 11 月开始推进贸易投资人民币结算便利化试点，获得较好成效后于 2020 年 6 月拓展至深圳全市，造就"银行主导优质企业名单"的深圳特色方式。过去因跨境人民币结算有其特殊的重要性，合规管理要求高，银行在处理外贸业务时往往需要花费大量的时间对贸易背景、货物报关等进行调查，并完成国际收支申报等必要步骤，企业也需要准备并提交很多相应材料，导致跨境人民币结算业务过于烦琐，流程长于一般的国内贸易。"银行主导优质企业名单"出台后，银行变"事前审核"为"事后抽查"，效率得到了极大的提升；优质企业提交材料数量也大幅减少，仅需要提交一份材料及后续配合银行抽查，有效节省了企业的各项成本，加快了企业内部资金的流转速度，跨境人民币结算业务的整体耗时减少 80%，便利化程度得到了极大的提升。截至 2022 年 8 月末，深圳共有 23 家银行参与了该项跨境人民币结算便利化试点，惠及优质诚信实体企业 1306 家，累计试点金额达到 3255.9 亿元。①

深圳推出"出口跨境电商直通车"业务，促进人民币在出口跨境电商业务中的应用。随着对外开放的不断深入，出口跨境电商业务有了长远的发展，逐渐成为驱动外贸增长的新引擎。为了扩大人民币在这种新业态中的使用，深圳辖区内银行推出"出口跨境电商直通车"业务，通过直接为出口跨境电商企业提供跨境人民币收款服务，降低了跨境人

---

① 数据来源：中国人民银行深圳市分行。

民币结算交易成本，同时提高了跨境电商企业的资金流转效率。"出口跨境电商直通车"业务实现了行业降本增效，并有效扩大了人民币跨境结算的规模，助力了人民币国际化的发展。

（二）丰富人民币资产配置

深圳市探索跨境人民币资产转让业务，为全球人民币资产配置中心建设提供支持。自 2016 年以来，中国人民银行深圳市中心支行率先开展了以国内贸易融资为标的的跨境人民币资产转让业务，具体包括银行福费廷、票据、保理等。这些全新的跨境人民币资产转让业务可以间接帮助实体企业获取境外融资渠道，降低融资成本，同时拓宽离岸人民币的使用渠道，满足境外金融机构对境内优质资产的配置需求。截至 2022 年 8 月末，全球共有 16 个国家和地区的 17 家银行参与了该项业务试点，累计成交金额高达 1972.2 亿元。[①]

深圳市率先启动前海跨境人民币贷款业务试点，实现了人民币资本项目回流的创新。2012 年 12 月，中国人民银行深圳市中心支行落地实施金融创新政策，在经过总行批准后发布了《前海跨境人民币贷款管理暂行办法》。按照该暂行办法的规定，前海企业可从香港银行借入人民币资金，从而有效降低企业的融资成本，实现人民币资本项目回流的创新。

深圳市设立人民币国际投贷基金，服务深圳企业"走出去"。2018 年初，中国人民银行深圳市中心支行向深圳市委、市政府提出关于深圳加快设立人民币国际投贷基金的建议，得到深圳市委、市政府的高度重视和积极回应，并于同年 7 月向中国人民银行总行提交在前海设立人民币国际投贷基金的申请，3 个月后正式获批，大湾区内部首家人民币国际投贷基金（博约基金）于 2019 年 6 月在深圳前海注册成立。人民币国际投贷基金的设立，能够有效促进人民币国际化，

---

① 数据来源：中国人民银行深圳市分行。

服务深圳企业"走出去"。

（三）促进大湾区融合发展

2019 年 2 月 18 日，中共中央、国务院印发《粤港澳大湾区发展规划纲要》，强调粤港澳大湾区内部城市群互联互通、协同发展。为积极落实《粤港澳大湾区发展规划纲要》，促进粤港澳大湾区内部跨境理财便利化，推进金融市场互联互通，打造粤港澳大湾区优质生活圈，中国人民银行广州分行、中国人民银行深圳市中心支行携手深圳银保监局、证监局等六部门于 2021 年 9 月联合发布了《粤港澳大湾区"跨境理财通"业务试点实施细则》，启动"跨境理财通"业务试点，增加粤港澳大湾区内部个人理财新途径，促进大湾区的融合发展。

同时作为粤港澳大湾区核心城市的深圳和香港，具备取长补短、深度融合发展的基础。香港是著名的国际金融中心以及最大的人民币离岸市场，推进深港深度融合发展对人民币国际化具有极其重要的意义。深圳政府致力于探索"深圳+香港"模式，打造前海深港现代服务业合作区，全面促进与香港金融市场的高水平互联互通，打造区域人民币金融中心，共同推进人民币国际化进程。

（四）打造重点合作示范区

深圳致力打造前海深港现代服务业合作区，试点高水平的金融开放，促进了人民币国际化的发展。前海深港现代服务业合作区是按照党中央的发展纲要在深圳辖区内设立的粤港澳大湾区全面深化改革创新试验平台，旨在进一步发挥香港国际金融中心作用，试点多类型的金融开放和改革措施，建设成促进粤港澳地区融合发展的典范并进行推广。前海深港现代服务业合作区成为试点推动人民币国际化的最重要平台。2023 年 2 月 23 日，中国人民银行会同银保监会、证监会、外汇局、广东省人民政府联合印发《关于金融支持前海深港现代服务业合作区全面深化改革开放的意见》，提出扩大香港居民代理见证开立内地个人Ⅱ类、Ⅲ类银行账户试点银行范围；提升粤港澳大湾区资金融通便利度，满足离岸市场正常的人民币流动性管理需求；稳步扩大跨境资产转让范围，支持前海合作区内证券公司在境内开展跨境业务试点、承销熊猫债业务等，允许证券业金融机构在香港开展直接融资；支持深圳证券交易所设立粤港澳大湾区债券平台，推动内地与香港交易所债券市场互联互通机制建设；支持前海合作区保险机构与香港保险机构合作开发针对合作区居民符合规定的医疗险、养老险、航运险、信用保险等跨境保险产品，有序探索深港私募通机制；支持大宗商品跨境现货交易人民币计价结算业务等；支持前海合作区内符合条件的机构接入人民币跨境支付系统（CIPS），促进人民币跨境支付系统拓展粤港澳大湾区业务；扩大基于离岸银行账户（OSA）的离岸业务范围，允许已取得离岸银行业务资格的商业银行在前海合作区设立离岸银行业务专营机构或法人机构，为实体经济开展离岸业务提供金融服务等建议。这些都是探索推进人民币国际化先行先试的重要举措。

（五）推进数字人民币应用

随着数字经济的发展，数字人民币得到了越来越多的重视，其在跨境领域的应用将成为促进人民币国际化发展的新方向，加入数字元素的人民币国际化2.0版本成为深圳探索推进人民币国际化先行先试的重要方向。深圳充分发挥金融科技的优势，不断致力于深入推进数字人民币的研发、试点和推广工作，搭建数字平台、丰富应用场景，推进数字人民币跨境支付和国际业务中心建设，支持多边数字货币桥等重大项目建设，有序拓展跨境支付场景，加强国际交流合作，支持中国人民银行贸易金融区块链平台建设，鼓励数字货币、区块链技术在跨境贸易、跨境投融资、资金清算结算等重点领域的研究应用，鼓励结合实体产业发展在深圳落地更多有益场景。

第二节 深圳探索推进人民币国际化
先行先试的历史进程和方向

一 探索推进人民币国际化的深圳进程和发展现状

作为改革开放的最前沿阵地，深圳在推进人民币国际化进程中敢想敢干、奋勇争先，积极发挥粤港澳大湾区、先行示范区"双区"的核心引擎作用，有效推动深圳对外经济高质量发展，为实现人民币国际化提供了巨大能量和经验借鉴。以下将按事件发生的顺序依次介绍深圳推动人民币国际化的历史进程。

（一）历史进程

1. 试点跨境贸易人民币结算业务，开启深圳人民币国际化进程（2009 年 7 月 7 日）

国务院常务会议 2009 年 4 月 8 日正式决定，深圳作为首批五个试点城市之一，将于同年 7 月 1 日开展跨境贸易人民币结算试点。该项试点开展后，有外贸往来的企业可以直接用人民币进行资金结算，能够节省采用美元等其他外币结算所产生的汇兑成本，加快货币资金在生产运营环节的流通。尤其是在美国金融危机后，其货币当局大量发行美元，美元贬值压力加大，深圳的外贸企业使用人民币结算能够更加灵活地应对汇率变动，避免承担大额汇兑成本。结算试点在深圳的正式启动，标志着人民币国际化迈出了历史性的一步。

试点初期，跨境贸易人民币结算并未达到预期效果。根据数据，2009 年 7~10 月，跨境贸易人民币结算量仅有 7000 万元，远低于试点地区同期进出口额的千分之一。① 原因主要有三个方面：一是外贸企业

---

① 数据来源：中国人民银行。

对新政策的认识和了解不足；二是出口退税规定并未明晰，企业担心损失利润；三是报关程序烦琐等技术性问题影响使用意愿。随着外贸企业对政策的深入了解和技术性障碍的扫清，跨境贸易人民币结算量很快回暖，2010 年第一季度，我国银行累计办理跨境贸易人民币结算业务183.5 亿元，为 2009 年下半年结算量的 5 倍多。① 前期试点工作的顺利推进，为扩大跨境贸易人民币结算试点范围积累了宝贵经验。首批试点工作开展一年后，2010 年 6 月 17 日，财政部等五部门联合下发通知将跨境贸易人民币结算的境外地域扩展到所有国家和地区，增加 18 个省（自治区、直辖市）为试点地区，经审定后的试点企业可以享受出口货物退（免）税政策。

随着外贸业务的迅猛发展，深圳跨境贸易人民币结算量已于 2021 年底突破 3 万亿元，较 2012 年增长 5 倍，占本外币结算量的 47.5%，人民币在对外贸易中的活跃程度大大提升。深圳市的跨境贸易人民币结算业务规模和参与度居全国前列，截至 2022 年 8 月末，累计结算量达到17.4 万亿元，涉及 189 个境外国家和地区。参与该业务的商业银行有67 家，常规性参与的企业有 9.7 万家。②

2. 领先启动跨境人民币贷款业务，迎来人民币资本回流新局面（2012 年 12 月 27 日）

2012 年 12 月 27 日，中国人民银行深圳市中心支行经中国人民银行总行批准，正式发布《前海跨境人民币贷款管理暂行办法》（以下简称《办法》），这是前海深港现代服务业合作区成立以来落地的第一项金融政策，标志着前海地区正式开展了跨境人民币贷款业务。根据《办法》，在深圳前海注册并实际运营或投资的企业，可以从香港提供离岸人民币的银行借入人民币资金，并通过深圳市内的银行业金融机构完成资金转移结算。《办法》的出台，对支持前海企业发展和繁荣香港离岸

---

① 数据来源：中国人民银行。
② 数据来源：中国人民银行深圳市分行。

人民币市场具有以下意义。一是降低企业融资成本,规避融资汇率风险。内地的一年期贷款利率高达 6.6%,香港的一年期贷款利率只有 4.5%,企业选择在香港市场融资可以节省大量的利息支出,借入人民币的同时也可以规避汇率风险。根据实施细则,贷款利率和贷款期限都由双方根据资金实际用途协商确定,进一步提高了企业融资的灵活性。二是活跃离岸人民币市场,巩固香港金融中心的地位。前海跨境人民币贷款业务的开通,不仅增加了境外人民币的信贷用途,推动香港本土银行主动扩大人民币资产规模,而且有效提升了香港离岸人民币市场的活跃程度,进一步巩固香港离岸金融中心的地位。三是推进资本项目可兑换,有序开放金融市场。这一金融政策的出台落地,实现了人民币深港两地的"自由"流通,扩大了金融市场的开放程度,为我国完全实现资本项目可兑换提供借鉴启示,对人民币"走出去"具有里程碑式的重要意义。

随着前海跨境人民币贷款试点拉开序幕,广东南沙、横琴和江苏昆山等地也相继加入试点阵营。2015 年 7 月 13 日,中国人民银行广州分行对外发布《广东南沙、横琴新区跨境人民币贷款业务试点管理暂行办法》。从具体内容来看,此次试点在实施细则上与前海大同小异,进一步深化粤港澳金融领域合作,促进内地与港澳地区的跨境投融资便利化,发展香港金融中心的离岸人民币市场。同日,中国人民银行南京分行决定在昆山试验区开展跨境人民币贷款试点业务,将跨境人民币贷款业务的辐射范围扩大至中国台湾地区。

总体来看,跨境人民币贷款在深圳前海的率先放开,形成了以珠江口为核心的两岸三地金融创新改革试验区,肩负着我国全面深化金融改革的历史重任,为全面推进人民币国际化和资本项目完全可兑换积累经验。试点期间,170 家前海企业通过香港地区的银行共获得了 371 亿元的贷款,涉及香港贷款银行 36 家和深圳结算银行 28 家。[①]

---

① 数据来源:中国人民银行深圳市分行。

该项试点有效降低了前海企业融资成本，有力支持了前海的开发建设，同时为中国人民银行总行实施跨境融资政策改革积累了经验。2017 年 5 月，该试点政策成功升级为全口径跨境融资宏观审慎管理政策。

3. 推行跨境人民币资产转让业务，满足境内外金融机构资产需求（2016 年 12 月）

跨境人民币资产转让业务首先从转让不良资产开始。2016 年 12 月，深圳前海金融资产交易所在国家外汇管理局批准下完成了全国首单不良资产跨境转让业务。2017 年 6 月 1 日，国家外汇管理局印发《关于深圳市分局开展辖区内银行不良资产跨境转让试点业务有关事项的批复》，由此深圳成为全国首个获得授权的地区，能够自行审核管理辖内机构不良资产跨境转让业务申请。有了此前的成功经验与政策支持，自 2017 年起，中国人民银行深圳市中心支行将跨境人民币资产转让的品种扩充至国内信用证、福费廷、票据和保理等以国内贸易融资为标的。该项业务广泛深入开展，合理配置境内外金融市场的资金资产，间接丰富了深圳实体企业的境外融资渠道，提高了金融资产的流转效率，同时拓宽了境外离岸市场人民币的使用渠道，满足了境外金融机构配置境内优质资产的需求。

2018 年 6 月，广东金融资产交易中心也获得批复，设立银行不良资产跨境转让业务试点。此后海南、北京和上海相继开启相关试点工作，在境内信贷资产和贸易融资资产转让业务中取得积极成效。随着贸易融资需求的日益旺盛，在中国人民银行的指导下，上海票据交易所于 2020 年 11 月 3 日上线了国内首家跨境人民币贸易融资转让服务平台，显著提高了境内外市场主体的信息交换效率和交易结算效率。此平台的建设上线，不仅为国际金融市场提供更多优质的人民币资产，也将大大提升人民币的国际吸引力，形成人民币"引进来，走出去"的内外循环新格局，进一步巩固人民币在全球跨境贸易中的地位。

2022 年 9 月 30 日，首单跨境人民币贸易融资资产转入业务也在深圳前海落地实施。此举将境外优质资产引入国内金融市场，改变了过去单向转出跨境人民币贸易融资资产的局面，正式打通了人民币贸易融资资产转让业务的双向通道，有助于境内银行优化自身资产结构，深化发展在岸人民币市场，促进人民币跨境流通的良性双循环，持续提升金融服务实体经济质效。经过多年的深耕发展，前海在跨境人民币贸易融资资产转让业务上取得了显著成效。最新数据显示，截至 2022 年 8 月末，深圳前海地区共有 17 家银行参与试点工作，累计业务金额达 1972.2 亿元，境外资产接收方分布于全球 16 个国家和地区。[①]

4. 开通"出口跨境电商直通车"专列，助力跨境电商行业降本增效（2018 年 1 月）

近年来，随着国家外贸政策的不断出台、海外市场商品需求的增多以及消费者购物渠道的多元创新，中小企业越来越倾向于布局跨境电商以拓宽销售渠道和实现业务增长。跨境电商持续增长的势头迅猛，成为我国外贸增长强有力的新引擎和中流砥柱。据了解，跨境电商出口收款模式主要有两种：直接境内收汇和通过境内支付机构收款。境内收汇模式需要企业向银行和监管部门逐笔申报国际收支和报送跨境人民币信息，流程烦琐低效；跨境电商企业通过银行或第三方支付机构收款，集中办理收汇结汇和信息报送，极大地节省了人力物力资源。

为进一步便利中小出口卖家，2018 年 1 月，在中国人民银行深圳市中心支行的指导下，辖区内商业银行推出了"出口跨境电商直通车"业务，中小出口卖家无须通过第三方支付机构进行跨境收款，缩短企业海外收款链条，降低企业运营成本。具体来说，商业银行通过信息自动化处理系统，直接为跨境电商企业提供跨境人民币收款、境内清分、货币汇兑和收支申报等一揽子金融服务，由银行集中收款、集中审核和集中申报，实现全流程电子化，为中小企业缩短资金回流时间、节约跨境

---

① 数据来源：中国人民银行深圳市分行。

回款换汇成本，保障企业资金结算安全可靠。直通车的开通，不仅大大提高了跨境电商行业的整体运营效率，加速推动了行业的发展，还为企业提供了包括国际人民币信用证、电商融资在内的多样化金融服务，有效提升了金融服务外贸新业态的综合能力。截至 2022 年 8 月末，深圳市银行为出口电商企业办理收款业务 2146.4 亿元，累计节约成本 3.2 亿元，涉及中小企业 6 万家。[①]

5. 设立粤港澳大湾区首家人民币国际投贷基金，支持深圳企业大胆向外发展（2019 年 6 月 20 日）

为支持深圳企业"出海"发展，2018 年初，中国人民银行深圳市中心支行向深圳市委、市政府提出关于深圳加快设立人民币国际投贷基金的建议，得到相关部门的高度重视和积极回应，并于同年 7 月向中国人民银行总行提交在前海设立人民币国际投贷基金的申请，该申请于 3 个月后正式获批。

2019 年 6 月 20 日，由深圳市政府牵头、中国人民银行批准、国家发改委核准的粤港澳大湾区首家人民币国际投贷基金（博约基金）在深圳前海注册成立。此举是粤港澳大湾区建设战略的重要体现，并再次发挥前海改革阵地在我国金融业对外开放的试验性作用。2020 年 2 月，博约基金获批在香港设立子基金，投资总规模达 105 亿元，其中具有深圳国资背景的深圳市引导基金认缴投资 40 亿元。该基金成立后，可以从境内金融市场募集人民币资金并调拨出境，在海外地区开展股权投资和贷款业务，为深圳引进海外高端优质的科技项目，并为出海企业开拓市场提供信贷支持。2022 年 2 月，博约基金领投人工智能行业的头部企业依图科技，交易金额达数亿元，依图是科技部认证的国家新一代人工智能开放创新平台，业务覆盖境内外多个国家及地区。

总体来说，人民币国际投贷基金的设立，能够发挥境内外联动、投贷联动的业务优势，有效支持更多深圳企业"走出去"；也能助力深圳

---

① 数据来源：中国人民银行深圳市分行。

打造科技创新中心，发展战略性新兴产业；更重要的是为探索人民币国际化道路积累了宝贵经验。

6. 便利更高水平贸易投资人民币结算，加快诚信企业资金流转速度（2019 年 11 月）

2019 年 11 月，按照中国人民银行总行统一部署，中国人民银行深圳市中心支行在广东自贸试验区前海蛇口片区率先开展更高水平贸易投资人民币结算便利化试点，旨在为优质企业提供更加高效、灵活、便捷的跨境资金管理服务。在中国人民银行深圳市中心支行的指导下，深圳银行自律机制筛选符合条件的跨境人民币结算优质企业 191 家，优质企业可凭支付指令，直接在自贸区银行办理货物贸易、服务贸易跨境人民币结算业务，以及资本项目人民币收入在境内的支付，无须事前、逐笔提交真实性证明材料。由"事前审查"转为"事后抽查"，提交材料也由"一大摞"简化为"一张纸"，企业大大节省了准备材料的人力物力成本，有效缩短了境外资金从入境到入账的时间，实质性地提高了规避汇率波动风险的能力。值得一提的是，此项便利化政策并不是对所有企业"一视同仁"，而是为守法经营、诚信自律的优质规模"老客户"开辟的"绿色通道"。此次试点工作对优质企业的年收入、银行合作年限设定了一定的条件，鼓励"圈外企业"规范经营、扩大规模，以便享受到政策红利。

2020 年 6 月，该试点区域从前海蛇口自贸区拓展至全市，覆盖了更多符合条件的优质企业。与此同时，对优质企业的判定标准也进行了调整优化，更加注重企业是否合规经营、是否诚信守法，而不是单纯地以经营规模指标来衡量。另外，为了保证优质名单的公正性和有效性，中国人民银行深圳市中心支行牵头外汇和跨境人民币业务展业自律机制，审核和筛选优质企业。该机制由各大商业银行共同参与，银行间通过轮流审核优质企业名单来实现互相监督和约束。经自律机制审核通过的优质企业名单无须再经过人民银行审核，就可以直接享受跨境人民币结算便利化服务。目前，跨境人民币结算便利化政策主要遵循的理念可以概括为"企业越诚信，手续越便利；银行越合规，审核越自主"，也就是在保证背景真实合规、企业资质得到认可的基础上，企业对境外付汇只需要向银行出具汇款指令，不再像之前需要提供一系列的材料。

深圳在前海开展更高水平贸易投资人民币结算便利化试点，再一次展示了前海作为先行示范区的金融创新名片，并借此经验逐步推广至全市、全省和全国，为推动我国的跨境人民币业务发展做出了重要贡献。

7. 布局粤港澳大湾区"跨境理财通"，开辟三地居民跨境投资通道（2020 年 6 月 29 日）

粤港澳大湾区内的居民个人投资活跃，对低风险的银行理财产品需求较大。为此，中国人民银行同香港金管局、澳门金管局等有关部门开展大量调研和论证工作，并于 2020 年 6 月 29 日联合发布公告，决定在粤港澳大湾区开展"跨境理财通"业务试点。经过一年多的酝酿和准备，2021 年 9 月 10 日，中国人民银行、香港特区政府、澳门特区政府和广东省政府以视频连线的方式联合举办了粤港澳大湾区"跨境理财通"启动仪式。10 月 18 日，香港金管局公布 19 家可开展业务的银行名单，表示最早可以于 19 日提供"跨境理财通"服务。由此，首个专为个人投资者设立的互联互通机制正式启用，极大地推动了粤港澳三地居民的个人跨境投资便利化，为人民币跨境流通和使用提供新的重要渠道，进一步巩固香港作为国际金融中心的枢纽地位。

从公布的相关实施细则来看，"跨境理财通"分为"南向通"和"北向通"，分别允许符合资格的内地居民和港澳居民通过指定的银行渠道购买对方市场符合资格的理财产品。"南向通"和"北向通"各设1500 亿元单边总额度，投资者个人额度为 100 万元，首阶段只会开放中、低风险理财产品。从公布的业务数据来看，截至上线一周年时，业务规模稳步增长，累计跨境汇划金额达 12 亿元，交易 1.18 万笔;① 两地投资者偏好存在差异，"南向通"投资者偏好存款产品，"北向通"投资者青睐理财产品。"跨境理财通"采用闭环式管理模式，实行人民币跨境汇划和额度管理，保障资金安全和市场稳定，为大湾区居民打开了一个新的投资窗口，是个人资本项目可兑换的重要实践，有助于推动粤港澳大湾区金融发展和推动人民币国际化。

8. "前海金融 30 条"重磅发布，探索人民币国际化前海道路（2023 年 2 月 23 日）

2023 年 2 月 23 日，中国人民银行等五部门联合出台了《关于金融支持前海深港现代服务业合作区全面深化改革开放的意见》（简称"前海金融 30 条"），提出了 30 条具体举措，涵盖了深港金融合作、市场和基础设施互联互通、金融业对外开放、特色金融产业发展和金融监管合作等方面。

根据"第 32 期全球金融中心指数报告（GFCI 32）"，香港与深圳同居世界十大金融中心。"前海金融 30 条"从国家政策上明确了香港在国家金融改革开放新格局中的重要作用，以及提升香港国际金融中心地位的目标。"前海金融 30 条"的另一个亮点在于探索外汇管理改革和人民币国际化的新路径。此次措施中提出探索资本项目可兑换有效路径以及拓展离岸账户功能，在现有的国家资本项目管制的情况下将前海作为资本项目开放的试点，让香港和前海之间的资金通道有效打通，尤其是在资本项目的资金打通方面，能够为全国探索出一条全新的路径。

"前海金融 30 条"的发布，为香港金融业融入大湾区发展带来庞大机遇，有利于香港巩固自身国际金融中心的枢纽地位，同时也给前海发展离岸金融业务提供政策支持，将进一步疏通两地的跨境资金通道，推动粤港澳大湾区和深圳先行示范区高质量发展，打造"深圳—香港"

---

① 数据来源：中国人民银行广州分行。

金融服务实体经济的金名片。

（二）发展现状①

深圳是我国改革开放的前沿城市，前海是人民币国际化的重要试验田。近年来，深圳在人民币国际化方面取得了显著成绩，为推动人民币成为国际主要货币做出了积极贡献。

一是跨境人民币业务规模发展迅猛。2020 年，全球贸易和投资大幅萎缩，而深圳却逆流而上，跨境人民币收付额首次突破 2 万亿元大关，达到 2.5 万亿元，同比增长 46%，创下历史新高。2021 年 2 月，人民币已超越美元，成为深圳第一大跨境收支货币。2022 年，深圳市人民币跨境收付规模达 3.2 万亿元，同比增长 4.8%，位居全国第 3。其中，深港间人民币跨境收付额达 2.6 万亿元，占同口径本外币跨境收付额的 51.3%，人民币连续 3 年成为深港间第一大跨境结算货币。

二是跨境人民币使用场景不断拓展。自 2009 年成为首批跨境贸易人民币结算试点城市以来，深圳的跨境人民币结算业务得到有力发展。近年来，在跨境人民币政策不断优化的背景下，跨境人民币的使用范围从传统的贸易投融资结算逐渐延伸至自由贸易账户体系、人民币资产跨境转让及双向金融市场开放等创新领域，成为推动跨境人民币业务增长的新动力。

三是深圳不断推进跨境人民币结算的便利化。2020 年 6 月，深圳在全国首创将跨境人民币结算便利化试点从前海蛇口自贸片区扩展到全市范围，让更多企业受益于政策优惠。2020 年 7 月，深圳又率先开展贸易项下跨境人民币结算单证电子化审核业务，既降低了外贸企业的成本，又实现了"无接触式"服务。截至 2022 年末，试点企业达到 1796 家，比上年末增加了 2.1 倍。全年共办理便利化业务 2976 亿元，占同口径人民币跨境收付金额的 29.2%，为企业节省费用和增加效益约 5.9

---

① 数据来源：中国人民银行深圳市分行。

亿元。

在国家"双区"战略的推动和深圳市委、市政府的大力支持下，前海已经形成了依托香港、服务内地、面向世界的跨境金融生态系统，并为其他城市提供了可借鉴的经验和模式。未来，在紧抓"双区"建设的战略机遇下，深圳将继续发挥自身优势和特色，在稳慎推进人民币国际化方面发挥更大能量。

二 未来深圳进一步推进人民币国际化的方向①

（一）数字人民币

2020 年 10 月 9 日，结合促消费政策，深圳市人民政府联合中国人民银行开展了国内首次数字人民币（e-CNY）外部可控试点活动——"礼享罗湖数字人民币红包"。该活动共计发放 5 万个红包，每个 200元，通过"摇号抽签"的方式惠及民众，促进消费。这是数字人民币借"红包模式"在国内公众层面的首次亮相，简便快捷、无须网络和更加安全的特性赢得民众一致好评。自深圳罗湖拉开数字人民币试点序幕后，民众参与热情高涨，促消费效果明显，使用场景得到不断拓展。深圳又先后开展了"福田有礼数字人民币红包"和"龙华数字人民币春节留深红包"两项活动；2021 年 4 月，开展国内首次大规模数字人民币折扣优惠活动——"罗湖区数字人民币春之礼"。深圳的推进模式在全国其他试点地区得到推广，覆盖场景逐渐扩充至生活缴费、餐饮服务、交通出行、超市电商和政府服务等领域，先行示范效果显著。2022年深圳累计开展了 73 场数字人民币促消费活动，投入资金 5.7 亿元。

货币在跨境贸易和投资中的使用程度反映了该国货币的国际化水平。数字人民币发展为推动人民币国际化提供了契机，尤其是在跨境支付场景中。"跨境"阶段的数字人民币试点则是从跨境人民币结算到使

---

① 数据来源：中国人民银行深圳市分行。

用贸易融资推进跨境贸易人民币结算。由于数字人民币在跨境支付场景的应用相对复杂，目前仍处于起步探索阶段。2021年2月，中国人民银行与国际清算银行、泰国央行、阿联酋央行及香港金管局联合启动了多边央行数字货币桥（mCBDCbridge）项目，共同研究央行数字货币在跨境支付中的作用和技术可行性，并于11月发布了15个潜在应用场景的用例手册，包括国际贸易结算、跨境电商、供应链金融等。其中，居民跨境旅游消费和B2C跨境电商消费是两种主要的跨境支付场景，可利用数字人民币加快人民币国际化进程。

居民跨境旅游消费方面，深圳已和香港开展数字人民币跨境消费领域的试点工作。2021年3月，深圳开展了数字人民币跨境支付测试，主要面向香港两类居民，一类是经常往来深圳的香港居民，可通过香港居民来往内地通行证进行实名认证；另一类是偶尔来深圳的香港居民，即仅持有香港居民身份证的居民，可通过香港手机号匿名开立五类数字人民币钱包。2023年2月22日，全国首台数字人民币硬钱包自助发卡机在深圳罗湖口岸正式启用，为来深港人提供安全高效便捷的数字人民币支付服务。通过深港联动的跨境消费试点探索，深圳拓展了数字人民币跨境支付居民端的应用场景。未来可借助多边央行数字货币桥项目和"一带一路"倡议，发挥自身数字货币的领先优势，进一步与更多国家和地区开展跨境消费测试工作，提高人民币在消费零售领域的支付份额，提升人民币在海外的国际影响力。

此外，B2C跨境电商消费场景也可以作为数字人民币未来发力的主要方向之一。跨境电商具有全球性、匿名性和快速性等特点，因此，境内企业和居民个人在平台消费时，面临着许多不利因素，如货物调包、虚假发货和被盗取信息等。通常跨境电商业务涉及环节链条众多，且业务范围横跨海内外多地，企业和个人维权的难度大、成本高、时间长，不法分子持续作案，严重危害跨境电商行业健康发展。而数字人民币具有可追溯性、安全性、不可伪造性等特点，企业和个人使用数字人民币收付货款，不仅可以降低洗钱、恐怖融资、电信诈骗等犯罪行为的概率，还可以为打击跨境违法犯罪提供信息支持。随着跨境电商使用人民币贸易结算规模的扩大，人民币的国际话语权将不断增强，并加速人民币国际化进程。

（二）"跨境理财通"

自试点以来，"跨境理财通"投资品种日益丰富、规模日益扩大，两地居民投资参与度较高。截至 2022 年底，粤港澳大湾区参与该业务试点的个人投资者 4.07 万人，涉及相关资金汇划 22.21 亿元，但总体来说，这与大湾区的人口和投资规模相比还是九牛一毛。促进"跨境理财通"的发展可以从以下两方面入手。

一方面，适当降低投资者门槛。《粤港澳大湾区"跨境理财通"业务试点实施细则》对"南向通"投资者的家庭金融资产有较高要求，最近 3 个月家庭金融资产月末余额不低于 200 万元，或最近家庭金融净资产月末余额不低于 100 万元。显然，这一门槛过高，因为大湾区内以房产为主要资产的中青年群体，他们每月收入中相当一部分需支付房贷，持有大量金融净资产的可能性较低，在一定程度上阻碍了部分群体参与"跨境理财通"业务。此外，投资者要求中还提到"具有粤港澳大湾区内地 9 市户籍或在粤港澳大湾区内地 9 市连续缴纳社保或个人所得税满 5 年"，有相当一部分"新深漂"也被拒之门外。因此，在保证风险可控的前提下，建议"跨境理财通"的投资门槛适当调低，并考虑更多符合现实情况的标准和指标，提高灵活性和适应性，以便有更多湾区青年加入，不断壮大投资者群体。

另一方面，尽可能丰富合格产品的范围和类型。在业务开展初期，为了保障投资者的利益，"南向通""北向通"合格产品主要为中低风险、简单稳健的产品类型，而粤港澳大湾区拥有香港和深圳两个全球重要金融中心，其金融发展水平较高、市场活力充沛和监管制度较完善，投资者群体具有较强的投资能力和丰富的投资经验，对多样化、个性化和差异化的资产配置有较高的需求，因此现有的产品选择范围难以满足他们对优化收益风险比例、实现长期价值增长等目标的期望。例如，"北向通"产品包括评定为"一级"至"三级"风险的非保本净值化理财产品和风险等级为"R1"至"R3"的公募基金，而不包括存款和保本类理财产品，并且内地的稳健固收类产品比香港市场上港元或其他币种计价的产品收益更高，这与香港40%的高净值人士配置人民币存款产品的意愿不符；类似地，"南向通"产品主要涵盖存款和债券类产品，无法满足部分内地投资者对港股类理财产品的配置需求。

基于上述分析，在满足两地监管的要求下，"跨境理财通"应继续扩大投资者范围和不断丰富投资产品，激发国际投资者持有和交易人民币资产的兴趣，畅通人民币区域内外双向流动渠道，提升我国金融对外开放水平，加速人民币国际化进程。

第三节　深圳探索推进人民币国际化先行先试的经验

2019年8月，中共中央、国务院选择支持深圳建设中国特色社会主义先行示范区并发布《关于支持深圳建设中国特色社会主义先行示范区的意见》。在深圳探索推进人民币国际化先行先试是建设中国特色社会主义先行示范区的一个重要方面，为此，深圳各级政府积极响应、提前部署、发布多项举措，促进政策落地和人民币国际化的发展。深圳围绕人民币国际化这一目标和要求，勇于先行、敢于先试，取得了丰硕的成果，从先行先试到先行示范，深圳经验将为其他城市探索推动人民币国际化提供有益借鉴。

一 顶层设计和自上而下的政策指引是保障人民币国际化 先行先试的根本

探索推进人民币国际化先行先试离不开顶层设计和自上而下的政策指引，在这一方面，深圳是最好的范例。深圳的发展本身就是制度成功的典范，在深圳探索推进人民币国际化先行先试是党中央审时度势、科学研判的顶层设计，同时也体现了我国社会主义制度的优势。按照党中央的顶层设计，各级政府部门积极响应，自上而下地出台了多种类型的支持政策，最后所有的政策在深圳落地并取得了阶段性发展成果。从最初的重大战略设计到最后的落地实施成功，深圳经验向我们揭示了科学系统谋划布局及集中优势资源办大事的优势和必要性，顶层设计叠加自上而下的政策指引是保障人民币国际化先行先试的根本，人民币国际化需要最基本的制度保障和支持。

二 区位优势、经济发展和金融基础是探索推进人民币国际化先行先试的条件

并不是所有的城市都适合探索推进人民币国际化，人民币国际化需要具备一定的条件。深圳经验向我们揭示了区位优势、经济发展和金融基础是探索推进人民币国际化先行先试的条件。深圳紧邻香港这一国际金融中心，同时又是拥有众多港口的沿海城市，区位优势明显，适合探索深港融合，共同推进人民币国际化模式；庞大的经济体量及良好的发展势头是探索推进人民币国际化先行先试的经济基础；领先的外贸规模及外企数量，发达的航运体系和快捷的通关服务，与香港、RCEP 贸易伙伴及共建"一带一路"国家的深度贸易往来，都是适合探索推进人民币国际化先行先试的外贸基础；健全的金融组织、丰富的金融资本、领先的金融市场是探索推进人民币国际化先行先试的金融基础。因此，未来在拓展人民币国际化先行先试的试点范围上，应该优先选择具备区

位优势、经济发展和金融基础的城市。

三 深化对外开放、建设示范区是促进人民币国际化先行先试的有效举措

尽管我国坚持对内改革、对外开放的政策，但是目前还需要更深层次的开放措施。我国一直提倡贸易自由化，重视进出口贸易的发展，对外经济依存度一直维持在较高的水平，同时鼓励外资与外商直接投资这种长期方式进入国内拓宽融资的渠道。然而我国目前资本账户还未实现完全开放，跨境资本流动受到限制，人民币也不是自由兑换货币，汇率及利率的市场化改革依旧在深化，这些都是目前阻碍人民币国际化发展的重要障碍。扫平这些障碍需要不断地深化对外开放，尤其是金融业的对外开放。不同于贸易自由化，金融业的开放会带来本国经济的大幅波动，尤其是对于发展中国家来说，脆弱的金融体制容易使整个经济暴露在风险之中，导致类似于 1997 年金融危机的严重后果。深圳经验向我们揭示了打造合作示范区，先试点再推广的重要性。为了在规避风险的同时促进人民币国际化，在党中央的规划下，深圳政府致力打造前海深港现代服务业合作区，在这里试点与人民币国际化息息相关的各项改革开放措施。这些措施都是极度深化且又开放的，根据试点情况再推广到更大的区域，在实现发展目标的同时缩小了风险传播范围，是深圳探索出的促进人民币国际化的有效举措。

四 区域融合发展及数字人民币应用是探索推进人民币国际化先行先试的重要方向

深圳的经验还向我们揭示了区域融合发展的优势及数字人民币发展的必要性。港澳地区与内地的融合发展是新发展阶段下的全新要求，这与人民币国际化本身的内涵也保持一致。促进金融基础设施的互联互通，将核心城市的金融优势辐射全区，打造粤港澳大湾区区域性人民币

国际化中心，能够极大地促进人民币国际化的发展。因此，区域融合发展是未来推进人民币国际化的重要方向之一。

同时，人民币国际化进入数字化的 2.0 版本，数字经济与数字人民币的发展是人民币国际化另一个重要的发展方向。在数字化发展背景下，重视金融科技的发展，拓宽数字人民币的跨境使用场景具有极其重要的意义，需要紧跟时代发展的潮流，以科技谋发展，以数字赋新能，抓住货币国际化 2.0 时代的机遇，促进人民币国际化的长远发展，重塑国际货币体系的新格局。

第十一章　研究结论和主要启示

第一节　研究结论

一　人民币国际化战略拥有坚实的理论基础

人民币国际化具有货币思想史、货币性质和货币职能三位一体的理论基础。从货币思想史来看，货币国际化是国际经济贸易发展的必然产物。随着生产力的发展，货币形态和对财富的认识也在发生改变，国际货币也从实物货币形态走向虚拟货币形态，一国货币的国际化程度也随着该国货币在国际充当一般等价物、计价货币、结算货币、支付货币和储备货币的广度和深度的变化而改变。

二　人民币国际化程度测度应具有正确的测度方法、系统和科学的测度原则和稳定直观的测度模型

正确测度货币国际化程度及其动态变化过程具有十分重要的现实意义。同时，以测度货币国际化程度为基础，可更进一步对其关键影响因素、制约条件、实现路径、政策制定等相关问题进行广泛的研究。货币国际化涉及广阔的地理空间，货币在不同地理空间的国际化程度并不相同，这使得货币国际化具有区域特征，其区域特征可能与区域的政治、经济、文化等因素息息相关。因此，科学合理地测度货币国际化程度是一个极其重要的问题，需要多角度、广视野、深层次地对待和分析这一

问题。

人民币国际化程度测度方法主要有定量分析法和定性分析法，本书关注定量分析法中的指数模型。构建人民币国际化指数模型必须坚持一些通用原则，只有符合这些通用原则，才能正确构建人民币国际化指数模型，并以此模型测度人民币国际化程度。以指数模型的方法测度人民币国际化程度，应遵循真实反映人民币国际化程度的现状、数据来源清晰、研究方法科学透明、具备横向对比能力四个通用原则，且模型需兼具系统性和灵活性的特点。

已有的人民币国际化指数模型在指标选取、权重计算和解读角度方面存在一定的改进空间，因此，本书构建了新型人民币国际化指数模型，测度人民币国际化程度，并从纵向、横向、空间地理三个角度对测度结果进行了分析。

从纵向看，自 2009 年中国正式推进人民币国际化战略以来，人民币国际化经历了从无到有、迅速发展、震荡回落、回升维稳的过程，人民币已经成为国际货币体系的重要组成部分，国际化水平有了较大程度的提高。从横向看，人民币国际化程度远低于美元和欧元，但与英镑、日元的国际化程度差距并不大。处于快速发展中的人民币国际化，其未来前景是可期的。从空间地理角度看，人民币国际化程度存在区域差异性，亚洲是人民币国际化程度最高的区域，这里分布着最多的人民币清算行及人民币结算参与者，有着中国香港、中国台湾以及新加坡这三大人民币离岸市场；欧洲区域的人民币国际化程度排名第二，是人民币国际化的重要桥梁地带，其中伦敦是人民币国际化在欧洲的重要支柱。

三　人民币国际化发展稳中有进，总体良好

本书通过构建新型人民币国际化指数模型，测度 2012 年第三季度至 2021 年第一季度人民币国际化程度，量化了人民币国际化在该期间从无到有、迅速发展的变化过程。就指数数值而言，人民币国际化指数

从最初的 0.51 发展到 2.38，增长三倍有余。这体现出人民币国际化指数在近十年间总体呈现较快增长的态势。从细分阶段看，人民币国际化指数在 2015 年第三季度和 2019 年第三季度均有所下降，经历曲折发展后最终均得到回升。作为一个长期的发展战略，人民币国际化在 2009 年之前得到基础巩固，于 2009 年开始推进，并于 2015 年得到较大的政策支持后进入加速推进阶段。尽管从指数层面看，人民币国际化在近 5 年中进步并不明显，但是结合世界经济状况和紧张的国际局势现状可以判断出人民币国际化在逆境中取得的成绩依旧喜人。从区域角度看，人民币国际化主要从亚洲和欧洲起步，在这些地区的境外人民币清算银行数量、人民币跨境结算规模和参与方数量、人民币主要离岸市场与外汇市场等方面均有显著的增加或扩大。总体来看，人民币国际化在经常项目结算、资本市场开放、人民币国际合作、外汇交易、国际储备、人民币跨境支付系统使用以及国际支付货币的地位等方面均有了显著提高。人民币国际化正沿着中国人民银行的策略方向良好发展，不断推进双边本币结算、双边本币互换和人民币清算合作业务，进一步扩大人民币跨境使用、拓宽人民币跨境投融资渠道和完善人民币国际化基础设施，在稳中求进的总基调中不断推进金融市场双向开放，发展离岸人民币市场，审慎监管以守住不发生系统性风险的底线。

四 基于国家实力和国内金融市场的稳定性，应抓住机遇从政策上扩大开放程度，促进货币国际化

本书对比分析英镑、美元、欧元和日元四种主要国际货币的国际化路径，得到的主要结论如下。

（1）英镑的国际化是在英国殖民扩张和第一次工业革命的特殊历史背景下贸易霸权的产物，其路径可以概括为在世界经济极度不平衡之际，英国凭借其强大的综合实力及贸易霸主地位，通过率先实施金本位制建立以英格兰银行为核心的金融体系，并积极推动自由贸易政策加强

英镑在全球的流通及使用，确立了英镑的国际地位。（2）美元的国际化得益于两次世界大战的历史机遇，其国际化路径可分为三个阶段：首先，在两次世界大战中获利，提高了综合实力，加入了金本位制国际货币体系，并基于此积极推进自由贸易圈的建设，扩大美元的国际流通范围；其次，凭借其世界霸主地位干预货币体系，建立了美元一家独大的布雷顿森林体系，美元在国际中占据主导地位；最后，凭借美元的存量优势，建立以美元为核心的国际信用货币体系，美元成为真正的国际货币。（3）日元的国际化路径可分为三个阶段：起步于日元国际贸易结算制度；推进于设立开放的金融市场；重新定位于建立亚洲化战略和金融体系改革。（4）欧元的国际化是欧盟各成员国经济合作的结果，主要路径可分为三个阶段：首先，通过建立欧洲共同体，统一欧洲自由贸易市场；其次，创立统一的欧洲货币体系，实现欧洲货币一体化；最后，设立欧洲中央银行，开始发行欧元。

五 人民币国际化的条件

本书通过对英镑、美元、欧元和日元的国际化路径进行分析，在此基础上从经济基础、金融基础和政府政策三方面对四种国际货币的国际化所需要的基础条件进行概括，结合人民币国际化的现实情况，梳理出人民币国际化的条件如下。

一是强大的经济基础。中国雄厚的经济基础为人民币的稳定性、国际地位的提升等提供了保障，也是人民币国际化过程中得以抓住机遇、稳定持续发展的必要条件。二是完善的金融体系。完善的金融体系是金融系统具有较强抗风险能力的重要保障，也是人民币国际化路径中各项开放业务得以产生和发展的支撑力量。不断建立和完善金融体系是人民币国际化过程中应对风险波动的底气。三是正确的政府政策。人民币国际化的过程不可操之过急，亦不可故步自封。应当综合现有条件与需求，制定合理有效的政策，循序渐进地推进人民币国际化进程。

六 周边化—区域化—国际化的人民币国际化路径

基于不同的视角，可以提出多条货币国际化的实现路径，本书从人民币周边化—区域化—国际化的发展模式对人民币国际化各阶段路径进行剖析，得出的主要结论如下。

一是关于人民币周边化。人民币已在周边国家和地区被广泛使用。为进一步加深与周边地区的货币合作，提出以下路径：（1）优化人民币跨境业务，加强经贸往来；（2）推动人民币金融产品创新；（3）加强人民币跨境结算基础设施建设；（4）探索创新货币合作机制，完善人民币跨境流动的监督管理。

二是关于人民币区域化。人民币已具备区域化的基础条件，中国当前正处于人民币周边化向区域化转换的重要阶段。为助力人民币实现区域化，提出以下路径：（1）强化人民币与东亚地区的金融合作；（2）以共建"一带一路"国家为主战场推动人民币区域化；（3）助力人民币成为亚洲投资和储备货币。

三是关于人民币国际化。人民币国际化的进程中既要综合考虑国际货币体系现状，又要结合新发展阶段下中国的具体情况，因此提出以下路径：（1）重新审视现有的国际货币体系，积极推进体制改革，强化人民币在国际货币体系中的地位；（2）侧重"以内为本"，提高我国的综合实力，完善金融体制，促进国际的金融合作、产业合作和信息共享；（3）充分利用离岸市场的中介作用，实现人民币从周边化到区域化再到国际化的转变。

七 当前人民币国际化的机遇与障碍并存

在新发展阶段下，人民币国际化的机遇和障碍并存，需创造条件突破阻碍，抓住机遇，加快推进人民币国际化进程。

国际政治经济的外部环境为人民币国际化创造了一系列机遇。一方面，在布雷顿森林体系崩溃之后，美元虽然不与黄金直接挂钩，但美元继续充当着具有支配地位的国际本位货币，借助量化宽松政策增加美元供给，全球通货膨胀加剧了国际金融市场的不稳定性，并且随着汇率制度呈现多样化趋势，在现行国际货币体系下各国面临较大的汇率风险。因此，现存国际货币体系存在的结构性缺陷为人民币国际化提供了机遇。另一方面，国际政治环境瞬息万变，随着逆全球化趋势的加剧，保护主义抬头，世界经济面临深度调整。面临如此复杂的国际政治格局，中国提出了代表中国主张的、经济全球化发展的中国方案。"一带一路"倡议就是我国为世界提供的探索全球化的新方案。总体来说，国际瞬息万变的政治经济环境无疑为人民币国际化创造了外部条件。

然而，人民币国际化也面临一些阻碍。从外部环境看，当今世界政治经济格局不断重构，出现了一系列全球治理难题。在这样的背景下，新一轮的"逆全球化"产生，在破坏经济全球化的同时，也使得我国的贸易规模呈现一定程度的萎缩，阻碍了人民币的国际化进程。由于美元长时间处于主导地位，其在国际结算当中具有很大的货币惯性。在外汇市场中，美元及其衍生产品交易量巨大，其市场份额占据绝对主导地位。并且，在全球外汇储备中，美元也占据了绝大部分。因此，美元的价值波动会直接影响我国外汇储备的价值，对人民币国际化进程产生影响。从内部环境看，我国出口竞争优势不足、国际贸易处于弱势地位、资本账户未完全开放、金融市场不完善等在一定程度上也对人民币国际化进程产生了阻碍。面对这一系列阻碍，一方面，中国应该积极响应和推进全球化趋势，使人民币更好地走出去，扩大人民币的使用范围；另一方面，不断完善自身内部条件，为人民币提供更加强大的支撑。在新的发展阶段下，需创造条件突破阻碍，抓住机遇，加快推进人民币国际化进程。

八　人民币国际化具有广泛而坚实的保障措施

人民币国际化的保障措施包括先进的理论成果、政策制定与执行能力、良好的经济实力与相对完善的金融市场体系、"一带一路"倡议及其他对外开放与区域合作战略、人民币跨境使用的强大技术支持。

先进的理论成果方面，在习近平新时代中国特色社会主义思想的正确指导下，人民币国际化战略近年来取得了丰硕的成果。我国经济的硬实力、发达的金融体系、稳健的货币政策和积极的财政政策、充足的外汇储备以及稳定的政治军事格局都为持续推进人民币国际化打下了坚实基础。以中国为主导发起的"一带一路"倡议、区域全面经济伙伴关系协定、中国—东盟自由贸易试验区等不仅加强了我国与亚洲国家的经贸往来，增强了各国各地区的文化交流，也极大地推动了人民币在周边国家甚至亚洲区域的使用，为推进人民币国际化战略提供不竭动力。我国的金融基础设施建设不断取得新突破，人民币跨境支付系统的投入运行带来的便利性、低成本，提高了各国企业、个人和金融机构的人民币使用意愿，在人民币国际化中发挥了重要作用。

第二节　主要启示

一　强大的经济实力为人民币国际化提供基础保障

强大的经济实力是人民币国际化的基础性条件，其中，贸易的国际影响力是最关键的因素。国际货币的产生伴随着对该国经济总量占全球经济总量比例的要求，而经济总量的扩大除扩大内需外，也依赖于国家出口贸易的规模和状态。在国际贸易影响力上有优势的国家更容易掌握定价权，其货币在影响力与使用方面也更易达到国际货币的标准。一国稳定的经济实力是提高国际地位、国际声望以及其金融市场吸引力的重要因素，也是货币国际化进程中应对世界"阵痛"的保障力量，能够支撑货币国际化稳步迈进的步伐。首先，国家的经济总量要大。在充满不确定性的国际环境及其他不可抗力因素的影响下，强大的经济总量能够使国家具有较强的风险应对能力。其次，国家要具有稳定的经济增长率。经济增长率的稳定有助于提高境外对该国货币的良好预期和信心，从而促进货币国际化的顺利推进。最后，国家应有较高水平的人均GDP。人均 GDP 会影响非居民对持有人民币的预期。人均 GDP 和购买力结合可以衡量一国人民的生活水平，更高的生活水平与合理的分配机制有利于形成境外对一国货币的良好预期，进而对货币国际化进程带来积极影响。

对本国而言，只有在强大的经济实力保障下，一国货币国际化才能在开放中站稳脚跟，发挥出开放优势，促进该国与其他国家的贸易往来，同时保证国内金融市场及货币汇率在国际贸易中的稳定性，降低交易风险。因此，人民币国际化进程必须保持战略定力，在错综复杂的国际国内环境下，高质量地保持经济的长期稳定发展。

二 发达的金融市场和完善的金融体系为人民币国际化保驾护航

开放且完善的金融市场为人民币国际化提供可靠的内部环境，为货币国际化保驾护航。一国实现货币国际化后，将有数量庞大的本国货币在境外市场流通，此时需要足够发达和开放的金融市场支持本国货币在全球的流动，满足世界各国对该国货币的需求。一方面，发达的金融市场和完善的金融体系能够促进资金流通过程便利化，突破空间、制度和政治的限制，确保交易的自由度；另一方面，在货币国际化的进程中，风险与收益并存，发达而稳定的金融市场体系是应对风险的强心针，发展程度较高的金融市场可以在面对风险时做出良好的反应。应当加快健全具有高度适应性的现代金融体系，从基础设施建设到金融市场行为监管都应以高度适应性、竞争力、普惠性为要求，让金融市场在支持实体经济发展的基础上，顺应经济全球化态势，加强市场与环境的适应性。发达稳定的金融市场是推进货币国际化的必要保障，是适应国际金融规则，在国际贸易中及时调整供需，高质量、高效率运行的关键。

三 保持币值稳定是人民币充当国际主要储备货币的必要条件

稳定的币值是国内经济平稳健康发展和货币国际化的必要条件，是选择储备货币过程中的重要参考因素，是一国货币公信力的最好保障。货币国际化要求货币既服务于本国经济市场，又能够在国际各区域金融危机中保持稳定。世界上较多国家货币当局把盯住通货膨胀目标作为货币政策的锚以稳定预期并进行引导和把控。币值稳定受央行货币政策目标和外汇市场双重影响，在调控方面具有难度。所以，储备货币是在考察一国央行对货币政策目标的把控能力的基础上，综合该国经济状况下选择的，其重要目标便是币值稳定。在此背景下，货币国际化在接受广度和使用深度层面的需求上，很大程度取决于币值的稳定性。因此，应当在能够保持币值稳定，即同时保持货币对内的物价稳定和对外的汇率稳定的基础上，推进货币国际化进程。

四 正确的政策可以有效推进人民币国际化进程

合理有效的货币政策、金融市场开放政策和国际区域协调政策可以有效推进货币国际化。政策的协调机制是央行调控目标和具体政策制定中需要考虑的一大问题。坚持稳健灵活的货币政策，与财政政策协调实现国内物价水平和金融市场的稳定性，有利于稳定币值，提高境内外货币持有者对本国货币的良好预期。同时，以市场供求为基础，参考一篮子货币进行调节、有管理的浮动汇率制度等可以有效维护汇率稳定，有利于防范和化解重大国际金融风险冲击。在货币政策、金融市场开放政策和"一带一路"、区域全面经济伙伴关系协定等区域性国际合作政策的实施中，应注意审时度势，提高预测能力和宏观协调把控水平，让货币国际化推进速度合理、进程内涵丰富、发展稳定可持续。

五 离岸金融市场建设及"一带一路"倡议可有效协同人民币国际化进程

离岸金融市场是各国金融市场互联互通的重要手段，是货币国际化的重要载体。离岸金融市场的发展，有利于促进国际贸易与跨境融资。在货币国际化进程中，应充分认识并利用离岸金融市场发展开放程度的效用，通过政策手段和相关产品设施建设，以发展离岸金融市场的方式加快货币国际化进程。同时，人民币国际化呈现区域发展异质性特征，亚洲和欧洲成为人民币国际化的主要区域。境外人民币清算银行、人民币跨境结算参与方、人民币主要的离岸市场与外汇市场均集中在亚洲和欧洲，亚洲和欧洲是人民币国际化最重要的舞台。人民币国际化的区域发展异质性既符合国际货币区域化发展的客观规律，又同中国与欧亚国家之间密切的经贸往来事实相吻合。人民币国际化的区域发展异质性特征与"一带一路"倡议关键节点城市分布完全一致，因此促进离岸金融市场的建设与"一带一路"倡议可有效协同，推进人民币国际化的进程。

六 人民币国际化进程仍存在较大提升空间

自 2009 年以来，人民币国际化从无到有，取得了重要的阶段性成果。从国际化程度来看，自 2009 年至 2015 年，人民币国际化进入快车道，国际化程度不断提高，在 2015 年达到了阶段性顶峰，人民币也于这一年末顺利加入 SDR 计价货币篮子，成为国际货币体系的重要组成部分。自 2016 年开始，随着美联储的加息与其他国际货币的走强，人民币国际化进入震荡调整阶段，国际化程度较 2015 年高峰时期有了一定程度的下降，但仍然稳定维持在较高水平。2018 年人民币国际化程度开始反弹，恶劣的外部环境依旧未能改变人民币国际化的良好发展态势，人民币国际化在逆境中依旧取得了喜人的成绩，人民币国际化成果得到了巩固与加强。

虽然人民币国际化的进程迈向了新高度，但也应该客观认识到未来的战略发展还存在许多新方向、新目标、新措施，人民币国际化在广度和深度上具有巨大的提升空间。在广度方面，人民币的国际结算占比仅有 3.20%，海外国家之间结算仍以美元为主，应扩大经常项目的人民币跨境使用规模；在深度方面，人民币国际化的配套设施建设依然需要不断完善，从而保证人民币国际流通、结转的正常运行，以深化人民币跨境投融资功能。

七 人民币国际化进程将会在曲折中稳步推进

当今复杂的国际经济政治环境为人民币国际化创造了一个有利的外部环境。一方面，美国爆发次贷危机，在一定程度上动摇了世界各国对美元的信心，掀起一股"去美元化"潮流。在次贷危机和欧债危机之后，人民币的使用范围不断扩大，受欢迎程度迅速上升，并且当今世界经济正面临深层次调整，世界经济格局正不断重建，这无疑为人民币国际化的继续推进奠定了基础和提供了机遇。另一方面，国际政治环境瞬息万变，面临这样的国际政治格局，我国提出了"一带一路"倡议，这是面对经济全球化的深层发展为世界提供的探索全球化的中国方案。"一带一路"倡议和人民币国际化是相互依存、相互促进的关系，在共建"一带一路"国家扩大人民币使用范围，能够较好发挥"一带一路"倡议在人民币国际化进程中的作用。由此可见，错综复杂的国际环境为人民币国际化提供了机遇，起到了加速人民币国际化进程的作用。人民币国际化是一项长期的国家战略，其实现路径绝非坦途，而是在曲折中不断前进的过程。自 2009 年以来，人民币国际化进程在震荡中推进，稳中有升，趋势总体向好。可以预见，人民币国际化将继续在曲折中稳步推进。

参考文献

白晓燕，邓明明．不同阶段货币国际化的影响因素研究 ［J］．国际金融研究，2016 （09）：86-96.

毕燕君，李晓璐．人民币国际化及其影响因素研究 ［J］．价格理论与实践，2020 （01）：95-98.

边卫红，郝毅，蔡思颖．石油美元环流的新特点及其对石油人民币发展的启示 ［J］．金融论坛，2018，23 （10）：18-27.

曹誉波，刘猛．"双循环"新发展格局下人民币国际化路径研究 ［J］．中国货币市场，2021 （09）：37-42.

曹远征．大国模型下的金融开放及主权货币国际化的思考 ［J］．国际经济评论，2021 （01）：76-86+5.

陈雨露，王芳，杨明．作为国家竞争战略的货币国际化：美元的经验证据——兼论人民币的国际化问题 ［J］．经济研究，2005 （02）：35-44.

程鹏．人民币国际化的影响因素与路径研究 ［D］．辽宁大学，2018.

褚华．人民币国际化研究 ［D］．复旦大学，2009.

邓贵川．关于推进山区县农机购置补贴工作的调研报告 ［J］．中国农机监理，2019 （08）：28-30.

丁一兵．离岸市场的发展与人民币国际化的推进 ［J］．东北亚论坛，2016，25 （01）：21-30.

段世德，胡文瑶．论国家信用、习俗惯例与货币的国际化［J］．世界经济研究，2020（06）：35-43+136．

董继华．人民币境外需求规模估计：1999—2005［J］．经济科学，2008（01）：55-66．

范祚军，唐文琳．人民币国际化的条件约束与突破［M］．北京：人民出版社，2012．

封思贤，张雨琪．法定数字货币对人民币国际化的促进效应［J］．国际贸易，2022（05）：81-88+96．

高海红．国际货币体系重建中的人民币［J］．中国金融，2018（03）：48-50．

高海红，余永定．人民币国际化的含义与条件［J］．国际经济评论，2010（01）：46-64．

高惺惟．中美贸易摩擦下人民币国际化战略研究［J］．经济学家，2019（05）：59-67．

高焰．任重道远 人民币渐进式走向国际化［M］．成都：四川大学出版社，2015.11．

郭凤娟，丁剑平．人民币国际化、汇率与跨境资本流动互动关系研究［J/OL］．当代经济科学，2023，45（02）：1-12［2023-03-22］．

何国华．西方货币国际化理论综述［J］．经济评论，2007（04）：156-160．

黄卫平，黄剑．“一带一路”战略下人民币如何“走出去”［J］．人民论坛·学术前沿，2015（05）：30-39．

霍颖励．人民币走向国际化［M］．北京：中国金融出版社，2018.01．

焦继军．“一带一路”背景下人民币国际化内在机理研究［M］．北京：中国经济出版社，2017.18．

景政彬．人民币跨境贸易结算风险及国际化路径选择［J］．统计与决策，2016（06）：168-170.

李稻葵，刘霖林.人民币国际化：计量研究及政策分析［J］.金融研究，2008（11）：1-16.

李欢丽，李石凯.强势美元周期、去美元化浪潮与人民币国际化战略调整［J］.经济学家，2019（05）：68-75.

李继民.对货币国际化研究成果的一个综述［J］.金融理论与实践，2011（02）：99-104.

李建军，甄峰，崔西强.人民币国际化发展现状、程度测度及展望评估［J］.国际金融研究，2013（10）：58-65.

李婧.从跨境贸易人民币结算看人民币国际化战略［J］.世界经济研究，2011（02）：13-19.

李靖，管涛，何帆.人民币跨境流通的现状及对中国经济的影响［J］.管理世界，2004（09）：45-52.

李俊久，蔡琬琳.人民币对"一带一路"沿线货币汇率的影响力研究［J］.亚太经济，2019（03）：37-45+150.

李俊久."一带一路"建设中的人民币国际化：国际公共物品的视角［J］.四川大学学报（哲学社会科学版），2017（04）：86-96.

李俊久.人民币国际化的推进：历史逻辑、理论逻辑与现实逻辑［J］.经济学家，2022（03）：66-76.

李骏，李俊葶.基于"特里芬难题"的国际货币体系改革探讨——兼论稳慎推进人民币国际化［J］.金融发展研究，2022（03）：3-7.

李军林，胡树光，王瑛龙.国际储备货币：需求、惯性与竞争路径［J］.世界经济，2020，43（05）：3-22.

李晓波，何康.以大宗商品交易为突破口 加快推进人民币国际化进程的路径研究［J］.西南金融.2018（08）：57-62.

李瑶.非国际货币、货币国际化与资本项目可兑换［J］.金融研究，2003（08）：104-111.

林乐芬，王少楠．"一带一路"建设与人民币国际化［J］．世界经济与政治，2015（11）：72-90.

林珏．论战后美国对外贸易政策的演变与特点［J］．国际经贸探索，1995（02）：86-90.

刘昊虹，李石凯．人民币汇率联动效应变迁与汇率管理问题研究［J］．农村金融研究，2018，（04）：34-38.

刘艳靖．国际储备货币演变的计量分析研究——兼论人民币国际化的可行性［J］．国际金融研究，2012（04）：69-76.

卢之旺．人民币离岸市场与人民币国际化发展探析［J］．国际金融，2020（06）：49-52.

陆长平，杨柳，袁洋．高质量共建"一带一路"稳步推动人民币国际化——基于构建双循环新发展格局的视角［J］．国际贸易，2022（05）：89-96.

罗忠洲．跨境贸易人民币计价结算研究：理论、经验与政策［M］．上海：上海财经大学出版社，2019.10.

吕云龙．国际大宗商品定价权研究［J］．宏观经济研究，2022（01）：5-14+145.

马光明，杨武，赵峰．人民币国际化的汇率缓冲效应研究——基于境外人民币存量与人民币结算比重［J］．南开经济研究，2020（02）：114-137.

马克思．资本论［M］．北京：人民出版社，2004.

孟刚．货币国际化经验对"一带一路"推进人民币国际化的启示［J］．全球化，2017，（10）：49-65+133.

欧纬伦，马国南，罗祥国．人民币的崛起：全球货币新体系的兴起［M］．格致出版社；上海人民出版社，2016.06.

潘锡泉，于洋．人民币国际化的现状考量及改革路径——基于支付结算职能视角的考察 [J].财经科学.2019 (12)：1-13.

彭红枫，谭小玉，祝小全.货币国际化：基于成本渠道的影响因素和作用路径研究 [J].世界经济，2017，40 (11)：120-143.

彭红枫，谭小玉.人民币国际化研究：程度测算与影响因素分析 [J].经济研究，2017，52 (02)：125-139.

彭涛.人民币汇率市场化和资本账户开放 [M].北京：中国言实出版社，2017.11.

阙澄宇，孙小玄.人民币国际化对跨境资本流动的影响——基于资本类型和流向的异质性研究 [J].国际金融研究，2022 (04)：67-77.

人民币国际化研究课题组.人民币国际化的时机、途径及其策略 [J].中国金融.2006 (5)：12-13.

萨伊.政治经济学概论 [M].北京：商务印书馆.2017.

沙文兵，钱圆圆，程孝强，张玫.人民币国际化程度再评估及其影响因素研究 [J].财贸研究，2020，31 (12)：19-35+84.

沙文兵，钱圆圆.人民币国际化对中国宏观金融风险的传导机制研究 [J].经济体制改革，2022 (02)：150-157.

孙业霞.从马克思国际货币职能看主权货币充当世界货币的弊端 [J].经济学家，2019 (03)：94-101.

邵华明，侯臣.人民币国际化：现状与路径选择——以美元国际化历程为借鉴 [J].财经科学，2015 (11)：23-33.

沈悦，戴士伟，樊锦琳，张蕾.人民币国际化：进程、影响因素及前景分析——基于与欧元、英镑、日元及美元的对比 [J].经济问题，2019 (01)：27-34.

沈悦，李逸飞，郭一平.后疫情时代人民币国际化的机遇、挑战及对策 [J].西安交通大学学报（社会科学版），2021，41 (03)：74-80.

石淇玮.人民币国际化的路径研究——基于美元、德国马克和日元国际化历史的经验分析 [J].上海金融，2013 (10)：47-51+117.

司文雅，师佳英．"一带一路"背景下人民币国际化的影响因素研究［J］．投资与合作．2021（03）：70-71.

孙明春．中美贸易战背景下的金融业开放［J］．新金融评论，2019（03）：110-121.

谭小芬，王睿贤．人民币国际化的进程、经验借鉴与路径选择［J］．新视野，2020（05）：42-48+55.

唐文琳．人民币国际化战略研究［M］．北京：人民出版社，2019.10.

汪天倩，朱小梅．人民币国际化水平测度及影响因素分析——基于双循环及国家金融视角下的实证研究［J］．金融经济学研究，2022，37（06）：127-143.

王韬悦，李静萍．人民币国际化进程中的系统性金融风险研究——基于SV-TVP-SVAR模型的分析［J］．经济问题，2022（06）：58-66.

王雪，胡明志．汇改提高了人民币国际化水平吗？——基于"7·21"汇改和"8·11"汇改的视角［J］．国际金融研究，2019（08）：76-86.

王晓芳，鲁科技．三元悖论非角点解与人民币国际化推进政策研究［J］．世界经济研究，2021（10）：25-38.

王晓芳，鲁科技．国际货币体系改革与人民币国际化［J］．经济学家，2023（02）：45-55.

王有鑫．人民币国际化条件下的汇率研究［M］．上海：上海财经大学出版社，2020.07.

翁东玲．人民币国际化：回顾与展望［M］．长春：长春出版社，2021.01.

吴君．人民币国际化的条件、潜能与推进战略［M］．北京：中国财政经济出版社，2014.12.

吴舒钰，李稻葵．货币国际化的新测度—基于国际金融投资视角的

分析 [J]. 经济学动态, 2018 (02): 146-158.

吴晓芹. 人民币国际化研究 [D]. 西南财经大学, 2011.

徐奇渊, 刘力臻. 人民币国际化进程中的汇率变化研究 [M]. 北京: 中国金融出版社, 2009.

徐新华, 徐晓苏. 人民币国际化与国际货币体系相关性研究 [M]. 北京: 经济管理出版社, 2016.

徐新华. 人民币国际化研究: 理论与实证 [D]. 复旦大学, 2006.

徐扬, 汤珂, 谢丹夏. 人民币国际化及其影响因素: 基于汇率联动视角 [J]. 国际金融研究, 2023 (03): 61-73.

杨荣海, 李亚波. 资本账户开放对人民币国际化 "货币锚" 地位的影响分析 [J]. 经济研究, 2017, 52 (01): 134-148.

殷剑峰. 人民币国际化: "贸易结算+离岸市场", 还是 "资本输出+跨国企业"? ——以日元国际化的教训为例 [J]. 国际经济评论, 2011 (04): 53-68.

余道先, 王云. 人民币国际化进程的影响因素分析——基于国际收支视角 [J]. 世界经济研究, 2015 (03): 3-14+127.

余道先, 王云. 人民币境外存量、国际收支与人民币国际化进程 [J]. 经济理论与经济管理, 2015 (04): 89-103.

余道先, 邹彤. 人民币国际化的国家异质性分析与人民币国际化进程 [J]. 世界经济研究, 2017 (07): 3-16.

余永定. 从当前的人民币汇率波动看人民币国际化 [J]. 国际经济评论, 2012 (01): 18-26+4.

约翰·梅纳德·凯恩斯. 就业、利息和货币通论 [M]. 河南文艺出版社. 2016.

云倩. RCEP 框架下在东盟实现人民币国际化的路径探析 [J]. 亚太经济, 2023 (01): 31-40.

张光平. 货币国际化程度度量的简单方法和人民币国际化水平的提

升 [J]. 金融评论, 2011, 3 (03): 40-48.

张国建, 佟孟华, 梅光松. 实际有效汇率波动影响了人民币国际化进程吗? [J]. 国际金融研究, 2017 (02): 64-75.

张明, 王喆. RCEP 与人民币国际化: 事实、进展与策略 [J]. 财经智库, 2021, 6 (02): 40-63+141-142.

张青龙. 人民币国际化问题研究 [D]. 复旦大学, 2006.

张英梅. 人民币国际化测度及对策研究—基于 Matlab 主成分分析 [J]. 上海金融, 2013 (02): 32-37, 117.

中国人民大学国际货币研究所. 人民币国际化报告 2020 [M]. 中国人民大学出版社: IMI·大金融书系, 2020.07.229.

中国人民大学国际货币研究所. 人民币国际化报告 2021: 双循环新发展格局与货币国际化 [M]. 北京: 中国人民大学出版社, 2021.07.

中国人民银行上海总部跨境人民币业务部课题组, 施珅娅. 人民币国际化指数研究 [J]. 上海金融, 2015 (08): 29-34.

钟伟. 略论人民币的国际化进程 [J]. 世界经济, 2002 (03): 56-59.

周林, 温小郑. 货币国际化 [M] 上海: 上海财经大学出版社, 2001.

周阳. 强势美元会影响人民币的货币锚地位吗——基于"一带一路"沿线 35 个国家的实证分析 [J]. 当代财经, 2021 (01): 60-72.

周宇, 孙立行等. "一带一路"建设与人民币国际化新机遇——兼论与上海国际金融中心的协同发展 [M]. 上海: 上海社会科学院出版社, 2018.06.

周宇, 孙立行等. 人民币国际化——理论依据、战略规划和营运中心 [M]. 上海: 上海社会科学院出版社, 2014.08.

宗良, 李建军. 人民币国际化理论与前景 [M]. 中国金融出版社, 2011 (07): 88-92.

林薇. 人民币国际化的现状、问题与推进措施 [J]. 亚太经济, 2021（05）：32-36.

赵晶，曹晋丽，刘艺卓. RCEP 协定签署背景下人民币国际化的机遇、挑战与对策 [J]. 国际贸易，2021（06）：89-96.

朱杰进. 金砖国家新开发银行的制度创新与发展前景 [J]. 当代世界，2021（10）：21-25.

朱孟楠，曹春玉. 人民币储备需求的驱动因素——基于"一带一路"倡议的实证检验 [J]. 国际金融研究，2019（06）：37-47.

Barry Eichengreen. Globalizing Capital: A History of the International Monetary System—Second Edition [M]. Princeton University Press, 2008.

Chen Fengxian, Hao Tianrno. The Degree of RMB as an International Anchor Currency and its Driving Factors: An Exchange Rate Perspective [J]. Applied Economics, 2024: 1-21.

Chetty V. K, On Measuring the Nearness of Near Moneys [J]. American Economic Review, 59, 1969.

Chinn M., J. Frankel. "Will the Euro Eventually Surpass the Dollar As Leading International Reserve Currency?" [R]. NBER Working Papers. 2007. No. 11510.

Christopher A. McNally, Julian Gruin. A Novel Pathway to Power? Contestation and Adaptation in China's Internationalizationof the RMB [J]. Review of International Political Economy, 2017, 24 (4).

Cohen B. J. 1971. The Future of Sterling as an International Currency. [M]. Macmillan: London.

Eichengreen. "Sterling's Past, Dollar's Future: Historical Perspectives on Reserve Currency Competition" [R]. NBER Working Paper. 2005. 5, No. 1336.

Frankel J. Internationalization of the RMB and Historical Precedents [J].

Journal of Economic Integration, 2012, 27 (3): 329-365.

Gagnon J. E., Troutman K. Internationalization of the Renminbi: The Role of Trade Settlement [J]. Peterson Institute for International Economics, 2014 (14): 1-8.

Guo W., Chen Z. China-US Economic and Trade Relations, Trade News, and Short-Term Fluctuation of the RMB Exchange Rate [J]. Review of International Economics, 2023, 31 (1): 180-203.

Hartmann Phillip, Currency Competition and Foreign Exchange Markets: the Dollar, the Yen and the Euro [M]. Cambridge University Press, 1998: 35-39.

He Q., Liu J., Yu J. Dancing with dragon: The RMB and Developing Economies'Currencies [J]. Research in International Business and Finance, 2023, 64: 101835.

Hiroilo, Masahiro Kawai. Trade Invoicing in Major Currencies in the 1970s - 1990s: Lessons for RMB Internationalization [J]. Journal of the Japanese and International Economies. 2016, (42): 123-145.

Huo Wei Dong, Deng Fu Hua, Chen Jian Dong. An Empirical Analysis of the Renminbi: Exchange Rates and Cross-Border Trade Settlement [J]. World Economy. 2018, (8): 21-29.

Kiyotaki N., Wright R. On Money as a Medium of Exchange [J]. Journal of Political Economy, 1989, 97: 927-954.

Jörg Mayer. The "Exorbitant Privilege" and "Exorbitant Duty" of the United States in the International Monetary System: Implications for Developing Countries [J]. Review of World Economics, 2021, 157 (4).

Lai E. Renminbi Internationalization: The Prospects of China's Yuan as the Next Global Currency [J]. Hkust Iems Thought Leadership Brief Series, 2015, 12 (3): 41-44.

Matsuyama K., Kiyotaki N., Matsui A. Towards a Theory of International Currency [J]. Review of Economic Studies, 1993, 60: 283-307.

Mundell R. A. The International Financial System and Outlook for Asian Currency Collaboration [J]. The Journal of Finance. 2003, (4): 57.

Tavlas G. S. Internationalization of Currencies: The Case of the US Dollar and Its Challenger Euro. The International Executive, 1997: 8-10.

Tung C. Y., Wang G. C., and Yeh J. 2012. Renminbi Internationalization: Progress, Prospect and Comparison. China and World Economy, [I]. 20 (5): 63-82.

Zhang M., Zhan B. The Boom and Bust of the RMB's Internationalization: A Perspective from Cross-Border Arbitrage [J]. Asian Economic Policy Review. 2017, 12 (2): 237-253.

Zhang G. P., Ma J. 2015. The accurate measure of the degree of currency internationalization. Finance Forum, [I]. 10: 18-24.

Zhu, Guo, Ai, Zhao, Bai. The further opening up of China's financial sector [J]. China Economic Journal, 2018, 11 (1).

后 记

　　经过四十多年的改革开放，我国经济发展取得了举世瞩目的成就，综合国力显著增强，已成为世界第二大经济体、第一大制造业大国、第一大出口国和第一大外汇储备国。然而，与我国经济实力增强的现实情况形成明显反差的是，人民币的国际地位、国际化程度比较低。从根本上看，一个国家货币的国际化程度是一国经济实力和综合国力的集中体现，是一国获得全球其他国家和经济体认可的集中体现。放眼全球，国际影响力较大的国家或者经济体，都在努力促进本国货币的国际化，使之成为重要的国际货币。自 2009 年我国开始把推进人民币国际化视为重要的国家战略以来，人民币国际化进程取得了积极进展，但相比美元、欧元等主要国际货币的国际化程度，仍有较大差距。人民币国际化注定是一条曲折漫长的道路。由此可见，深入研究人民币国际化的理论基础、构建科学的人民币国际化程度测度模型和探索在新发展阶段下人民币国际化推进的有效路径以加快人民币国际化进程，具有重要的理论意义和应用价值。

　　本书首先对货币国际化的概念进行界定，从货币史、货币性质以及货币职能三个维度阐述货币国际化的理论基础，分析货币国际化的成本与收益，进而对人民币国际化的内涵进行全面分析，并总结人民币国际化历史进程的阶段性特征。其次，针对人民币国际化程度这一重要指标，本书对现有的主要测度方法、测度原则及测度模型进行对比分析，总结现有指数模型存在的不足，提出人民币国际化测度的新方法、新原则和新指数模型，并用新指数模型对人民币和其他主要国际货币的国际化程度进行测度，实现纵向全面分析人民币国际化程度的动态变化过程，横向对比分析人民币和世界主要国际货币国际化程度的差异。最后，对人民币国际化战略的实施成果做出客观评价。

基于比较分析英镑、美元、欧元和日元的国际化条件和国际化路径所获得的启示，本书通过分析人民币国际化的内部和外部条件以及面临的主要障碍，提出新发展阶段下人民币国际化的现实路径选择，即走"周边化—区域化—国际化"之路。为了使人民币国际化之路行稳致远，本书提出了夯实人民币国际化的保障基础，制定和完善相关政策协定，大力推进人民币跨境支付系统的建立和升级，为有效提升人民币国际化程度提供系统性的保障措施等政策建议。

深圳是我国改革开放的前沿、对外交往和展示的窗口，肩负着人民币国际化先行先试的重任。为此，本书分析了深圳探索推进人民币国际化先行先试的主客观条件以及主要推进措施，并阐述了人民币国际化先行先试的历史进程和进一步推进的方向选择。最后，总结深圳推进人民币国际化先行先试的主要经验。

本书的主要研究结论如下：（1）人民币国际化具有货币思想史、货币性质和货币职能"三位一体"的理论基础；（2）新型人民币国际化指数模型在测度方法、测度原则上更具科学性和系统性，在测度结果上更具空间地理可视化所体现的直观性；（3）人民币国际化程度显著提升；（4）强大的经济基础、完善的金融体系和正确的政府政策是人民币国际化的前提条件；（5）人民币国际化的机遇和障碍并存；（6）"周边化—区域化—国际化"路径是人民币国际化在新发展阶段下的必然选择；（7）人民币国际化需要坚实的系统性保障措施。

本书的研究获得了如下四个重要启示：（1）一国的货币国际化应具备强大的经济实力、完善发达的金融市场、稳定的货币币值、正确的货币国际化政策以及发达的离岸金融市场五大基本条件；（2）人民币国际化具有较大的发展空间和提升潜力；（3）人民币国际化之路绝非坦途，而是在曲折中不断推进的；（4）深圳推进人民币国际化先行先试的探索为人民币国际化的全面推进积累了宝贵经验。

相较于当前有关人民币国际化的相关著作和研究报告，本书具有以下特色。（1）宽广扎实的货币理论基础。本书从货币思想史、货币性质和货币职能三大视角阐述人民币国际化的理论基础，使得人民币国际化的理论基础更为宽广、更为扎实、更为多元。（2）提出了人民币国际化测度的新方法、新原则和新模型。在测度方法上，采用综合反映三大货币职能的比较全面的测度指标，使用主成分分析法区分不同指标的相对重要性，并考虑到货币空间地理分布的差异性。在模型构建原则上，坚持模型设定的科学性、系统性及模型结构的稳定性。在测度模型上提出空间地理分布人民币国际化指数模型，力求做到从指标选择、权重计算和指数解读上改进人民币国际化指数模型。（3）在逆全球化和去金融化等国际浪潮下，在重视科技进步和国内实体经济高质量发展的基础上，提出扎实鲜明地推进人民币国际化的具体路径。（4）总结了深圳推进人民币国际化的主要经验，为深入推进人民币国际化进程提供经验支持。

本书在写作过程中，得到了著名金融学家，深圳大学、中国人民大学和中南财经政法大学金融学博士生导师曹龙骐教授的学术指导。全书由我在选题和框架结构上进行总体设计，并负责撰写第一章部分内容和第十一章，组织全书的撰写、研讨和修改。曾在深圳大学理论经济学博士后流动站从事博士后研究工作、现在中国科学技术大学管理学院博士后流动站从事博士后研究工作的孙兆君博士直接参与了第四章、第五章和第十章部分内容的写作，目前就职于招商银行深圳分行、深圳大学金融学硕士肖宇翔参与了第六章初稿的写作。我所指导的金融学硕士生陈权亮参与了本书第十章部分内容的写作，杨瑞参与了第二章第一节和第三章的写作，胡舒涵参与了第一章第二节和第九章的写作，杨志鹏参与

了第二章第四节和第八章的写作，张晨晓参与了第七章的写作，莫楚仪
参与了第二章第三节和第六章的校对工作，余沛雯参与了第二章第二节
和第四章部分内容的写作和校对，麦梓涵参与了第五章部分内容的写作
和参考文献的校对工作。最后，对曹龙骐教授、孙兆君博士和参与本书
写作和校对的金融学硕士研究生们的辛苦付出表示感谢！

杨　文

2024 年 5 月 20 日于深圳大学丽湖校区明德楼

图书在版编目（CIP）数据

人民币国际化测度、推进路径与深圳探索 / 杨文著
. -- 北京：社会科学文献出版社，2024.7（2025.9 重印）
（深圳学人文库）
ISBN 978-7-5228-3637-9

Ⅰ.①人… Ⅱ.①杨… Ⅲ.①人民币-金融国际化-
研究 Ⅳ.①F822

中国国家版本馆 CIP 数据核字（2024）第 092170 号

深圳学人文库
人民币国际化测度、推进路径与深圳探索

著　　者 / 杨　文

出 版 人 / 冀祥德
组稿编辑 / 任文武
责任编辑 / 张丽丽
文稿编辑 / 吴尚昀
责任印制 / 岳　阳

出　　版 / 社会科学文献出版社·生态文明分社（010）59367143
　　　　　　地址：北京市北三环中路甲 29 号院华龙大厦　邮编：100029
　　　　　　网址：www.ssap.com.cn
发　　行 / 社会科学文献出版社（010）59367028
印　　装 / 唐山玺诚印务有限公司

规　　格 / 开　本：787mm×1092mm　1/16
　　　　　　印　张：16.25　字　数：223 千字
版　　次 / 2024 年 7 月第 1 版　2025 年 9 月第 2 次印刷
书　　号 / ISBN 978-7-5228-3637-9
定　　价 / 98.00 元

读者服务电话：4008918866